BEST of

KARL PLOBERGER

DER GARTEN FÜR INTELLIGENTE FAULE

Impressum

avBuch im Cadmos Verlag, Copyright® 2016 by Cadmos Verlag, Schwarzenbek – in Kooperation mit dem Magazin GARTEN+HAUS, Wien

Redaktion: Veronika Schubert & Elke Papouschek, Wien, www.verlagsbuero-garten.at
Umschlagkonzeption: www.ravenstein2.de
Umschlagfotos: Rolf Friesz
Illustrationen: Peter Bürger, Monika Biermaier
Layout & Satz: Gerald Stiptschitsch, Redaktion GARTEN+HAUS im Österreichischen Agrarverlag, www.garten-haus.at

Druck: Graspo CZ, a.s., Tschechische Republik, www.graspo.de

Deutsche Nationalbibliothek – CIP-Einheitsaufnahme
Die Deutsche Nationalbibliothek verzeichnet diese Publikation in der Deutschen Nationalbibliografie; detaillierte bibliografische Daten sind im Internet über http://dnb.ddb.de abrufbar.

Printed in Czech Republic

ISBN: 978-3-8404-7546-7 (avBuch)
ISBN: 978-3-8404-7552-8 (SinnLeffers)
ISBN: 978-3-8404-7551-1 (Wöhrl)

BEST OF- DER GARTEN FÜR INTELLIGENTE FAULE

Mit Karl Ploberger

HALEBOB

Volkssport „Faulenzer“-Garteln!

Meine Leidenschaft fürs „Garteln“ hat in der Kindheit begonnen. Damals war es Entdeckerlust und Neugierde: Wie kann es sein, dass aus einem Samenkorn ein Radieschen wird? Wie lange dauert es, bis aus einer Kastanie ein Baum wird?

Dieses Abenteuer, das als Sechsjähriger begonnen hat, endet bis heute nicht. Das Schöne daran ist, dass ich durch meine journalistische Arbeit im Fernsehen, Radio und in den Zeitungen, vor allem aber auch durch die Tausenden Vorträge und 19 Bücher diese Begeisterung fürs „Garteln“ weitergeben konnte.

Das Buch „Der Garten für intelligente Faule“ stand am Beginn – vor mehr als 15 Jahren. Es ist seither in vielen Auflagen nachgedruckt und in viele Sprachen übersetzt worden. Dennoch kommt auch ein Buch „ins Alter“. Daher ist nun der Entschluss gefallen, es ausgestattet mit neuen, herrlichen Bildern vollkommen zu überarbeiten, mit den besten Erste-Hilfe-Tipps und vor allem mit vielen neuen Gartenfragen und kurzen sowie prägnanten Antworten zu ergänzen. Ich freue mich, wenn dieses Buch seine Position als Klassiker fürs biologische Gärtnern weiterhin beibehalten wird.

Den vielen Gartenfreunden möchte ich für die Treue und das Vertrauen Danke sagen. Gemeinsam setzen wir mit giftfreiem, biologischem Gärtnern einen kleinen Schritt in eine hoffnungsvolle Zukunft für unsere Kinder und Enkelkinder.

Einer muss an dieser Stelle unbedingt noch erwähnt werden: Der von mir hochgeschätzte Potsdamer Staudengärtner Karl Foerster. Er sprach immer „von einem Garten mit Stauden, der ein Garten für intelligente Faule ist“. Ihm sei Dank für sein Fundament, das er gelegt hat! Er gilt für mich nach wie vor als geistiger Vater dieser Bewegung.

Garteln Sie fröhlich weiter, genießen Sie auch weiterhin Ihr grünes Paradies, und ich wünsche Ihnen dazu:

Viel Spaß beim Garteln!
Karl Ploberger

Kontakt und viele Infos unter: www.biogaertner.at

Inhaltsverzeichnis

7 Schritte

zum etwas anderen Garten

Mit der Natur
und nicht gegen sie

Blüten von Lavendel – schön für uns und nützlich für viele Insekten wie das Taubenschwänzchen

Fast allen geht es so: Man betritt einen Garten und nach wenigen Minuten hat man sich ein Bild gemacht. Dann ist man überzeugt: Dieser Garten ist ein großes Stück Arbeit! Oder: Hier hat schon lange niemand mehr für Ordnung gesorgt!

Oft bin auch ich gefragt worden, wer unseren 2.500 m² großen Garten pflegt. Gemeinsam mit meiner Frau haben wir alles bis vor einigen Jahren selbst gemacht. Wir pflasterten, pflanzten, mähten und beseitigten Wildkräuter. Es war weniger Arbeit, als alle vermuteten.

Dennoch hat sich in den vergangenen Jahren einiges geändert: Ich bin zwar nach wie vor im Garten – aber nicht in meinem eigenen, sondern sehr oft in einem, der Kulisse für meine TV-Sendungen ist. So bleibt leider zu wenig Zeit für den eigenen Garten, aber eine wirklich enthusiastische Gartenhelferin (meine „Head-Gardenerin") hilft.

Dennoch wäre es ohne die richtige Gestaltung, Auswahl und Kombination der Pflanzen, sanfte Düngung, den Umgang mit dem Boden, das Bodenbedecken und vor allem das sanfte Bekämpfen von Schädlingen und Krankheiten unmöglich, diesen großen Garten mit relativ geringem Aufwand zu pflegen.

Mit der Natur und nicht gegen die Natur

... ist die Devise. 7 Beispiele und 7 Schritte zum Erfolg:

Schritt 1: Faul sein lohnt sich – Garten naturgemäß anlegen

Ein natürliches Biotop – oder bleiben wir lieber beim Wort Teich –, wo weder Teichfilter noch Algenbekämpfungsmittel, weder Seerosendünger noch Insektenkiller verwendet werden, hat glasklares Wasser, weil die Natur der „Gärtner" war.

Schritt 2: Die richtige Pflanze am richtigen Standort

Die nach wie vor beliebteste Gartenpflanze der Welt – die Rose. Ein Gewächs, das es gern sonnig, aber luftig hat. Doch wo werden Rosen meist gepflanzt? Unter einem Baum oder direkt vor der knallheißen Hauswand wird die Rose immer krank sein: Es ist der falsche Standort.

Schritt 3: Humus aus Kompost, der die Pflanzen gesund hält

Das Leben auf der Erde ist ein Kreislauf. Nichts bleibt in der Natur ungenützt – alles wird wiederverwertet. Der intelligente Gärtner macht sich das zum Vorbild und kompostiert – nicht mit viel Aufwand, denn die richtige Mischung macht es aus, dass rasch nach Walderde riechender Humus entsteht.

Schritt 4: Es gibt in Zukunft keine unbedeckte, keine nackte Erde

Ein Spaziergang im Wald zeigt es am besten: Ohne Umstechen, Gießen und Jäten entsteht hier Erde, von der Gärtner träumen: locker, weich, feucht! Warum? Die Natur bedeckt den Boden mit Blättern, kleinen Ästen, Nadeln oder auch Moos. Und genau deshalb beschließt der intelligente Faule: keine nackte Erde.

Schritt 5: Die bunte Mischung ist es, die Pflanzen gesund erhält

Für viele Naturliebhaber ist die Blumenwiese das bunteste Beet – gepflanzt nicht nach den Ideen von so manchem Gärtner, der wahrscheinlich Glockenblumen, Margeriten und Kuckucksnelken eher in Reih und Glied gesetzt hätte – „damit es ordentlich aussieht"! Die Natur gibt die bunte Mischung vor.

Schritt 6: Kein Umstechen, sondern intelligentes Bodenlockern

Wie manche Gärtner mit ihrem Boden umgehen! Man wundert sich wirklich, dass hier noch etwas gedeiht: Zuerst der Bagger, der den Boden verdichtet. Dann jahrelang ungeschützte Erdhaufen und schließlich das Verteilen – wieder mit einem schweren Baugerät. „Treten wir den Boden – die Lebensschicht auf unserer Erde – nicht mit Füßen" und machen wir es uns bequem: kein Umstechen.

Schritt 7: Ohne chemische Keule vorzugehen ist besonders wichtig

Schädlinge und Krankheiten: Schnecken beim Salat, Wühlmäuse im Obstgarten, Sternrußtau an den Rosen ... da soll man nicht die Nerven verlieren! Also her mit der Chemie? Nein, die Natur heilt selbst, wenn man ihr hilft. Daher sanft vorgehen. Auch wenn es manchmal schwerfällt ...

Auf natürliche Weise entsteht nicht von heute auf morgen, nicht mit dem scheinbaren Erfolg eines rasch wirkenden Gifts oder eines künstlichen Düngers ein Garten, der wirklich als Oase der Natur bezeichnet werden kann. Es wird Rückschläge geben, aber langfristig entsteht ein viel bewundertes Stückchen Erde – eben ein Garten für den intelligenten Faulen.

Das Herzstück eines „Faulenzergartens": der Kompost. Zu Beginn mühevoll, später das Gold des Biogärtners.

Gut geplant ...

ist halb gearbeitet

Zeit für Planung
ist halb gearbeitet

Überfordern Sie Ihren Garten nicht bei der Planung und achten Sie darauf, dass Ihnen genügend Zeit zur Erholung bleibt.

Gartenplanung – kein Problem! Da ein paar Sträucher beim Baumarkt kaufen, dort ein Paar Säcke Rindenmulch erstehen, den Rasensamen aus dem Supermarkt mitnehmen, und ein paar Samentüten packen wir auch noch ein, damit es im Garten üppig blüht!

Es ist kaum zu glauben, wie manche Gärten entstehen. Häuser werden oft jahrelang geplant, jeder Zimmergrundriss maßstabsgetreu gezeichnet und immer wieder umgeplant. Der Garten hingegen entsteht meist nur nebenbei durch Zufall. Gärten aber sind das grüne Wohnzimmer, was die Planung hier besonders wichtig macht. Es gibt zwei Möglichkeiten: Entweder man zieht einen Experten zurate – also einen Gartenarchitekten oder Landschaftsgärtner – oder man greift selbst zu Papier und Bleistift.

Bücher, Kataloge und Zeitschriften liefern die erste Inspiration und sind die Grundlagen für die geschickte Planung eines Gartens in Eigenregie. Überaus hilfreich ist auch der interessierte Blick über den Gartenzaun.

Besuchen Sie Gärten, denn dann ist hautnah zu spüren, wie ein Garten gestaltet werden kann. Adressen erhält man über Gartenbauvereine, aus Büchern und natürlich aus der großen Vielfalt an Garten- und Wohnzeitschriften.

So entsteht der Garten für intelligente Faule

10 goldene Regeln für die Gartengestaltung

10 Genussgarten
Planen Sie Obst- und Beerengehölze ein. Die machen kaum Arbeit, bieten aber viel Genuss.

1 Planung
Beginnen Sie rechtzeitig mit der Wunschsammlung.

2 Arbeitskraft
Überschätzen Sie nicht Ihre Arbeitskraft und die Zeit, die Sie „garteln“ wollen.

9 „Kinder“-Garten
Vergessen Sie nicht Ihre Kinder – geben Sie ihnen Flächen zum Austoben und Entdecken.

3 Natur
Wählen Sie die Natur als Vorbild: Teiche immer an der tiefsten Stelle, Bäume, Sträucher und Stauden in der Höhe abstimmen.

8 Hausbaum
Ein Hausbaum gibt einem Wohnhaus Geborgenheit und Schutz – seit alters. Beachten Sie aber auch die Wuchshöhen.

4 Gartenräume
Schaffen Sie durch Sträucher oder Mauern „grüne“ Räume – das macht kleine Gärten größer und große Gärten überschaubarer.

7 Baustoffe
Beschränken Sie sich auf wenige Baustoffe. Steine, Ziegel, aber auch Holz dürfen nicht dominieren, sondern sollten die Wirkung der Pflanzen hervorheben.

6 Wege
Wege sollten nicht bloß „verbinden“, sondern auch zum Entdecken einladen.

5 Sitzplätze
Legen Sie mehrere Sitzplätze an. Einen in der Sonne (für kühlere Tage) und einen im Schatten (für die Hundstage). Oder: einen an der Ostseite des Hauses, wo gefrühstückt wird, und einen an der Westseite für die Abendstunden.

Ein Garten entsteht

Die Gestaltung eines Gartens sollte idealerweise mit der Planung des Hauses beginnen. Oder noch besser: Bevor die ersten Entscheidungen über die Form des Wohnhauses gefallen sind, sollten die Hauptzüge des Außenbereiches fixiert werden.

Wo liegt der Teich? Wo ein Bachlauf? Wohin kommen die Blumenbeete? Benötigen Sie einen Sichtschutz zu einer Straße oder zum Nachbargrundstück? An welchen Stellen sind die Sitzplätze am schönsten? Gibt es Sonnen- und Schattenstellen? Wird ein Gemüsegarten angelegt? Ist noch Platz für eine Obstwiese? Wo können die Kinder spielen? Bleibt Platz für eine Blumenwiese?

Für viele Gartenneulinge sind solche Fragen oft schwer zu beantworten, und manches wird gar nicht bedacht. Wer unerfahren in der Pflege eines Gartens ist, sollte unbedingt den Rat von Fachleuten einholen: Landschaftsgärtner und Gartenarchitekten sind sicherlich günstiger als so manche nachträgliche Fehlerbehebung, die teuer werden kann. Und manches lässt sich später überhaupt nicht mehr ausgleichen. Nicht unterschätzen sollten Sie aber auch die Ratschläge von erfahrenen Gärtnern und Hausbesitzern. Verlassen Sie sich einerseits auf die „Bequemen", die den Garten eher als Belastung sehen, doch ziehen Sie auch die Ratschläge von echten „Freaks" heran, denn langjährige Erfahrung zeigt: So mancher Nichtgärtner wird plötzlich zum Vollblutprofi, wenn er das „Garteln" erst entdeckt hat.

TIPP FÜR INTELLIGENTE

Gehen Sie bereits bei der Planung von einem geringen Zeitbudget aus, das für Ihren Garten zur Verfügung steht, denn das Interesse sollte von selbst wachsen. Überfordert Sie Ihr Garten schon von Beginn an, werden Sie keine Liebe zu ihm entwickeln.

Nicht übereilen und Fachrat einholen. Dann entsteht gut geplant ein zauberhafter Garten für intelligente Faule.

Die ersten Entscheidungen

Jeder Garten benötigt eine Umzäunung. Bei kleineren Gärten wird das ein Zaun mit einer geschnittenen Hecke sein. Das bedeutet jedoch zumindest ein- bis zweimal pro Jahr sehr viel Aufwand für den Formschnitt.
Bei größeren Gärten sollte man dagegen als Begrenzung eine Wild- und Blütensträucherhecke wählen. Sie benötigt eine Breite von rund 2–4 m und wird je nach Pflanzenauswahl im Laufe der Jahre bis zu 3 oder 4 m hoch.
Der Vorteil für den intelligenten Gärtner: Der Schnitt reduziert sich auf ein Minimum. Lediglich einige wenige Äste müssen pro Jahr abgeschnitten werden, um beispielsweise angrenzende Wege oder Beete freizuhalten.
Ansonsten dürfen die Gehölze wachsen und werden nach spätestens 10 Jahren „auf den Stock gesetzt". Das heißt: Geeignete Sträucher werden im Spätwinter bis knapp über dem Boden abgeschnitten. Sie treiben dann kräftig durch und bilden schon nach einem Jahr wieder eine rund 2 m hohe Begrenzung.
Sollten es die Umstände erfordern, kann natürlich aus Sicht- oder Lärmschutzgründen die Wildsträucherhecke nur um einen Teil zurückgeschnitten werden.

Ein Wildstrauch mit zarter Zierde und viel Nutzen:
Die Felsenbirne blüht im Frühjahr und schmückt sich im Herbst mit rot-violetten Früchten und leuchtend orangefarbigen Blättern.

NEUE Gartenfragen & Antworten

FÜR INTELLIGENTE FAULE

„Gute" Erde

Wir brauchen für den neuen Garten unbedingt frische Erde. Wie erkenne ich, dass die „gut" ist?

„Grunderde" wird oft als Gartenhumus (manchmal mit dem Zusatz „gesiebt") angeboten, doch die „innere" Qualität der Erde lässt sich kaum beurteilen, wenn man sie bloß ansieht. Oft neigen die ganz dunklen, feinkrümeligen Erden zum Verschlämmen und es ist auf den ersten Blick nicht klar erkennbar, ob sich (Wurzel-)Unkräuter im Substrat befinden. Mein Tipp: Zuerst eine Bodenprobe (etwa 120 Liter) mitnehmen und einige Tage lang gießen und beobachten, was keimt. Außerdem wäre es ideal, eine Bodenanalyse durchführen zu lassen.

Hausbaum für kleinen Garten

Unser Garten ist sehr klein (Reihenhaus, 180 m²), soll man hier dennoch einen Hausbaum pflanzen?

Unbedingt! Kein Haus ohne Hausbaum lautet die Devise – allerdings immer in der passenden Größe, die das Gehölz einmal erreichen wird. Ob Obstbaum oder schlank wachsende Eiche, ob Lebkuchenbaum oder eine Zierkirsche – für jeden Standort gibt es die passenden Bäume! Kugelbäume sind zurzeit sehr beliebt. Man sollte nur auf die doch sehr aufwendige Pflege in späteren Jahren denken, denn diese Bäume müssen alle paar Jahre kräftig geschnitten werden, sonst brechen sie auseinander.

Leuchtend heben sich die Blüten der Taglilien vom Rotton der Pflastersteine ab. Die geschwungene Wegführung bringt Lebendigkeit in den Garten.

Der Weg ist das Ziel

Es gibt Gärten, die nur noch aus Hecke, Rasen und einigen mächtig betonierten Wegen und Terrassen bestehen, die mehrmals jährlich dampfgestrahlt werden. Natürlich will auch der intelligente Gärtner sein Stück Grün nicht ungepflegt erscheinen lassen. Doch die Natur sollte auch bei der Gestaltung der befestigten Flächen einbezogen werden. Sand oder Kies statt Beton lautet die Devise: Der Wegbelag, möglichst Naturstein, wird in einem Sandbett verlegt. So leisten Sie einen kleinen, aber nicht unbedeutenden Beitrag, die Versiegelung der Landschaft zu verhindern. Ein scheinbar geringfügiger Schritt, doch wenn man bedenkt, wie viele Hunderttausende Quadratmeter an Gartenwegen zusammenkommen!

Ärger mit dem „Un"kraut kann es bei Ihnen als intelligentem Gärtner nicht geben: Es gibt zahlreiche Pflanzen, die sich in schmalen Pflasterritzen wohlfühlen: Felsennelke, Sternmoos, im Randbereich vielleicht sogar Vexiernelken oder als Blickfang eine Königskerze. Sie werden es nach einiger Zeit beobachten: Das Leben auf, neben und selbst unter dem Weg ist vielfältig. Das Pflaster hält die Verdunstung gering, wodurch selbst direkt angrenzende Blumenbeete bei längerer Trockenheit profitieren, da Pflanzenwurzeln dorthin wachsen, wo der Boden feucht ist. Wären die Wege betoniert, würden die direkt angrenzenden Gewächse schon nach einigen Tagen der Hitze ihre Blätter hängen lassen.

Verlegen Sie die Wege in Sand oder Kies; versiegelte Flächen müssen im Garten nicht sein.

Lassen Sie Platz zwischen dem Pflaster und den Trittplatten. Ob Rasen, Sternmoos oder Stauden, sie profitieren auch bei längerer Trockenheit von der Bodenfeuchtigkeit unter den Platten.

Standort und Lichteinfall

Behandeln Sie Ihren Gartenboden gut und „treten Sie ihn nicht mit Füßen“! Gerade beim Hausbau passieren hier Todsünden. Oft wird bedenkenlos rund um die Baustelle mit den schwersten Geräten gearbeitet und damit die Erde auf Jahre, ja Jahrzehnte verdichtet. Daher gilt: Den Boden mit einem Schaufelbagger bis in große Tiefe lockern. Bei starker Verdichtung Sand einarbeiten und in die oberste Schicht Kompost einfräsen – das belebt den Boden und gibt allen Pflanzen eine Starthilfe.

Hängende Gärten auf steilem Gelände

Je nachdem, wie man die Fläche nutzen will – ob intensiv oder extensiv, ob hinter dem Haus oder an der Sonnenseite –, die Gestaltung richtet sich danach. Hinter dem Haus, wenn eine Hangbefestigung mit Zierpflanzen das Ziel ist, haben sich Blüten- und Wildsträucher bewährt. Der Schlehdorn oder der Sanddorn festigen mit ihren Ausläufern perfekt den Boden. Niedriger wächst die Kartoffelrose (*Rosa rugosa*). Sie treibt ebenfalls Ausläufer und duftet herrlich.

An der Sonnenseite des Hauses gliedern und festigen Trockensteinmauern mit Terrassen den Hang. Hier können die Funktionen unterschiedlich sein: mal Ziergarten, mal Gartenreich für die Kinder, mal Gemüse- oder Obstgarten.

Die Kartoffelrose ist für sonnige Hänge ideal. Sie festigt mit den Wurzeln den Boden, bildet schöne duftende Blüten und trägt einen hübschen Herbstschmuck

Viel Sonne, wenig Sonne

Es gibt eigentlich kein „Zuviel“, sondern man bekommt halt immer genau von dem, was man will, zu wenig. Wer einen vollsonnigen Garten hat, weil nach dem Hausbau noch die großen Gehölze fehlen, sehnt sich nach Schatten. Kommt ein Garten dann in die Jahre und sind die Bäume sprichwörtlich in den Himmel gewachsen, vermisst man die Sonnenstrahlen. Die Mischung macht es letztlich aus, denn mit beiden Extremen kann man herrliche Gartenbereiche gestalten. Rosen und Sommerblumen würden ohne volle Sonne dahinkümmern, während die zarten Farne fast nur im Schatten vorkommen – mit dem Vorteil, dass hier weniger gegossen werden muss. In den Übergangszonen lassen sich natürlich die meisten Gartenideen verwirklichen.

Schatten im Garten

Schattige Stellen im Garten oder auf Balkon und Terrasse gehören für viele Gartenbesitzer zu den Problemzonen. Vor allem deshalb, weil Pflanzen gesetzt werden, die eigentlich sonnige Plätzchen lieben. Und so beginnen sie zu kümmern oder werden von Schädlingen und Krankheiten heimgesucht. Dabei gibt es eine enorme

TIPP FÜR INTELLIGENTE

Wie im Wald

Um den Pflanzen eine „waldähnliche“ Umgebung zu bieten und Unkrautwuchs zu unterdrücken, sollte der Boden mit einer Schicht Rindenhumus abgedeckt sein. Sobald die Stauden gut eingewurzelt sind, kann auch Rindendekor verwendet werden, allerdings muss dann immer regelmäßig gedüngt werden, da die Rinde beim Verrotten Stickstoff im Boden bindet und ihn so den Pflanzenwurzeln „wegnimmt“.

Auswahl an Gewächsen, die sich im Schatten pudelwohl fühlen. Kein Plätzchen unter Bäumen oder hinter dem Haus sollte ohne Frauenmantel (*Alchemilla mollis*) sein. Die duftigen, gelbgrünen Blüten bringen Leben in das sonnenferne Grün. Für mehr Farbe sorgen auch vielerlei Storchschnabelgewächse (*Geranium*), ebenso Günsel (*Ajuga reptans*) und Waldsteinie (*Waldsteinia ternata*).
Blickfang sind im Mai und Juni Rhododendren und Azaleen, später Funkien (*Hosta*). Hier sind es vor allem die Blätter, die eine eindrucksvolle Wirkung zeigen. Ob grün-weiß gerändert oder blaugrün – vom Frühjahr bis zum Herbst sorgen sie für eine malerische Kulisse. Auch der blau blühende Eisenhut (*Aconitum*), der Fingerhut (*Digitalis*) oder das Schaublatt (*Rodgersia*) sollten in einem schattigen Gartenbereich nicht fehlen. Als Bodendecker eignen sich Efeu (*Hedera helix*), Taub-

Der Fingerhut eignet sich für schattige Plätze und sät sich immer wieder von selbst aus, wenn man die Blütenstände nicht abschneidet.

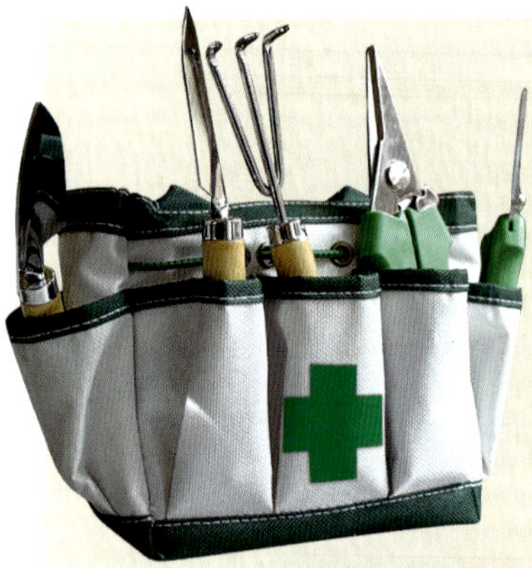

Erste Hilfe
bei der Pflanzenauswahl

Gibt es Rosen für den Schatten?
Nein. Aber es gibt schattentolerante Rosen. Mein Favorit ist die Strauch- bzw. Kletterrose 'Gishlain de Feligonde'. Sie wächst auch bei nur 3–4 Sonnenstunden am Tag noch gut und, wird maximal 3 m hoch und blüht fantastisch: Im Aufblühen sind die Blüten orange, dann färben sie sich gelb und zum Abschluss endet die Pracht mit weißen Blütenblättern.

Kann man an einer sumpfigen Stelle im Garten ein Moorbeet anlegen?
Wenn ein Moorbeet im landläufigen Sinn gemeint ist, also eines mit Rhododendren und Azaleen, dann nicht. Diese Pflanzen werden zwar Moorbeetpflanzen genannt, gemeint ist aber damit vor allem die Tatsache, dass sie einen weitgehend kalkfreien Boden benötigen. Staunässe ist für diese Pflanzen tödlich. Wenn Sie aber eine heimische Sumpfwiese mit Pflanzen wie dem Wollgras oder dem kleinen Rohrkolben anlegen wollen, dann ist das kein Problem.

Gibt es Pflanzen, die unter den Rhododendren wachsen?
Gleich mehrere fühlen sich dort wohl: schattenverträgliche Storchschnäbel oder an einer etwas sonnigeren Stelle der Blaue Scheinmohn (Himalaya-Mohn). Besonders attraktiv ist aber der Wald-Phlox (*Phlox divaricata*), der im April und Mai duftende Blüten trägt.

Zwischen Gehsteig und Gartenzaun ist ein Schotterstreifen – wächst dort etwas?
Ganz bestimmt. Vor allem dann, wenn dieses „Kiesbeet" in der Sonne liegt. Pflanzen wie Dachwurz, Thymian, aber auch viele andere trockenheitsliebende Gewächse fühlen sich hier wohl und breiten sich rasch aus.

Gibt es Farne für die Sonne?
Ja, zum Beispiel den Wurmfarn, der zwar einen großen Ausbreitungsdrang besitzt, aber auch in Trockensteinmauern perfekt gedeiht. In der ersten Wachstumsphase benötigt er allerdings ausreichend Wasser.

Maiglöckchen als Bodendecker unter Himbeeren – werden die Beeren giftig?
Eine Frage, die immer wieder gestellt wird: Wenn giftige Pflanzen neben essbaren stehen, ist ganz und gar keine Gefahr gegeben. Maiglöckchen unter Himbeeren sind im Gegenteil ideale Bodendecker und halten den Boden feucht. Sie vertragen auch die jährliche dünne Kompostgabe gut.

nesseln (*Lamium maculatum*) und Lungenkraut (*Pulmonaria*).

Schattengewächse lieben Feuchtigkeit

Für die meisten Schattenstauden sollte der Boden humusreich und gleichmäßig feucht sein. Unter großen Bäumen und dichten Sträuchern müssen Sie aus diesem Grund regelmäßig gießen oder eine automatische Bewässerung in Form eines Perlschlauchs installieren. Die frostfesten, porösen Schläuche werden beim Anlegen des Schattenbeets in die oberste Erd- oder Mulchschicht vergraben und von Zeit zu Zeit für mehrere Stunden eingeschaltet.

Ein Unkraut als Zierde

Der Erdholler – auch Giersch (*Aegopodium podagraria*) genannt – gilt als eines der lästigsten Unkräuter im Garten, da er sich durch sein dichtes Wurzelwerk stark vermehrt. Es gibt aber zwei Sorten, die mit panaschierten Blättern den Boden in schattigen Bereichen bedecken – mit weiß gerandeten Blättern (*A. podagraria* 'Variegatum') und die Sorte 'Gold Marble' mit gelb gerandeten Blättern.
Diese Pflanzen wuchern bei Weitem nicht so stark wie die Wildform. Besonders schön sind sie, wenn sich die großen weißen Blüten bilden.

Nässe oder Trockenheit

Ob ein schotteriger, trockener oder ein humoser, aber feuchter Boden – die passenden Pflanzen gibt es. Schon die „Unkräuter", die sich ansiedeln, zeigen uns das. Daher nicht verzagen und ganz „intelligent und faul" den feuchten Boden mit heimischen Sumpfpflanzen wie Sumpfiris (*Iris pseudacorus*), Sumpf-Dotterblume (*Caltha palustris*) und anderen begrünen.
Für Schotterflächen hingegen eignen sich trockenheitsliebende Pflanzen wie Königskerze (*Verbascum*), Nachtkerze (*Oenothera*) oder die besonders schön blühende Spornblume (*Centranthus ruber*).

Teich – das eigene Wasserparadies

Kein Garten ohne Biotop, lautet die Devise! Alljährlich pilgern Horden von Gartenbesitzern im Frühjahr in die Gärtnereien und Gartencenter und kaufen Teichfolien, Plastikfelsen und Goldfische. Damit schaffen sie sich ihren Traum-Miniwassergarten. Natürlich dürfen auch die japanisch angehauchte Bogenbrücke, der wasserspeiende Frosch und ein angelnder Gartenzwerg nicht fehlen. Und selbstverständlich kommt (für Papa ...) die umfassende Technik dazu: Filteranlagen, UV-Entkeimer, Kescher, Pumpen und so weiter ... aber es geht auch anders! Angelegt wird der Teich an der tiefsten Stelle – dort, wo auch in freier Natur das Wasser zusammenfließen würde (Details siehe „Wasser im Garten"). Als Dichtungsmaterial wird Folie verwendet. Rundherum kommt allerdings keine Gesteinswüste, sondern bei flachen Ufern darf die Natur bis ans Wasser heran.

Teiche sind zwar Plätze, um die Seele baumeln zu lassen, aber ganz eigennützig sind wir nicht: Frosch, Kröte, Ringelnatter und viele andere Tiere suchen (ohne Zukauf!) nach kurzer Zeit diese Wasserstelle auf und möchten sie auch irgendwann wieder verlassen. Daher die flachen, naturnahen Ufer. Und wer schon auf einen Springbrunnen nicht verzichten kann, der sollte lieber niedrige als zu hohe Fontänen wählen, keinesfalls jedoch in der Nähe von Seerosen, denn heftig bewegtes Wasser bekommt diesen Pflanzen nicht.

Wasser im Garten schafft Plätze zum Seele-baumeln-Lassen.
Hier lässt sich „Natur pur" beobachten!

TIPP FÜR INTELLIGENTE

Teiche schaffen Ruhe

Wasser lockt Tiere an, Libellen zum Beispiel – Beschaulichkeit für gestresste Manager und Managerinnen.

Durch Teiche entsteht ein angenehmes Kleinklima.

TIPP FÜR INTELLIGENTE

Kleine Springbrunnen

Sie beleben nicht nur das Wasser, sondern sorgen auch für ein beruhigendes Geräusch.
Ohne großen Aufwand lässt sich ein Springbrunnen mit Solarzellen installieren – so muss keine Stromleitung verlegt werden.

TIPP FÜR FAULE

Nur Geduld

Wasserflächen benötigen wenig Pflege – vergessen Sie alle Algenmittel und haben Sie Geduld!
Einmal angelegt, bleibt der Teich über Jahre so, wie er ist. Verzichten Sie auf zu viele Steine, sie sind schwer zu transportieren. Setzen Sie die Pflanzen bis knapp an den Wasserrand, das erleichtert das Anlegen und ist naturnah.

Noch etwas zur Gestaltung

Schaffen Sie in Ihrem Garten Räume: Große Gärten werden dadurch kleiner, kleine Gärten wirken dagegen größer. Räume zu schaffen heißt, große Flächen zu unterteilen: durch Sträucher, Hecken, Mauern oder Blumenbeete. Ein Garten sollte niemals von einer Stelle aus überblickt werden können. Räume machen Gärten romantisch und interessant, laden Besucher und Besitzer zum Umherspazieren und Entdecken ein. Vergessen Sie aber nicht, Blickachsen zu schaffen. Wenn das Rundherum beim Garten nicht stimmt, weil beispielsweise Straßen oder Nachbarhäuser sehr nahe vorbeiführen, dann muss man im Garten Blickpunkte und Blickachsen schaffen: durch Wege, Brunnen oder Statuen.

Selbst in kleineren Gärten sollte ein traditionelles Gestaltungselement nicht fehlen: der Hausbaum. Bei großen Besitzungen kann dies eine Linde oder Eiche sein, aber selbst im kleinen Reihenhausgarten ist Platz für einen Baum: Schlank wachsende Gehölze oder solche, die immer wieder in Form gebracht werden können, sollten Sie dafür wählen. Als blühende Variante könnten beispielsweise Felsenbirne, Zierkirsche oder Magnolie zum Hausbaum werden.

Lassen Sie sich von der Fülle der Ideen für die Gartenplanung, die Sie und Ihre Mitplaner vielleicht haben, nicht entmutigen. Gehen Sie die Sache langsam an. Nur wer Spaß am Garten hat und sich Zeit lässt, wird die Gestaltung auch zu einem guten Ende bringen. Daher ist es ratsam, lieber jedes Jahr einen Gartenteil („Gartenraum“) zu errichten. Zu beachten ist nur, dass alle generellen Strukturen, wie Strom- und Wasserleitungen sowie Hauptwege gleich zu Beginn abgeschlossen worden sind.

Vermeiden Sie gerade Linien bei der Gestaltung.
Geschwungene Beetkanten schaffen Räume und Abwechslung.

NEUE Gartenfragen & Antworten

FÜR INTELLIGENTE FAULE

Rosen erobern alte Bäume

Im neu gekauften Haus samt Garten sind viele alte Obstbäume. Soll man sie umschneiden und neue pflanzen oder kann man sie verjüngen?

Alte Bäume niemals umschneiden, wenn sie gesund sind. Man kann sie durch gezielten Rückschnitt verjüngen und damit viele Jahre gewinnen. Bäume bilden auch eine hervorragende Struktur für einen Garten, selbst wenn es kein konventioneller Nutzgarten werden sollte. Ramblerrosen, die alte Bäume erobern, sind ein Juwel. Bei sehr großen Bäumen ist die Sorte 'Kiftsgate' (wächst bis zu 10 m im Jahr), bei kleineren Bäumen die rosa blühende Sorte 'Paul's Himalayan Musk' zu empfehlen.

Naturnahe Wege

Wir möchten gerne Wege anlegen, die nicht betoniert oder asphaltiert sind. Was empfehlen Sie hier?

Hier gibt es viele Möglichkeiten – der Rasenpfad mit einem Trockenrasen wäre eine Möglichkeit. Oder ein Rindenmulchweg (etwa 10 cm Mulch oder Holzhäcksel), oder am stabilsten: die sogenannten wassergebundenen Oberflächen. Sie sind dann für festere Wege ideal. Es handelt sich dabei um stark verdichtende Schotter-Sand-Mischungen, die angefeuchtet und mit Walzen oder Rüttelplatten verdichtet werden. Unkraut kann vom Rand her einwachsen, lässt sich aber mit Flämmgeräten gut beseitigen.

7 Schritte zum perfekten Plan

1. Gartenplanung beginnt mit der Hausplanung – also rechtzeitig! Verwenden Sie Millimeterpapier, so ist der Maßstab am leichtesten einzuhalten (1 cm = 1 m). Setzen Sie einfache Symbole für alle Elemente des Gartens.

2. Zeichnen Sie als Erstes die Umrisse ein. Norden sollte auf dem Papier immer oben sein, so erkennen Sie die Sonnen- und Schattenseiten. Zeichnen Sie auch dominierende Details außerhalb des Grundstücks ein: Hausmauern von Nachbarhäusern, große Bäume, Straßen.

3. Alle unveränderlichen Teile des Gartens, wie Gartentore, Zufahrten und natürlich die bereits fertiggestellten oder fix geplanten Gebäude (Garagen, Gartenhäuschen) werden im Plan eingetragen. Das gilt auch für Bäume oder Gehölze, von denen man annimmt, dass sie bei der Planung integriert werden können. Noch passiert nichts, wenn der eine oder andere „alte“ Baum zuerst weggelassen wird und dann doch im Garten bleiben soll, es genügt ein Federstrich und er ist wieder da.

4. Als Nächstes werden die Hauptelemente des Gartens eingezeichnet, also ein Teich, ein Bachlauf, eine Blumenwiese, der Gemüsegarten. Danach kommen die Blumenbeete und möglicherweise notwendige Mauern (Trockenmauern), um abfallendes Gelände abzustützen.

5. Wege schaffen Verbindungen. Oftmals ist aber der kerzengerade Gartenweg langweilig. Rund um einen Strauch, vorbei an einem Sitzplatz, ein sanfter Übergang vom Plattenweg in einen Kiesweg, einen Rindenmulchpfad und schließlich in einen Rasenweg – da kommt keine Langeweile auf.

6. Selbst kleine Gärten „vertragen“ Bäume – wenn sie richtig ausgewählt wurden. Beachten Sie jedoch die Größe der Bäume in 10–15 Jahren und zeichnen Sie diese ein.

7. Blumenbeete sind der letzte Teil der Planung. Versuchen Sie immer, den Garten in seiner Gesamtheit zu betrachten. Vergessen Sie also nicht, Bäume und Sträucher als lebende Kulisse für ein Staudenbeet einzuplanen. Fertigen Sie für solche Beete Pläne für jede Jahreszeit an. Im Frühjahr dominieren Zwiebelblumen, im Sommer Stauden, im Herbst sind es vielleicht Ziergräser.

Arbeitssparer **Trockenmauer**

Steine mit Moosen und Flechten geben dem Garten einen besonderen Charme – daher niemals reinigen.

Ob bei der Terrasse oder als Befestigung für ein Hanggrundstück: Trockenmauern sind Elemente, mit denen auf sehr einfache Art und Weise ein Stück Natur in den Garten geholt werden kann. Steine aufeinanderschichten – nur das eigene Gewicht der Steine hält die Mauer. Trotzdem kommt man beim Bau einer solchen Steinmauer ganz schön ins Schwitzen. Im Vergleich zu einer Stahlbetonwand jedoch ist der Aufwand gering. Fantastisch an einer solchen Trockenmauer: Innerhalb kürzester Zeit wird dieses Stück Natur nicht nur von Pflanzen sondern auch von einer Vielzahl an Tieren besiedelt. Viele davon sind Nützlinge, die uns zum Beispiel bei der Bekämpfung der Schnecken helfen. Ist eine Trockenmauer erst einmal errichtet, macht sie kaum Mühe. Freilich nur dann, wenn bei der Auswahl auf die Einheit zwischen Boden, Gesteinsart und Pflanzen geachtet wird.

So entsteht die Trockenmauer

Auf ein gut verdichtetes Schotterfundament werden Natursteine so aufgelegt, dass in den Fugen Platz für ein Sand-Erd-Gemisch bleibt. Als Mischung ist ein Verhältnis von zwei Teilen Sand und einem Teil Lehm ideal. Hinterfüllt wird die Mauer mit grobem Schotter oder Ziegelschutt. Diese Dränageschicht ist einerseits für die Stabilität der Mauer wichtig, andererseits bieten die hier entstehenden Hohlräume

TIPP FÜR INTELLIGENTE

Die ideale Mauer

Trockenmauern sollten normalerweise nicht höher als 120–150 cm sein und mit einer Neigung von 10–20 % zum Hang hin errichtet werden. Damit ist gute Stabilität gegeben. Nur mit sehr großen Steinen lassen sich höhere Mauern errichten. Dafür benötigt man aber unbedingt schweres Gerät und die Hilfe erfahrener Experten.

Pflanzen für die Trockenmauer

Niedrige Arten (ca. 5–10 cm)
Fetthenne, Gänsekresse, Gelber Lerchensporn, Glockenblumen, Hauswurz, Heidenelke, Hungerblümchen, Moossteinbrech, Scharfer Mauerpfeffer, Silberdistel, Thymianarten, Zimbelkraut

Höhere Arten (ca. 20–40 cm)
Dost, Ehrenpreis, Küchenschelle, Natternkopf, Skabiosen, Flockenblume

vielen Tieren Unterschlupf. Die Fugen, die immer versetzt angelegt werden, sind einerseits mit dem Sand-Erd-Gemisch zu füllen, andererseits sofort zu bepflanzen. Besorgen Sie sich deshalb für die Trockenmauer gleich beim Errichten die passenden Pflanzen (siehe Liste) und fügen Sie die Wurzelballen in das Bauwerk ein. Damit sind die Pflanzen gut verankert.
Keinesfalls sollten Sie überschwänglich blühende Standardpolsterstauden verwenden – sie würden den natürlichen Charakter stören, intensive Pflege benötigen (z. B. häufiges Gießen) und damit gerade das Gegenteil eines bequemen Gartens bewirken.

Trockenmauer ohne Hang

Das Biotop Trockenmauer bleibt nicht nur dem Gartenbesitzer vorbehalten, der ein Hanggrundstück oder eine höher gelegene Terrasse besitzt. Steinmauern lassen sich auch im flachen Gelände anlegen, etwa als Trennung zwischen zwei Gartenbereichen. Diese Mauern sollten mindestens 80 cm breit sein. An den beiden Außenseiten werden die Steine aufgeschichtet, wie bei einer Trockenmauer üblich. Aufgefüllt wird das „Hochbeet der besonderen Art“ mit lockerem Material.

Die Bewohner der Trockenmauer

Es ist erstaunlich, wie rasch die Natur eine Trockenmauer in Besitz nimmt. Je nach ihrer Lage (Sonne oder Schatten) und dem verwendeten Material (Kalk, Granit, Sandstein oder auch Holzteile) werden sich nach und nach Kröten, Molche, Spitzmäuse, Igel, Laufkäfer, Hummeln und Wildbienen einnisten. Sie sind die Helfer in einem Garten für intelligente Faule und sorgen dafür, dass Schädlinge nicht überhandnehmen.

Trockenmauern sind auch ideal für Raumteilungen in größeren Gärten.

Steine
Wählen Sie unterschiedlich große Steine, allerdings von einer Gesteinsart.

Erde
Vermischen Sie normale Gartenerde zur Hälfte mit Sand und Kies.

Pflanzen
Setzen Sie trockenheitsliebende Pflanzen, die je nach Standort der Mauer Sonne oder Halbschatten vorziehen.

Fertig!
Im ersten Jahr wird eine Trockenmauer noch nicht ihre volle Pracht zeigen – Sie sollten 2–3 Jahre Geduld haben.

Arbeitssparer Hecke & Co

Der Weißdorn ist für viele Insekten eine interessante Nahrungsquelle. Für uns ist er dekorativ.

Schön und nützlich zugleich – das ist das Motto im Garten für den intelligenten Faulen. Daher sind die geschnittenen Hecken im monotonen Thujengrün keine passende Gartenumzäunung. Vor allem in den etwas größeren Gärten ist es „intelligent", Wild- und Blütensträucher frei wachsen zu lassen. Für den Menschen sind die Gehölze ein Sicht- oder Lärmschutz, für die Tiere, in den meisten Fällen sind es Nützlinge, ist die Hecke dagegen als Nahrungs- und Lebensraum wichtig.

Nicht zu vergessen ist natürlich die äußerst dekorative Wirkung einer solchen Wildsträucherhecke: Die unterschiedlichen Blattfärbungen, die zarten Blüten, der Beerenschmuck im Herbst und die interessante Struktur der Rinde machen eine solche Gartenbegrenzung zu einem Zierelement für ein ganzes Gartenjahr.

Eine ganz „wilde" Hecke ...

Im Garten für intelligente Faule ergänzt sich das Nützliche mit dem Schönen: Singvögel nisten in den bedornten Ästen von Sanddorn und Schlehe und sind damit vor einer Attacke durch Katzen geschützt, gleichzeitig gibt es Nahrung in Hülle und Fülle: Früchte von Felsenbirne, Heckenkirsche oder im späteren Sommer vom Holunder.

Sträucher für die „wilde Hecke"

Deutzie, Eberesche, Felsenbirne, Feuerdorn, Flieder, Forsythie, Goldregen, Hainbuche, Hartriegel, Haselnuss, Heckenkirsche, Holunder, Hundsrose, Pfaffenhütchen, Pfeifenstrauch, Ranunkelstrauch, Sanddorn, Schlehe, Schneeball, Traubenkirsche, Vogelkirsche, Weigelie, Weißdorn, Wildrosen, Zierquitte

Wildsträucher bieten Meisen und anderen heimischen Vögeln ein gutes Quartier und im Herbst Nahrung.

Aber nicht nur die Früchte sind eine Attraktion für die Singvögel. In jedem Garten gibt es zu bestimmten Zeiten einen voll gedeckten Tisch. Beispielsweise die lästigen Blattläuse, von denen man oft meint, sie seien nur durch Chemie zu bekämpfen. Im „intelligenten Garten“ erledigen das die nützlichen Helfer aus der Wildsträucherhecke. Ob an Rosen oder Obstbäumen, an Geißblatt oder Fuchsie, überall suchen die gefiederten Freunde nach Nahrung.
Und um bei den Schädlingen zu bleiben: Im Unterholz der Wildsträucherhecke bleibt das Laub liegen, denn dort fühlen sich Laufkäfer so richtig zu Hause. Diese Tierchen wiederum haben Schnecken „zum Fressen gern“. Freilich muss in Bezug auf die schleimigen Gäste offen gesagt werden, dass der Laufkäfer allein nicht viel ausrichtet. Selbst gemeinsames Vorgehen von Laufkäfern, Igel, Blindschleichen und Kröten kommt einer Schneckenplage nicht bei.

TIPP FÜR FAULE

Pflanztipp

Bäume und Sträucher sind beim Pflanzen meist sehr klein und werden von hohem Gras überwachsen. Mulchen Sie daher zuerst mit einer 5–10 cm dicken Schicht Kompost, darauf legen Sie festen Karton und zum Abschluss noch eine dicke Schicht Rindenmulch.
So bleibt der Boden weitgehend unkrautfrei und die Bäume wachsen rasch. Später lassen sich unter den Gehölzen viele frühjahrsblühende Zwiebelblumen, wie Blausternchen, Schneeglöckchen und Narzissen, pflanzen.

Blüten- und Wildsträucher für „intelligente Hecken“

Wildsträucherhecken haben gleich mehrere Vorteile. Einerseits müssen sie, wenn ausreichend Platz vorhanden ist, nicht geschnitten werden, andererseits bieten diese Gehölze zahlreichen Nützlingen Quartier und Nahrung. Die Tiere helfen dann dem intelligenten Gärtner von Jahr zu Jahr stärker bei der Bekämpfung von Schädlingen. Man denke nur an Singvögel, die in den dichten Ästen hervorragende Nistmöglichkeiten finden. Die Tabelle zeigt einige der schönsten Wild- und Blütensträucher, die – geschickt gepflanzt – immer wieder für Blütenschmuck sorgen.

NEUE Gartenfragen & Antworten

FÜR INTELLIGENTE FAULE

Alternative zu Buchs

Eigentlich wollten wir unseren Gemüsegarten mit Buchs umpflanzen. Freunde raten uns wegen des Buchsbaumzünslers und des Buchsbaumpilzes davon ab – was meinen Sie? Welchen Ersatz gibt es?

Für mich gibt's nur ein Heckengehölz, das ein würdiger Buchsersatz ist – die Eibe! Sie ist allerdings giftig, und daher heißt es bei kleinen Kindern aufpassen. Nicht wegen der Nadeln, sondern vor allem wegen der kleinen roten Früchte. Von diesen ist allerdings nur der Kern giftig, das Fruchtfleisch ist genießbar. Es gibt eine Sorte *Taxus media* 'Hillii', die keine Früchte ansetzt. Sehr gut als Buchsersatz hat sich auch die rundblättrige Stechpalme *Ilex crenata* (z. B. 'Blondie') bewährt. Sie ist allerdings nicht zu 100 % frosthart.

Klein bleibende Blütensträucher

Freiwachsende Hecken werden so groß! Gibt es eine kleine Alternative, die man nicht schneiden muss?

Es gibt einige klein bleibende Blütensträucher, die wenig Pflege benötigen. Zum Beispiel sind die im Spätsommer blau blühende Bartblume (*Caryopteris x clandonensis*), der Kleinblättrige Flieder (z. B. *Syringa microphylla* 'Superba'), der Fingerstrauch mit gelben Blüten (*Potentilla fruticosa*), die Mahonie (*Mahonia aquifolium*) oder auch die im Frühjahr herrlich blühende Scheinhasel (*Corylopsis pauciflora*) dafür geeignet.

Arbeitssparer **Gartenteich**

Teich und Bachlauf lassen sich ideal kombinieren und schaffen durch das Plätschern eine beruhigende Geräuschkulisse.

Ein Gartenteich oder "Biotop", wie er dieser Tage häufig genannt wird, ist eine Oase im Garten, ein Tummelplatz für viele Tiere und ein Ort, der zum Niedersitzen und Beobachten einlädt. Wer einmal am Ufer seines Teiches gesessen und für Stunden das Tierleben beobachtet hat, wird verstehen, warum die Wasseroase im Garten ein solcher „Hit“ geworden ist. Libellen, Frösche, Kröten und Dutzende Wasserkäfer werden sich schon nach wenigen Wochen einfinden und den Teich beleben – ganz ohne unser Zutun.

In einem natürlich angelegten Garten wird man dem Teich einen Platz im Halbschatten geben. Die pralle Sonne würde das Wasser zu stark erwärmen und dadurch bald zu verstärkter Algenbildung führen. Aufpassen sollte man aber auf die Bäume im Umfeld. Sie müssen in einem gewissen Abstand zum Wasser stehen, damit ihr Laub nicht in den Teich fällt. Dies würde ebenfalls zu Veralgung führen.

Es gibt viele Möglichkeiten, einen Teich abzudichten. Am bequemsten sind allerdings die im Handel erhältlichen Teichfolien. Als Standort wählt man eine natürliche Vertiefung im Garten. Keinesfalls darf ein Becken mit steilen Ufern errichtet werden, im Gegenteil: Das Gelände soll sanft zum Ufer laufen. Das Aushubmaterial gehört also entweder abtransportiert oder kann an einer Seite des Teiches als natürlich wirkender und flach ansteigender „Hügel“ aufgeschichtet werden. Die Grundform des Teiches wird mit Pflöcken ausgesteckt und mit Schnüren abgegrenzt. Verzichten Sie auf extreme Grundrisse, die Nierenform bietet sich wohl am ehesten an.

Schutz für Kinder

Kleine Kinder spielen gern am Teich. Weil die Gefahr des Ertrinkens groß ist, sollte man unbedingt ein stabiles Gitter vorsehen. Es liegt 5 cm unter der Wasseroberfläche und ist fest verspannt. Sogar ein Erwachsener kann „über das Wasser" gehen. Die Pflanzen aber wachsen hindurch, ohne Schaden zu nehmen.

Im Uferbereich werden für die Verankerung des Gitters einige starke Holz- oder Metallpflöcke in den Boden gerammt (mindestens 60 cm tief). Bei großen Teichen sind unbedingt mehrere Pflöcke pro Seite nötig. Die Pflöcke werden mit kräftigen Drahtseilen verbunden. Über die Seile wird ein stabiles Drahtgitter (enges Baustahlgitter) gelegt. Der Rand des Gitters muss am Ufer beginnen und die Öffnungen müssen so klein sein, dass Kinder nicht hindurchrutschen können.

Nach einigen Wochen sind weder das Gitter noch die Seilkonstruktion zu sehen: Die Pflanzen haben alles überwachsen.

Algen im Teich

Nur gut eingewachsene Teiche mit einem ausreichenden Anteil an Wasserpflanzen geben Gewähr, dass es nicht zu explosivem Algenwachstum kommt. Wenn Algen in einem Gartenteich auftreten, dann ist das fast immer ein Zeichen von Nährstoffüberschuss.

In der ersten Phase nach dem Anlegen eines Teiches muss man sich keine allzu großen Sorgen machen – das natürliche Gleichgewicht ist noch nicht hergestellt,

Wasser übt auf Kinder eine besondere Anziehungskraft aus. Kinder daher nicht unbeaufsichtigt lassen oder ein Teichgitter anbringen.

TIPP FÜR FAULE

Keine Tiere in den Teich

Der Faulenzergärtner holt bewusst keine Tiere in den Teich. Goldfisch & Co haben in einem Naturbiotop nichts verloren. Sie verursachen besonders starkes Algenwachstum. Viele Tiere finden sich meist schon nach einigen Stunden an der neu entstandenen Wasserfläche ein – die Libelle zum Beispiel. Wasserschnecken werden meist mit den Pflanzen eingeschleppt, und Freund Frosch wartet nur darauf, eine neue „Eigentumswohnung" beziehen zu können. In Ausnahmefällen können in einem großen Teich die heimischen Fische Bitterling, Moderlieschen oder Stichling eingesetzt werden. Bitterlinge benötigen aber zum Fortpflanzen Süßwassermuscheln. Interessant zu beobachten ist der Stichling: Er baut regelrechte Nester am Boden und fächelt dem Gelege mit der Schwanzflosse ständig Wasser zu.

Um den Seerosenkäfer zu bekämpfen, ist es am besten, die kleinen Eigelege im Frühjahr mit einem scharfen Strahl des Gartenschlauchs abzuspritzen.

das dauert. Man sollte jedoch immer prüfen, ob alle Grundregeln für das Anlegen eines Teiches beachtet wurden:

- Der Teich sollte nicht zu seicht sein, an einer Stelle mindestens 80–100 cm tief, und trotzdem müssen die Ufer sanft ansteigen.
- Kein nährstoffreiches Substrat als Teichboden;
- genügend Pflanzen (etwa ⅓ Pflanzfläche, ⅔ Wasserfläche);
- keine pralle Sonne, sondern mehrere Stunden am Tag Schatten;
- kein Nachfüllen mit kalkhaltigem Leitungswasser;
- keine Zierfische (Goldfische, Kois etc.).

Notmaßnahmen bei Algen

Grundregel Nummer 1: Keine Panik! Einige Algenfetzen im Teich sind noch kein Problem. Aufpassen sollte man jedoch auf Fadenalgen, die am besten immer wieder

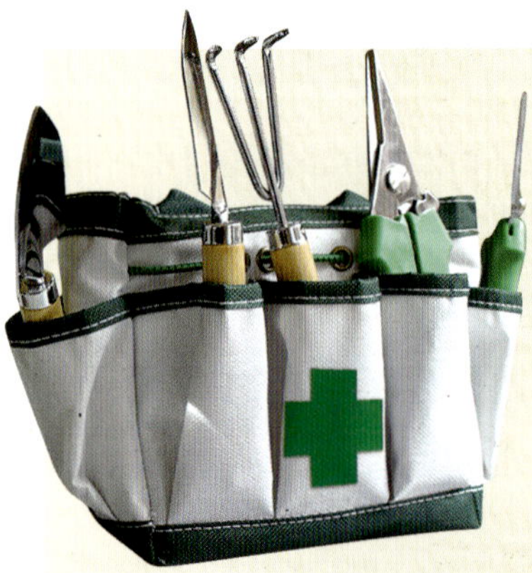

Erste Hilfe am Teich

Wie wird man den Seerosenkäfer los?

Der Seerosenkäfer ist gerade in den letzten Jahren sehr aktiv geworden. Weder biologische noch chemische Produkte sind zugelassen bzw. möglich, weil ja sonst das Tierleben des Teiches in Mitleidenschaft gezogen wird. Die beste Methode ist es, die kleinen Eigelege, die im Frühjahr auf den Blättern zu finden sind, mit dem scharfen Strahl des Gartenschlauchs abzuspritzen.

Soll man Teichpflanzen abschneiden?

Ja, unbedingt. Entweder im Spätherbst oder im zeitigen Frühjahr. Binsen, Rohrkolben oder Schilf lassen sich aber am besten entfernen, wenn der Teich fest zugefroren ist. Mit Schere oder der Sense die Pflanzen einfach abschneiden und entfernen.

Warum soll man Räumgut neben dem Teich liegen lassen?

Viele Tiere werden beim Abfischen mit den Pflanzen „an Land" gebracht. Lässt man dieses Räumgut einige Tage neben dem Teich liegen, sind die Überlebenschancen für Libellenlarven & Co deutlich höher.

Cranberrys für den Teichrand?

Wer Bereiche am Teichrand mit niedrigen Pflanzen bewachsen möchte, wählt Cranberrys. Sie wachsen dicht und bilden köstliche Früchte. Die langen Ausläufer brauchen nicht geschnitten zu werden, denn an ihnen bilden sich in den kommenden Jahren aufrecht wachsende Seitentriebe, die dann Blüten und Früchte ansetzen. Nach vielen Jahren sollten einmal die ganz alten Triebe entfernt werden. Auf diese Weise bildet sich ein guter Bodendecker.

7 Schritte zum Teich

1. Rasensoden abtragen und kompostieren. Für das Ausheben des Teiches beauftragen Sie einige „Muskelmänner“ oder lassen Sie einen Minibagger kommen. Der Untrainierte verliert sonst rasch die Freude an dieser Schwerarbeit und verringert während des Baus aus Bequemlichkeit die Tiefe. Diese sollte aber unbedingt 80–100 cm erreichen.

2. Achten Sie bei der Ufergestaltung auf „sanfte Formen“: keine steilen Ufer, sondern flache Randzonen, in denen besonders viele schöne Teichpflanzen gedeihen.

3. Die Teichfolie sollte erst nach dem Ausheben der Grube bestellt werden. Das Messen geht am einfachsten so: An der breitesten und längsten Stelle wird eine Schnur exakt nach der Bodenform in den späteren Teich gelegt. Die Schnurlänge plus 1 m Überstand ergibt die Teichfoliengröße.

4. Der Unterboden muss frei von scharfen Steinen sein. Zur Sicherheit sollte eine Schicht feiner Sand eingefüllt werden, eventuell auch ein Teichvlies. Darauf wird die Teichfolie verlegt.

5. Damit der Teich später nicht veralgt, muss schon beim Aufbau darauf geachtet werden, dass wenig und nur nährstoffarme Erde für den Teichboden verwendet wird. Es hat sich bewährt, jene Erde zu verwenden, die sich beim Ausheben der Grube an der tiefsten Stelle befand. Dort sind die wenigsten Nährstoffe enthalten. Die Erde mit grobem Kies oder größeren Steinen abdecken, damit wird ein späteres Aufschwemmen verhindert.

6. Beim ersten Befüllen des Teiches sollte man darauf achten, nicht zu viele Schwebstoffe aufzuwühlen. Am einfachsten geht das, indem man am Teichgrund einen Kübel aufstellt und den Schlauch in diesen münden lässt. Dadurch fließt das Wasser langsam und ohne Druck ein.

7. Algen im Teich sind für viele Gartenbesitzer ein Alarmzeichen. Meist ist Panik jedoch nicht angebracht: Ein Abfischen mit einem Netz ist meist ausreichend: Geschieht dies immer wieder, wird sich bald ein natürliches Gleichgewicht einstellen.

Ein stabiles Gitter schützt Kinder vor dem Ertrinken. Es liegt 5 cm unter der Wasseroberfläche und Pflanzen können hindurchwachsen. Im Uferbereich werden für die Verankerung Pflöcke in den Boden gerammt und mit kräftigen Drahtseilen verbunden. Über die Seile wird ein stabiles Drahtgitter gelegt.

Es gibt viele Möglichkeiten, einen Teich abzudichten. Am bequemsten sind allerdings die im Handel erhältlichen Teichfolien.

abgefischt werden. Pumpen und Filteranlage sind normalerweise nicht nötig – sie würden nur das natürliche Gleichgewicht stören.
Als Helfer in der Not hat sich neben einer Vielzahl von mehr oder weniger gut wirkenden Algenmitteln aus dem Handel Gerstenstroh bewährt. Große Plastik- oder Stoffsäcke werden möglichst dicht mit Stroh gefüllt und mit Steinen beschwert auf den Teichboden gelegt. Das bewirkt ein „Sauerwerden" des Wassers. Besonders in Teichen, die mit Kalkschotter und kalkhaltigem Leitungswasser aufgefüllt wurden, kann dieses Rezept echte Wunder wirken. Das Stroh beginnt zu verrotten und bindet dabei die Nährstoffe im Wasser. Je nach Temperatur wird man das Stroh 6–8 Wochen im Wasser liegen lassen können. Dann kommt es auf den Kompost, denn es ist „vollgesogen" mit Nährstoffen und wird dort allmählich zu Humus.

Bachlauf und Springbrunnen

Wer denkt, ein Bachlauf sei ein „Algenkiller", irrt: Sauerstoff im Wasser ist zwar wichtig, die Umwälzung und vor allem die Erwärmung des Wassers führen jedoch meist zum gegenteiligen Effekt. Besonders dann, wenn die Pumpe für den Wasserkreislauf das Wasser aus der tiefsten Stelle des Teiches pumpt. Dort sammeln sich meist die Nährstoffe, die dann über den Bach wieder in die obersten Schichten gelangen und zu Algenwachstum führen.
Kleinere Springbrunnen sind kein Problem. Größere Fontänen haben in einem Naturbiotop nichts verloren. Sie würden – wie der Bachlauf – die Ökologie stören und auch das Wachstum von Wasserpflanzen behindern. Seerosen mögen es z. B. ganz und gar nicht, wenn das Wasser ständig in Bewegung ist und auf Blätter und Blüten tropft.

Pflanzen für den Teich

Ufer und seichtes Wasser
Fieberklee, Froschlöffel, Gauklerblume, Schilf, Sumpfdotterblume, Sumpfvergissmeinnicht, Wasserhahnenfuß, Wasserknöterich, Wasserschwertlilie, Wollgras

Ab 50 cm Wassertiefe
Hornblatt, Laichkraut, Rohrkolben, Seekanne, Seerose, Tannenwedel, Wasserpest (Vorsicht: wuchert!)

Schwimmpflanzen
Froschbiss, Teichlinse (Vorsicht: wuchert!), Wassernuss, Wasserschlauch

Arbeitssparer **Blumenwiese**

Klatschmohn und Flockenblumen bringen Farbe in die Blumenwiese.

Es ist wohl ein Zeichen der Zeit, dass Naturwiesen nun wieder besonders hoch im Kurs stehen. Wie sonst ist es zu erklären, dass im Frühjahr in den tipptopp gepflegten Schrebergärten liebevoll um die Margeriten herumgemäht wird? Diese kleinen Inseln sind meist der Beginn einer Liebe zur naturnahen Wiese, die auch in kleinen und kleinsten Gärten ihren Platz findet. Dennoch heißt es aufpassen: Blumenwiese und Rasen haben ganz unterschiedliche Funktionen. Erstere ist zum Anschauen da, Letzterer zum Nutzen. Denn betreten darf man die Blumenwiese ab einem bestimmten Zeitpunkt (wenn Gras und Blumen „knöchelhoch" stehen) nicht mehr. Der Rasen hingegen kann zum Spielen und als Sitzplatz genutzt werden, selbst dann, wenn er zum Blumenrasen wird, wenn also Gänseblümchen & Co nicht rigoros bekämpft werden.

Saatgut von Wildblumenmischungen besteht meist aus 10–20 verschiedenen Arten, die auf den Verpackungen jedoch selten angeführt werden. Fast immer sind jedoch Mohn, Kornblumen und Kornrade mit dabei. Sie alle lieben einen mageren Boden und keinen Stickstoffdünger.

Wenig Pflege, schnell gemacht

Die Blumenwiese ist ideal für den intelligenten Faulen: kein Gießen, nur zwei- bis dreimal im Jahr mähen und dazu noch die Freude über ein besonders buntes Stück Natur. Für das Anlegen einer solchen Wiese gibt es zwei Möglichkeiten. Zuerst jene für den ungeduldigen Gärtner: Der Rasen mitsamt der obersten Humusschicht wird abgetragen und kompostiert. Die verbleibende Erde wird gefräst, mit scharfem Fluss- oder Quarzsand abgemagert, und schon ist die Fläche fertig zum Aussäen. Die zweite Möglichkeit ist, den Rasen durchwachsen zu lassen: immer seltener mähen, immer mehr der Natur ihren freien Lauf lassen. In den darauffolgenden Jahren immer wieder vertikutieren, also belüften, und danach eine dicke Schicht Quarzsand einstreuen. Nach drei, vier oder gar erst fünf und mehr Jahren wird eine Blumenwiese entstehen.

TIPP FÜR INTELLIGENTE

Blumenwiese beschleunigen

Wenn aus einem Rasen eine Blumenwiese werden soll, kann man da und dort auch das Blumenwachstum beschleunigen, indem man die Rasenfläche aufreißt und Wiesenblumensamen einstreut oder gleich fertige Pflanzen setzt.

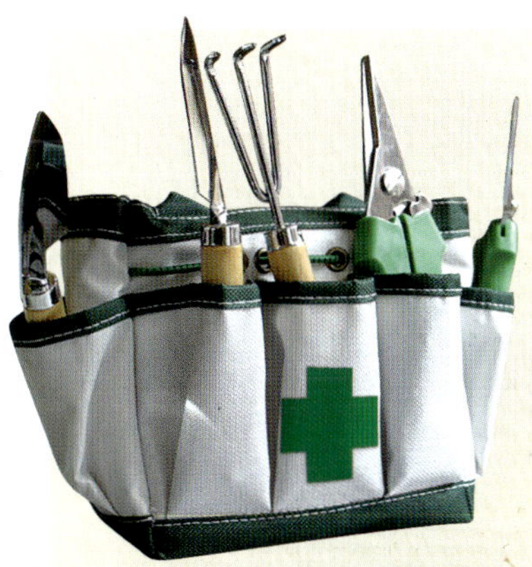

Erste Hilfe im Rasen

Je kürzer gemäht, desto schöner der Rasen?
Genau das Gegenteil ist der Fall! Wird zu kurz gemäht, gewinnt das Unkraut mit Sicherheit die Oberhand. 3–4 cm hoch (etwa Stufe III beim Rasenmäher) sollte der Rasen allwöchentlich gemäht werden. Damit sind die zarten Graspflänzchen in der Lage, das Unkraut zu unterdrücken.

Ist ein schöner Rasen ohne Chemieeinsatz möglich?
Natürlich! Seit Jahren pflege ich ein Stück meines Rasens ausschließlich mit organischem Rasendünger. Der Rasen ist so perfekt, dass meine Gäste ihn oft für frisch verlegten Rollrasen halten. Ich dünge dreimal: im Frühjahr, im Sommer und – ganz wichtig – auch im Herbst, Ende September (Kalibetont).

Gras ist nicht gleich Gras – oder?
Leider ist das so! Billigsaatgut wird auch nach Jahren nicht zum perfekten Rasen. Millionen von Euro werden alljährlich von den diversen Rasenforschungsinstituten investiert, um jene Rasenpflanzen zu finden, die kompakt, aber nicht zu stark wachsen, die eine perfekte Grünfärbung haben und noch dazu gesund bleiben. Daher gilt hier, wie leider so oft: Gutes Rasensaatgut ist teuer.

Humus abheben
Nährstoffreiche Erde lässt das Gras, nicht jedoch die Blüten wachsen. Daher empfiehlt es sich, die obersten 5–10 cm abzutragen und erst dann den Boden umzugraben.

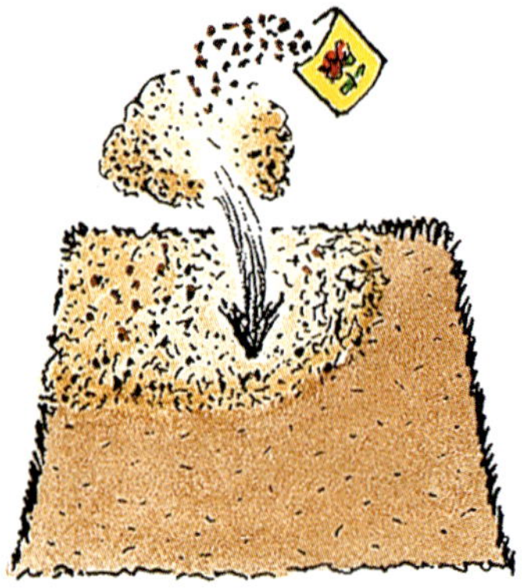

Sand und Blumen
Quarzsand ist das einfachste „Abmagerungsmittel" für den Boden. Wer gleich die Blumensaat (ganz wenig Gräser) mit einstreut, spart Arbeit.

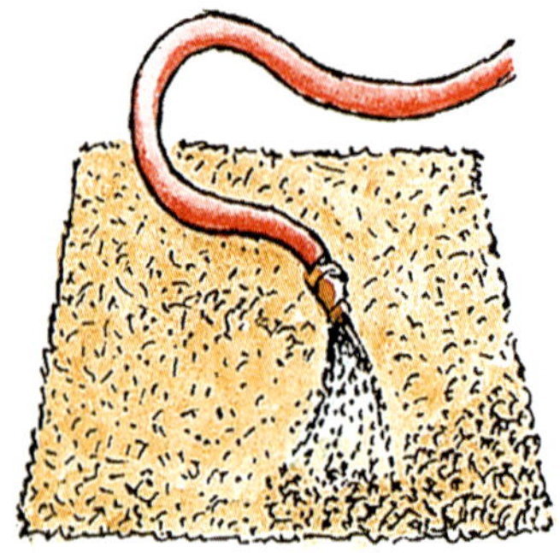

Gießen
Wasser benötigt die Blumenwiese nur in den Geburtsstunden. Nach dem Keimen der Saat lieben viele Wiesenkräuter ein eher karges Dasein.

Fertige Blumenwiese
Zwei- bis dreimal pro Jahr wird gemäht. Wichtig: Schnittgut auf der Wiese abtrocknen lassen, da dann die Samen der einjährigen Blumen ausfallen, anschließend entfernen, um Nährstoffeintrag zu vermeiden.

7 Schritte zur Blumenwiese

1. Den Boden vorbereiten, mit Sand abmagern.
2. Besorgen Sie sich passendes Saatgut in Fachgeschäften – kaufen Sie nicht das erstbeste, sondern erkundigen Sie sich bei Biologen. Sammeln Sie Saatgut auf Wiesen!
3. Bei der Aussaat darauf achten: Die meisten Wiesenblumen benötigen Licht und Luft zum Keimen. Daher niemals zu dicht säen und vorsichtshalber das Saatgut mit viel Sand mischen.
4. Nach der Aussaat den Boden gleichmäßig feucht halten, damit die kleinen Pflänzchen nicht vertrocknen.
5. Normalerweise muss eine Wiese zweimal pro Jahr gemäht werden: Ende Juni/Anfang Juli und im September. Dies gilt bei einer Wiese, die auf einem durchschnittlich nahrhaften Boden steht. Ist der Boden aber besonders karg, kann auch ein einziger Schnitt im Herbst genügen.
6. Große Flächen lassen sich zweifellos für Ungeübte am leichtesten mit sogenannten Balkenmähern mähen. Umweltfreundlicher ist dagegen die Sense: Hier freilich heißt es: „Übung macht den Meister."
7. Entfernen Sie den gesamten Grasschnitt – nur eine magere Wiese wird üppig blühen.

Permakultur für intelligente Faule

Die Mischung macht's! Die Permakultur nützt auch die positive Wirkung mancher Pflanzen in der Nachbarschaft.

Salopp gesagt: Permakultur ist das Garteln der intelligentesten Faulen, aber es geht dabei nicht nur um den Garten. In diesem ganzheitlichen System wird angestrebt, dass Menschen, Tiere und Pflanzen miteinander leben, ohne sich gegenseitig Schaden zuzufügen. Ziel ist es, durch optimale Wachstumsbedingungen eine Versorgung direkt vor der Haustür und ohne lange Transportwege zu schaffen.

Kraterbeet erzeugt ideales Kleinklima

Durch das geschickte Anlegen eines kleinen Hausgartens kann zumindest stellenweise ein ideales Kleinklima geschaffen werden. Zum Beispiel im Kraterbeet: In dieser Wärmefalle gedeihen Tomaten und Gurken gut, am Rande wachsen Weintrauben und am Hügelbeet ranken die Kürbisse um die Wette.

Unordung ist erwünscht

Ein perfekt gepflegter Garten ist nicht immer sinnvoll. Gerade die geordnete Unordnung ist es, die gesundes Wachstum ermöglicht. Vögel nisten auf dem Gelände und sind die Schädlingspolizei. Mischkultur sorgt für krankheitsfreies Wachstum, und die richtige Sortenauswahl von Obst und Gemüse hilft ebenfalls mit, auf Spritzmittel aller Art verzichten zu können.

Saatgut kommt aus dem Garten

Ob Endivie, Spinat, Radieschen oder andere: Die ausgewachsenen Pflanzen bleiben am Beet stehen und liefern nach dem Blühen Saatgut für das kommende Jahr. So entsteht ein Kreislauf vor Ort – von der Aussaat bis zur Ernte. Da in der Permakultur nur Biosaatgut von alten „Nicht-Hybridsorten" verwendet wird, muss auch beim Zukauf von Saatgut darauf geachtet werden. Besonders empfehlenswert sind Vereine wie die Arche Noah, ReinSaat oder Dreschflegel, die sich die Erhaltung alter Sorten zum Ziel gesetzt haben.

Nützliches für Mensch und Tier

Kompostieren, Mulchen oder das Brennnesseleck dürfen in einem Permakulturgarten nicht fehlen. Kommen und Gehen, Wachsen und Sterben – das bedeutet Kreislaufdenken und Permakultur, und genau davon ist in Zeiten der großen ökologischen Probleme so oft die Rede. Freilich endet diese Form des Lebens nicht an der Gartenmauer: Auch bei der Energienutzung im Haus und beim Auto wird auf Nachhaltigkeit gesetzt – mit Solarenergie, Sonnenstrom oder Biogas.

... und noch weniger Arbeit

Was tun manche Hobbygärtner nicht alles mit ihrem Schnittgut: Da wird tagelang zerkleinert, gehackt, und alles, was auch nur irgendwie in den Häcksler passt, wird gnadenlos bearbeitet. In manchen Fällen ist es wohl sinnvoll, Holzhäcksel als Mulchmaterial zu erzeugen. In vielen Fällen aber ist es nutzlose Schwerarbeit.
Mit der Natur und nicht gegen die Natur lautet die Devise für den intelligenten Faulen. Deshalb lässt er „die anderen“ arbeiten.

Gekonnte, kluge Unordnung: der Totholzhaufen

Alles bis zur Stärke eines Männer-Daumens kommt auf den Kompost, die stärkeren Äste werden entweder zu Brennholz oder, wenn nicht allzu viel Material anfällt, auf einen Totholzhaufen geschichtet.
Klingt irgendwie gefährlich, oder? Ist es aber gar nicht: Irgendwo im Garten – an einer Stelle, die nicht allzu eingesehen ist – werden all die Holzteile aufeinandergeschichtet, die nicht verwendbar sind und auf natürliche Weise zerkleinert werden sollen: Wurzelstöcke, Äste und als „Würze“ noch Laub und Reisig.
In diesen Haufen, die gar nicht groß sein müssen, stellt sich Natur pur ein: Der Igel wird bald das neue Haus beziehen, Laufkäfer werden beginnen, das Holz zu zernagen. Blindschleichen und viele andere Reptilien werden Unterschlupf finden und dem Gärtner in Zukunft viel Arbeit abnehmen. Alle diese neuen Bewohner gehören nämlich zur Gruppe der „Nützlinge“, der Helfer im Garten, die dafür sorgen, dass „Lästlinge“ wie Schnecken gar nicht erst überhandnehmen.

Steinreich – und glücklich

„Steine bis zur Größe einer Männerfaust sind Dünger!“
Nein, das ist nicht meine Weisheit, sie wird vielmehr Indianern zugeschrieben. Für sie hatte die Erde eine ganz besondere Bedeutung, und vieles, was heute im biologischen Gartenbau im Rahmen des Bodenschutzes getan wird, könnte aus dem Wissensschatz der Indianer stammen. Wie ist das also mit den Steinen?
Generell sollte man hier keine unnötige Mühe an den Tag legen: Erde nicht durchsieben, um die „lästigen“ Steine wegzubekommen. Versuchen Sie es doch einmal so: Alle größeren Steine – und da gilt auch schon eine zarte Frauenhand als Maßstab – werden entfernt und auf einem Steinhaufen am Rand des Gartens aufgeschichtet. Er hat eine ähnliche Funktion

wie die Trockenmauer – ist also Unterschlupf für viele Nützlinge. Der Rest der Steine bleibt im Boden, denn in humusreichem Erdreich sind diese Mineralstofflieferanten kein Problem.

... und auch das noch: Brennnesseln!

Für viele Gärtner der alten Schule ist die Brennnessel das Symbol für Unkraut. Gärtner von heute wissen aber: Brennnesseln sind äußerst wichtige Pflanzen in einem naturnahen Garten. Einerseits zeigen sie uns, dass der Boden in Ordnung ist – Brennnesseln wachsen nur, wo es viel Humus gibt. Andererseits liefern die Blätter Nahrung für Schmetterlingsraupen, können zum Mulchen verwendet werden, und schließlich ist die Brennnessel in Form einer Jauche Lebenselixier für viele Pflanzen.
Daher dürfen diese einst ungeliebten Pflanzen im Garten für den intelligenten Faulen getrost ein Stück Fläche einnehmen.

Singvögel – bitte verwöhnen!

Wenn das Frühjahr ins Land zieht, dann sind sie die lautstarken Boten des neuen Gartenjahres: unsere Singvögel. Doch nicht nur der Gesang ist es, der uns beglückt. Singvögel sind eifrige Schädlingsvertilger. Ob die ersten Blattläuse an den Obstbäumen oder die Raupeninvasion an den Rosen – die gefiederten Freunde halten die Tierchen in Schach. Daher helfen wir intelligente Gärtner gern, damit sie sich im Garten wohlfuhlen:
Futterhäuschen im Winter – ausschließlich mit Körnerfutter. Also keine Küchenabfälle wie Nudeln, Kartoffeln, Brot oder Reis, die noch dazu gesalzen sind und den sicheren Tod der Vögel bedeuten würden.
Nistkästen – an vor Wind und Witterung geschützten Plätzen so montiert, dass auch Katzen sie nicht erreichen können.
Vogeltränken – so aufgestellt, dass rundherum viel Freiraum herrscht, damit Katzen nicht aus einem Versteck heraus die badenden Vögel fangen können.

Ein Hotel für Insekten

Marienkäfer als Blattlaustiger, Schwebfliegen mit großem Appetit auf Schädlinge und dazu noch Florfliegen, die auch die Läuse zum Fressen gern haben. Wie bringe ich diese Tierchen nur in den Garten?
Intelligente Faule machen es sich leicht – sie errichten ein Hotel! Keine Baugenehmigung, kein Antrag beim Gemeindeamt, nur ein Stück Hartholz (Buche, Eiche, Robinie) ist nötig, in das mehrere Löcher im Durchmesser von 1–10 mm gebohrt werden. Die Löcher sollten mindestens 5 und höchstens 10 cm tief sein. An einer Hauswand (beispielsweise bei einem Holzschuppen) werden sich innerhalb weniger Tage die ersten Helfer im Garten einfinden und die Löcher besiedeln. Für andere Nützlinge ist eine alte, gut ausgewaschene und trockene Konservenbüchse, in die (echte) Strohhalme gefüllt werden, ein Quartier.
Und die Florfliegen wiederum wollen am liebsten einen Unterschlupf zum Überwintern: in Treppenhäusern und auf Dachböden. Also keine Panik, die zarten, manchmal als „Motten" bezeichneten Tierchen sind extrem nützlich und fressen Blattläuse mit Begeisterung.

NEUE Gartenfragen & Antworten

FÜR INTELLIGENTE FAULE

Insektenhaus für Wespen?

Ein Insektenhaus finden wir toll, aber wir fürchten, dass wir dann Wespen und andere lästige Insekten anlocken. Besteht die Gefahr?

Wenn Sie die lästigen Tierchen meinen, die uns im Spätsommer und Herbst beim Kuchenessen im Garten ärgern, dann können Sie beruhigt sein. In Insektenhäusern werden sich zwar auch Wespenarten einnisten, die aber alle keine Bauten errichten, sondern solitär leben – ebenso wie die Bienen und Schwebfliegen. Sie verteidigen keine Nester, sondern legen in den Holzlöchern nur ihre Eier mit Pollenpaketen ab. Insekten benötigen viel Wärme und Trockenheit: Daher immer an Wänden anbringen, die nach Süden ausgerichtet und vor Regen geschützt sind.

Nistkästen mit Abstand

Nistkästen, heißt es, soll man in einem bestimmten Abstand aufhängen, sonst gibt es Revierkämpfe.

Dem „Lehrbuch" zufolge haben Sie recht. Allerdings haben meine Erfahrungen gezeigt, dass die Vögel durchaus Nistkästen annehmen, die nahe beisammenliegen. Oft dauert es einige Wochen, manchmal auch ein Jahr, dann sind bei mir alle Brutkästen bewohnt. Vögel zählen zu den größten Schädlingsvernichtern, ein Meisenpärchen mit Nachkommen vertilgt 20 kg Insekten jährlich.

Pflanzen

für jede Gelegenheit

Was wächst wo?

Die Gemeine Wegwarte zeigt kalkreichen Boden an und gedeiht in freier Natur gerne an Wegrändern.

Pflanzen lassen sich nicht „pflanzen“. Passen Boden oder Lichtverhältnisse nicht, dann nützen weder Chemie noch Gift. Diese Gewächse sind dem Tod geweiht.
Ein Beispiel: Die beliebten Rhododendren sind sogenannte Moorbeetpflanzen, d. h., sie mögen „saure“, also kalkfreie Böden. Werden nun Rhododendren oder auch Azaleen und viele andere Moorbeetgewächse in einen kalkigen Boden gepflanzt, wird der glückliche Gärtner bald unglücklich. Im ersten Jahr nach dem Pflanzen blüht der Rhododendron noch prächtig, im zweiten Jahr ein wenig, im dritten Jahr nicht mehr und im vierten ist er abgestorben. Die Ursache: der falsche Standort.

Zeigerpflanzen helfen den Boden bestimmen

Bevor Sie an die Planung oder den Pflanzenkauf gehen, sollten Sie an mehreren Stellen des Gartens die Boden- und Licht-

Für viele lästig, für Bienen ideale Nektarquelle: Löwenzahn.

TIPP FÜR INTELLIGENTE

Die richtige Pflanze am richtigen Standort

Intelligente Faule können zwei Wege gehen: ausschließlich Pflanzen auswählen, die zum Standort passen, oder den Boden großzügig austauschen, um dann wenigstens für ein, zwei Jahrzehnte keine Probleme mehr zu haben. Einfacher ist freilich Variante eins, denn es gibt keinen Standort, für den es nicht auch die passende Pflanze gäbe.
Die wichtigste Regel für alle bequemen Gärtner lautet daher, jene Pflanzen auszuwählen, die exakt mit den Boden- und Lichtansprüchen zurechtkommen.

Checkliste Zeigerpflanzen

Die Beschaffenheit des Bodens verraten Zeigerpflanzen.

Humusreicher Gartenboden
- Große und Kleine Brennnessel (*Urtica dioica* und *U. urens*)
- Hirtentäschel (*Capsella bursa-pastoris*)
- Vogelmiere (*Stellaria media*)

Lehmiger Boden
- Acker-Hahnenfuß (*Ranunculus arvensis*)
- Huflattich (*Tussilago farfara*)
- Ketten-Labkraut (*Galium aparine*)

Toniger Boden
- Breitwegerich (*Plantago major*)
- Kriechender Hahnenfuß (*Ranunculus repens*)
- Gewöhnlicher Löwenzahn (*Taraxacum officinale*)

Sandiger (trockener) Boden
- Frühlings-Hungerblümchen (*Erophila verna*)
- Sand-Mohn (*Papaver argemone*)

Kalkarmer Boden
- Adlerfarn (*Pteridium aquilinum*)
- Acker-Hundskamille (*Anthemis arvensis*)
- Wildes Stiefmütterchen (*Viola tricolor*)

Kalkreicher Boden
- Gemeine Wegwarte (*Cichorium intybus*)
- Wiesensalbei (*Salvia pratensis*)

NEUE Gartenfragen & Antworten

FÜR INTELLIGENTE FAULE

Torf in billiger Blumenerde

Ich kaufe zur Bodenverbesserung für das Gemüsebeet immer billige Blumenerde aus dem Handel. Ist es richtig, dass da oft noch Torf enthalten ist und es passieren kann, dass dieser, wenn er eingetrocknet ist, kein Wasser mehr aufnehmen kann?

Genau so ist es. Je preiswerter eine Blumenerde, desto wahrscheinlicher ist es, dass sie zu großen Teilen aus Torf besteht. Torf lockert im ersten Moment den Boden, ist aber ohne Leben und verschwindet auch relativ rasch wieder. Außerdem ist es tatsächlich so, dass er in regenarmen Zeiten schnell austrocknet und dann nur sehr schwer Wasser wieder aufnimmt.

Schmarotzer „Teufelszwirn"

Ein ganz eigenartiges Gewächs macht sich im Garten breit. Es ist dünn wie ein Faden und bedeckt Boden und Pflanzen – sieht aus wie ein dünner Draht. Was ist das?

Es handelt sich dabei höchstwahrscheinlich um den sogenannten Teufelszwirn (*Cuscuta*). Es ist ein nicht häufig auftretender Vollschmarotzer, der sich mit einer Art Saugwurzel an den Leitungsbahnen der Wirtspflanze festsaugt und ihr Wasser und Nährstoffe entzieht. Meist so umfangreich, dass sie letztlich abstirbt. Die Pflanze ist einjährig und bei uns kein großes Problem. In afrikanischen Ländern kann sie allerdings großen Schaden anrichten.

verhältnisse prüfen. Als Helfer erweisen sich sogenannte Zeigerpflanzen, die meist als lästige Unkräuter bezeichnet werden. Die festgestellten Kriterien sind dann für die Experten in den Baumschulen und Gärtnereien sowie für die Hinweise in Katalogen und Büchern von großer Bedeutung. Zunächst scheint das mühsam zu sein, später aber lohnt sich dieser momentane Mehraufwand, da Pflanzen, die sich wohlfühlen, kaum noch Pflege benötigen.

Auf den Boden kommt es an

Moorbeetgewächse benötigen saure Böden, die entweder durch Lauberdekompost, Torfersatzstoffe oder mithilfe fertiger Rhododendronerde geschaffen werden können. Allerdings nicht bloß in einem kleinen Pflanzloch, sondern in einem relativ großzügigen Beet: Pro Pflanze sollte ein Loch mit einem Durchmesser von zumindest 1 m und einer Tiefe von ca. 50–70 cm ausschließlich mit diesem Substrat gefüllt werden.

Eine Mischung aus der (kalkhaltigen) Muttererde mit reinem Torf im Verhältnis von 1 : 1 – leider immer noch eine gängige Empfehlung – ist aus Gründen des Umweltschutzes nicht zu empfehlen und hält auch nur für einige Jahre vor. Dann beginnt die Pflanze wieder zu kümmern.

Kein Wildkraut kann man vielfältiger nutzen als die Brennnessel: für Jauchen und als Mulch im Garten, in der Küche als Spinatersatz.

So wird gepflanzt

Ideal für die Neuanlage eines Gartens sind Herbst und/oder Frühjahr, aber Dank der großen Palette an Pflanzen im Topf (Container) sind Pflanzungen auch mitten im Sommer möglich, wenngleich dies nicht die beste Jahreszeit ist.

Welcher Zeitpunkt?

Der große Vorteil bei einer Herbstbepflanzung ist der Wachstumsvorsprung im kommenden Jahr: Bäume, Sträucher und viele Stauden bilden nämlich sofort nach der Pflanzung erste Wurzeln, die dann im Frühjahr kräftiges Wachstum bringen.

Bei einer Frühjahrsbepflanzung kann man ab der Schneeschmelze und dem Abtrocknen des Bodens setzen. Großer Vorteil dabei: Empfindlichere Pflanzen sind nicht sofort der winterlichen Kälte ausgesetzt und können sich langsam akklimatisieren.

Bei der Sommerbepflanzung steht meist das persönliche Interesse des Gärtners im Vordergrund: Urlaubszeit, Fertigstellung des Gartens oder einfach die warme Witterung machen Lust aufs Garteln. Doch auch wenn der Sommer mehr Freude und Spaß bei der Arbeit bringen mag, sollte man abwägen: Ein im Sommer angelegter Garten benötigt zum Start viel Pflege. Gießen statt Faulenzen ist dann gefragt.

Erst planen

Ehe man loslegt, ist es am geschicktesten, mit einer kleinen Skizze einen Pflanzplan zu erstellen. Beachten Sie dabei Wuchshöhe und Blühzeitpunkt. Nur so behindern die Pflanzen einander nicht und ihr Blütenreichtum hält über viele Wochen an.

Dann vorbereiten

Wichtigste Arbeit vorweg ist die Bodenvorbereitung. Machen Sie es nicht an dem Tag, an dem Sie pflanzen wollen – Erdarbeiten sind immer „Schwerarbeit". Meist wird man nachlässig und lockert den Boden nur oberflächlich, um schnell anpflanzen zu können. Daher den Boden eine Woche davor tiefgrundig (40 cm tief) lockern. Kompost, Fertighumus und biologische Dünger – z. B. Hornspäne – einarbeiten. Wenn Sie einen Garten allein anlegen, dann gehen Sie etappenweise vor. Nur so lassen sich Überblick und Freude am Gärtnern bewahren.

Jetzt pflanzen

Alle vorgesehenen Pflanzen werden zunächst an die Plätze gestellt, wo sie später gesetzt werden. Bei breiten Beeten ist es sinnvoll, das Beet Schritt für Schritt zu bepflanzen. Den Abschluss bildet das Mulchen mit Rindenkompost und/oder Rasenschnitt und das kräftige Angießen; oder, wie die Profis sagen, das Einschlämmen, selbst an Regentagen oder im Herbst! Denn nicht ums Wasser allein geht es, sondern um die Tatsache, dass die Wurzeln rundum von Erdreich umspült werden und so rasch die feinen Faserwurzeln zur Feuchtigkeits- und Nährstoffversorgung der Pflanze gebildet werden können.

Gehölze und Blumen
als Kulisse oder Akzent

Wer träumt nicht von einem Garten mit Tausenden Blüten? Inmitten der bunten Pracht liegen und die Seele baumeln lassen! Doch wie entsteht ein bunter Blumengarten?
Wie für alle Bereiche gilt: Planung ist alles. Abhängig von Größe und Lage kann so im Nu ein blühendes Paradies geschaffen werden. Innerhalb von wenigen Tagen lässt sich ein Garten anlegen, der ein ganzes Gartenjahr lang blüht.

Bäume und Sträucher

Es gibt Gehölze, die im Blumengarten nicht fehlen dürfen: Zierkirschen, Osterstrauch und Flieder gehören einfach dazu, wenn es gilt, den passenden Rahmen für die Blumen zu finden. Dabei heißt es aber aufpassen: nur jene Sorten wählen, die nicht zu groß werden und die Blumen verdrängen.

Wild und unkompliziert

Heimische Wildsträucherhecken sind genial einfach: Traubenkirsche, Schlehe, Sanddorn, Haselnuss, Holunder, aber auch Ziergehölze wie Flieder oder Jasmin bilden dichte Hecken, die nicht geschnitten werden müssen.
Die einzige Voraussetzung: genügend Platz, denn 2 m Breite und 3–5 m Wuchshöhe sollte man schon einplanen. Unterpflanzt man die Hecke mit Schneeglöckchen, Krokussen und Narzissen und versorgt den Boden mit einer Mulchschicht, entsteht eine prächtige, naturnahe Gestaltung, die kaum Arbeit macht.

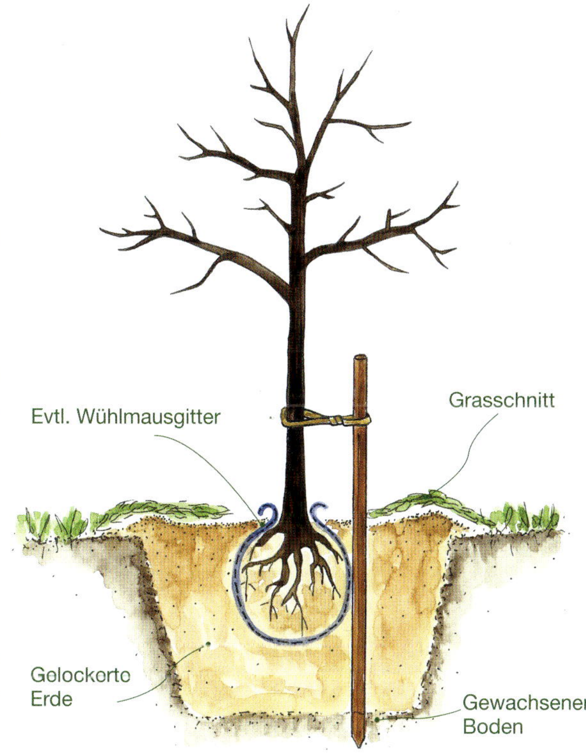

Eine gut vorbereitete Pflanzgrube spart später Mühe und Ärger.

Kleine Gehölze

Flieder (*Syringa*-Hybriden)
'Andenken an Ludwig Späth' – dunkelpurpur – ideal als Stämmchen, damit Platz zum Unterpflanzen ist.
'Madame Lemoine' – weiß, spät blühend. Auch hier haben sich die Stämmchen bewährt.

Goldglöckchen, Osterstrauch (*Forsythia × intermedia*)
'Maree d'Or' – wird nur 50 cm hoch und rund 1 m breit – ideal für Steingärten und am Rand von Blumenbeeten.
'Weekend' – größer, besonders buschig, nicht so hoch, blüht am besten; die Triebe sind direkt mit Blüten besetzt.

Japanische Kirsche (*Prunus incisa*)
'February Pink' – blüht von Mitte März bis Mitte April.

Mandelbäumchen (*Prunus triloba*)
Ein Muss in jedem Blumengarten. Die rosaroten Blüten im März sind der Auftakt für den Blütenreigen.

Sommerflieder, Schmetterlingsstrauch (Buddleja davidii)
'Pink Delight' – rosafarbig, kompakt und besonders große Blüten.
'White Ball' – weiß, besonders klein und kompakt.
'Border Beauty' – dunkelpurpur, kräftig und reich blühend.

Der Sommerflieder ist ein Magnet für Schmetterlinge wie das Tagpfauenauge. Gepflanzt sollte er an sonniger Stelle in gut durchlässigem Boden werden.

Pflanzen von Ziergehölzen

Je schwerer, also je tonhaltiger die Erde, desto größer muss die Pflanzgrube sein. Ansonsten kommt es im direkten Umfeld der Wurzeln zu Staunässe, weil sich das Regenwasser wie bei einer Blumenvase in der Pflanzgrube sammelt. Wichtig ist auch die Lockerung in die Tiefe, damit das Wasser abfließen kann. Schwere Böden mit Quarzsand und Kompost vermischen. Bei Bäumen unbedingt einen Pflanzstab vorsehen und gut verankern. Frisch gepflanzte Bäume, die im Wind hin und her geschaukelt werden, können nur erschwert die feinen Wurzeln bilden und beginnen deshalb zu kümmern.

Die Erde schichtweise einfüllen, dann das Gehölz so setzen, dass es nicht tiefer steht als zuvor in der Baumschule. Die Erde festtreten und gut einschlämmen. Nur so werden alle Hohlräume ausgefüllt und der Baum kann rasch Wurzeln bilden. Die Baumscheibe, also der Bereich rund um den Stamm, wird anschließend mit Rindenmulch oder Rasenschnitt abgedeckt. Nicht zu nahe an den Stamm mulchen, sonst kommt es zu Fäulnis und es besteht die Gefahr, dass Wühlmäuse den Stamm anfressen. Sind diese lästigen Nager im Garten, sollte man generell die Wurzeln beim Pflanzen durch große Gitterkörbe schützen. Das verzinkte Sechseckgeflecht, wie es auch beim Bau von Kleintierställen verwendet wird, hat sich hier bewährt.

Sträucher und Bäume umsetzen

Für das Umpflanzen von Gehölzen ist der Spätherbst die beste Zeit. Beachten Sie aber, dass das Verhältnis zwischen Laub und Ästen stimmt. Werden viele Wurzeln beim Ausgraben abgestochen, dann müssen auch die Äste deutlich zurückgeschnitten werden. Je größer der Rückschnitt, desto kräftiger wird das Wachstum sein.

Immergrüne Gehölze ...

... wie Koniferen oder Kirschlorbeer sollten Sie eher im Spätsommer pflanzen. Sie könnten bei einem strengen und sehr kalten Winter vertrocknen, da noch keine neuen Wurzeln die Pflanzen mit Wasser versorgen.

Hortensien – voll im Trend

Hortensien, die traditionellen Bauerngartenpflanzen, sind derzeit auch unter den Gartendesignern von Weltrang höchst geschätzt. Hortensien sind bei uns großteils winterhart. Manche Arten können aber zurückfrieren und bilden dann keine Blüten, weil sie nur auf den Trieben blühen, die im Vorjahr gebildet wurden. Besonders die als Muttertags-Hortensie bekannte *Hydrangea macrophylla* mit den großen und eindrucksvollen rosa, weißen oder blauen Blüten neigt dazu. Eine neue Züchtung einer amerikanischen Gärtnerei bringt Abhilfe. Die Sorte 'Endless Summer' ist garantiert frostfest. Bis nahezu –30 °C soll sie aushalten. Es gibt sie in den Farben Rosa, Blau, Weiß und mit tellerförmigen Blüten.

Hortensien sind besonders beliebt: Damit sie blau blühen, brauchen sie sauren, also kalkfreien Boden.

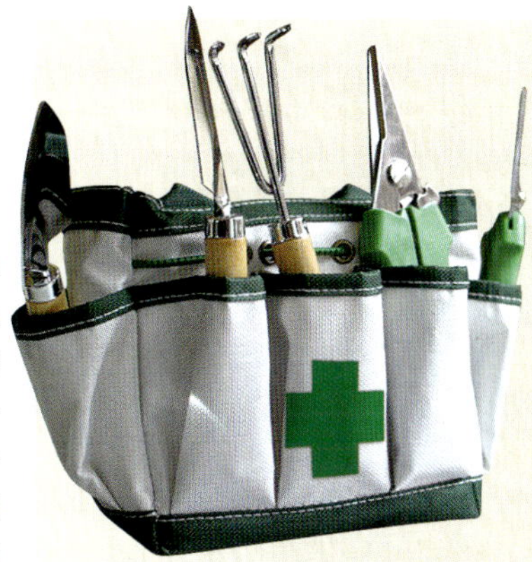

Erste Hilfe für Hortensien

Kann man Hortensien vermehren?
Gerade bei wirklich frostfesten Pflanzen, die man da und dort bei Bauernhöfen findet, lohnt sich die Stecklingsvermehrung, um an robuste Pflanzen zu kommen: Einfach Triebspitzen mit zwei Blättern in ein Gemisch aus Sand und Moorbeeterde stecken und eine Plastikhaube darüberstülpen, bis sich nach etwa 3–4 Wochen die ersten Wurzeln gebildet haben.

Warum blüht meine „blaue" Hortensie rosa?
Blau blühen Hortensien nur dann, wenn sie absolut kalkfrei stehen und auch ausschließlich mit Regenwasser gegossen werden. Kalkhaltiger Boden oder kalkhaltiges Leitungswasser färbt die Blüten zuerst schmutzig blau und später völlig rosa. Daher gilt für alle Hortensien: Moorbeeterde verwenden – das sind Torfersatzstoffe, Rhododendron-Erde oder Laub-Erde-Kompost.

Die Schneeball-Hortensie schneidet man im Frühjahr auf etwa 30 cm zurück, dann wächst sie kompakt und bringt herrliche große Blüten hervor.

Die Schneeball-Hortensie (*Hydrangea arborescens* 'Annabelle') ist die anspruchsloseste Hortensie. Sie wird im Frühjahr auf etwa 30 cm zurückgeschnitten, wächst dann stark, bildet cremefarbige Blütenbälle, die bis zum Winter abtrocknen und dann auch mit Raureif geschmückt besonders dekorativ aussehen.

Für Liebhaber von Hortensien sind auch Eichenblatt-Hortensien (*Hydrangea quercifolia*) zu empfehlen. Neben den kerzenförmigen Blüten sind deren Blätter besonders attraktiv.

Für Gartenexperten eignen sich auch Teller-Hortensien (*Hydrangea macrophylla* oder *H. serrata*) – ihre Blüten sind besonders schön, daher auch sehr beliebt, aber leider auch sehr frostempfindlich. Im Topf gezogen und in einem Gewächshaus überwintert, gibt es keine Probleme.

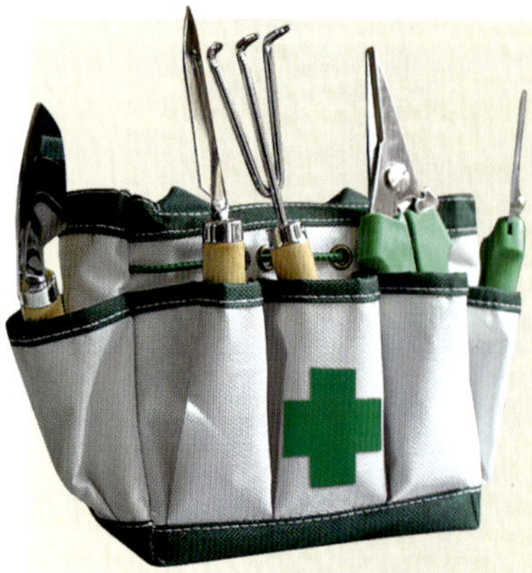

Erste Hilfe für Rhododendren

Muss man bei den Rhododendren Verblühtes entfernen?

Bei kleinen Sträuchern sollten die abgeblühten Blüten ausgebrochen werden: Vorsichtig mit Daumen und Zeigefinger den Blütenrest herausdrehen. Dann geht keine Kraft durch Samenbildung verloren. Größere Gehölze brauchen diese Spezialpflege aber nicht mehr.

Wann und wie werden Rhododendren gedüngt?

Oft wird völlig übersehen, dass Rhododendren sehr viele Nährstoffe benötigen – und das rechtzeitig. Denn kaum ist die Blüte vorbei, beginnt auch schon das Blattwachstum mit den Knospen für das kommende Jahr.

Daher sollte man eine erste Düngergabe etwa 4–6 Wochen vor (!) der Blüte verabreichen und gleich nach dem Blühen noch einmal düngen.

Rhododendren – nur kein Kalk

Rhododendren und Azaleen öffnen die ersten Blüten, je nach Sorte, schon Ende März, die Hauptblüte folgt im Mai. Sie müssen in kalkfreien Boden gepflanzt werden. Man spricht vom „Moorbeet“, obwohl es mit einem wirklichen Moor nichts zu tun hat. Denn eines können Rhododendren und Azaleen ganz und gar nicht ausstehen: die für ein Moor typische Staunässe.

Damit Rhododendren und Azaleen in unseren Breiten dennoch gedeihen, sollte das Pflanzloch zumindest 80 cm im Durchmesser haben und gut 50 cm tief sein. Entfernen Sie die gesamte Erde aus dem Pflanzloch. Am Boden kommt als Dränageschicht Rindenmulch, und dann wird mit kalkfreier Erde aufgefüllt. Wer aus Naturschutzgründen auf Torf verzichtet, wählt Torfersatzstoffe oder stellt die passende Erde selbst her: Laubkompost, besonders von Nuss oder Eiche, ist der ideale Torfersatz. Kompostieren Sie in Zukunft das Herbstlaub auf einem eigenen Haufen.

Kühle Dusche für Rhododendren

Moorbeetpflanzen, die in der Sonne stehen, benötigen an besonders heißen Sommertagen eine kühle Dusche – aber richtig: Den Gartenschlauch so positionieren, dass sich das Wasser mindestens 4 m in feinem Sprühnebel über den Sträuchern erwärmen kann. Wer Regenwasser verwendet, macht es noch besser.

Damit es viele Blüten gibt, werden Rhododendren in kalkfreien Laub-Erde-Kompost gesetzt und 6 Wochen vor der Blüte und noch einmal unmittelbar danach gedüngt.

NEUE Gartenfragen & Antworten

FÜR INTELLIGENTE FAULE

Rhododendron als Kübelpflanze

Ist es eigentlich möglich, einen Rhododendron in einem Topf auf der Terrasse zu pflanzen? Bei uns gibt's kaum Schnee und es wird auch nicht so kalt.

Rhododendren sind Flachwurzler, daher mögen sie eher breitere als tiefere Töpfe. Sie können ganz gut in Gefäßen gedeihen, wenn sie ausreichend mit Wasser (kalkfrei!) und Dünger versorgt werden. Die wirklichen Probleme treten immer im Winter auf, wenn die Erde im Topf durchfriert und das Gehölz kein Wasser für die Verdunstung bekommt. Dann treten oft umfangreiche Trockenschäden auf. Daher ist es ideal, die Pflanzen mit dünnem Vlies vor der Wintersonne zu schützen.

Schnitt bei Rhododendron

Kann man zu groß gewordene Rhododendren schneiden? Wann ist der beste Zeitpunkt?

Rhododendren sind extrem schnittverträglich und treiben aus dem alten Holz wieder sehr gut aus. Der beste Zeitpunkt ist vor dem Austrieb im Frühjahr – also im März/April. Allerdings sollte man die fantastische Wirkung von alten Rhododendrenstämmen nicht außer Acht lassen. Die zu kleinen Bäumen werdenden Pflanzen lassen sich dann gut mit Farnen, Scheinmohn (*Meconopsis*) oder niedrigen Azaleen unterpflanzen.

Buchs leidet zurzeit enorm – Zünsler und Buchsbaumpilz setzen ihm zu. Selten bleiben die Pflanzen ganz gesund. Beim Schnitt muss das Werkzeug immer hygienisch sauber sein!

Was tun mit dem Buchs?

Noch vor wenigen Jahren war die immergrüne Pflanze der absolute Hit: kein Garten ohne perfekt geschnittene Kugeln, Pyramiden oder Minihecken rund um die Gemüsebeete. Seit einigen Jahren ist aber die „Buchswelt" eine andere geworden: Zunächst tauchte eine Pilzerkrankung auf, die mit einem ungeheuren Tempo uralte Bestände vernichtete. Ich erinnere mich an einen britischen Garten, in dem die eindrucksvoll geschnittenen und mehr als 100 Jahre alten Buchsbestände dürr und abgestorben waren. Damals war diese Pilzkrankheit (*Cylindrocladium buxicola*) noch scheinbar weit weg. Doch dann häuften sich erste Berichte aus Deutschland und Holland, und gerade im feuchten Sommer explodierte das Problem.

Buchsbaumzünsler

Damit nicht genug, plagt Buchsbesitzer auch noch eine zweite Sorge: der Chinesische Buchsbaumzünsler. Eingeschleppt durch Pflanzenimporte breitete sich der Schädling sehr rasch aus. In manchen Gegenden hat er schon ganze Buchsbaumkulturen vernichtet.

Der Buchsbaumzünsler lebt als Raupe im Inneren der Sträucher – bis er erkannt wird, ist es meist bereits zu spät. Die Zünsler fressen zunächst Blätter und Knospen, später dann aber auch die Rinde, und damit sterben ganze Triebe ab. Die Tiere bringen es auf 3–4 Generationen pro Jahr. Die Schmetterlinge, die sich aus den Raupen entwickeln, leben nur wenige Tage. Mit Gelbtafeln kann man einerseits den Bestand an Zünsler-Schmetterlingen reduzieren, andererseits aber auch feststellen, ob überhaupt welche vorhanden sind. Bekämpft wird der Buchsbaumzünsler mit herkömmlichen Insektiziden. Die Chancen, dass Buchspflanzen zu großen, dekorativen und jahrealten Gehölzen heranwachsen, sind derzeit eher gering. An dieser Stelle folgen einige Tipps, die helfen können.

Alternativen zu Buchs

Plant jemand einen Garten mit Strukturpflanzen in einem größeren Umfang, würde ich vom Buchs abraten. Als Ersatz kann man auf klein bleibende Eiben, Spindelstrauch, Stechpalmen oder eventuell aufrecht wachsenden Efeu zurückgreifen.

Buchs nicht im Übermaß anpflanzen

Mit ein Grund für die Probleme sind die vielen „Monokulturen" in unseren Gärten. Hier können sich Pilz und Schädling perfekt vermehren.

Den richtigen Standort wählen

Buchs wuchs ursprünglich auf steinigen, kiesigen und eher trockenen Böden. Zu nährstoffreiche, staunasse Böden, die auch noch mit Rindenmulch ständig feucht gehalten werden, sind ein Nährboden für Pilze. Steht der Buchs zu dicht bei Stauden oder anderen Gehölzen, ist die Gefahr von Infektionen durch den Pilz besonders groß. Auch der Zünsler kann sich da leichter verstecken und extrem stark vermehren.

Aufpassen beim Schneiden

Die größte Anfälligkeit für die Erkrankung besteht gleich nach dem Schnitt, denn durch die vielen „Wunden" können sich die Pilzsporen ideal ausbreiten. Daher: Werkzeug immer wieder mit hochprozentigem Alkohol reinigen und die Pflanzen vorbeugend mit Fungiziden behandeln.

Vorbeugen ist wichtig

Die Raupen des Buchsbaumzünslers leben und fressen im Inneren der Gehölze. Deshalb sollten Sie die Pflanzen immer wieder kontrollieren und die Tierchen absammeln. Geht es gar nicht anders, helfen Insektizide, die systemisch wirken (d. h., die sich in der Pflanze über die Leitungsbahnen verteilen).

Bei braunen Stellen im Laub: Nur wer alle durch den Pilz befallenen Triebe des Buchses regelmäßig entfernt, hat eine Chance, dass die Pflanze überlebt. Nach dem Schnitt sofort ein Fungizid ausbringen.

Stark befallene oder vom Pilz betroffene Pflanzen roden und keinesfalls auf den Kompost geben, sondern verbrennen oder über den Restmüll entsorgen – fest verschlossen in Plastiksäcken.

'Ville de Lyon' ist eine der schönsten purpurfarbenen Clematis-Sorten. Mit ihrer üppigen Blütenpracht gibt sie einen hübschen Blickfang im Garten ab.

Clematis hat Vorlieben

Die Waldreben (*Clematis*) können des Öfteren ein wenig „bockig" sein, sei es, weil sie nicht blühen wollen oder kurz nach dem Blütenbeginn plötzlich absterben. Clematis stehen nicht gern allein: Am Waldrand, ihrem ursprünglichen Standort, sucht sich die Clematis einen „Partner", an dem sie sich festhalten und emporranken kann, damit Blätter und Blüten einen möglichst sonnigen Platz erreichen. Doch ihren Wurzelbereich versteckt sie gern hinter schattenspendenden Sträuchern.

Sonne und Schatten

Clematis benötigen also auch im Garten einen sonnigen Platz, die Wurzeln sollten allerdings immer im Schatten liegen, zum Beispiel hinter niedrig wachsenden Stauden oder auch bloß hinter ein paar aufgeschichteten Steinen.

Ist die Clematis von stark wurzelnden Geholzen umgeben, sollte man eine Wurzelsperre einbauen, sonst entziehen die Nachbarpflanzen die Nährstoffe, und die Clematis selbst „verhungert".

Der Boden muss feucht, aber gut durchlässig sein. Staunässe bedeutet für die Clematis unweigerlich den Tod. Daher sollten Sie die Erde vor dem Pflanzen nicht nur gut lockern, sondern auch mit viel grobem Kompost aufbessern. Bei lehmigem Boden empfiehlt es sich, eine gute Dränageschicht aus Sand und Schotter in das Pflanzloch zu geben.

Clematisschnitt

Auch beim Schnitt hat die Clematis Vorlieben: Im Frühjahr blühende Arten (z. B. *Clematis montana*) schneidet man kaum, sondern entfernt lediglich die abgefrorenen Triebe. Im Frühsommer und Sommer blühende Arten schneidet man um die Hälfte zurück, herbstblühende werden jedes Jahr im Frühjahr bis zum Boden zuruckgeschnitten.

Clematis lieben schattige Füße.

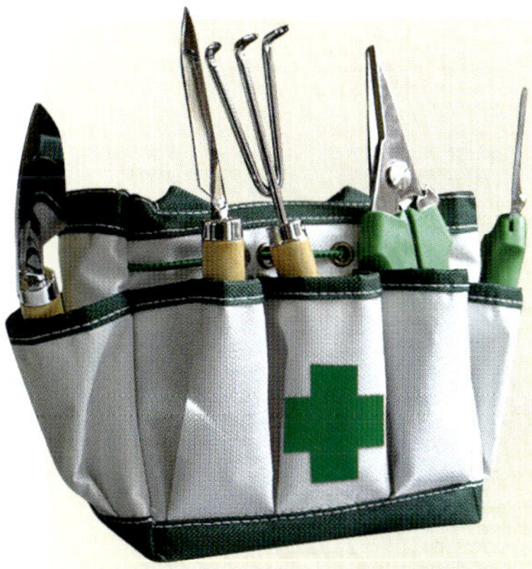

Erste Hilfe
für Clematis

Was ist passiert, wenn die Clematis trotz Gießen verwelkt?

Die Clematiswelke hat zugeschlagen. Sie sucht eher die großblühenden Sorten heim, und zwar dann, wenn sie so richtig im Wachstum sind und sich die Blütenknospen zeigen. Es gibt einen Trick, dieser Viruskrankheit, die im Boden schlummert, zu entkommen. Die Erreger wandern nämlich pfeilgerade von der Wurzel in die Triebe und bringen sie zum Absterben. Hat die Pflanze nur einen Trieb, wie das meist nach dem Kauf der Fall ist, dann ist die Clematis kaputt. Daher pflanzt man den Wurzelballen ein Stück vom Spalier oder der Hauswand entfernt schräg ein und vergräbt die unteren 30–50 cm der Triebe mit in der Erde. So bilden sich nach kurzer Zeit an den Blattachseln neue Triebe und ein kräftiges Wachstum beginnt. Stirbt nun ein Ast ab, ist das nicht so tragisch – es gibt Ersatz.

Kann man Kletterrosen mit Clematis kombinieren?

Waldreben ähneln in ihren Ansprüchen Rosen, zu denen sie auch gut passen. Vor allem alte Kletterrosen, die nur einmal im Juni blühen, sind ideale Begleiter jener Clematis, die dann von Juli bis September ihre Blütensterne öffnen. Weiße Rosen harmonieren besonders gut mit dem traditionellen Blau der Clematis, wunderschön sind aber auch Kombinationen in Rot und Rosa.

An die Schere, fertig, los! Der Gehölzschnitt

Beim Neuanlegen eines Gartens können die Bäume und Sträucher nicht schnell genug wachsen, später aber ist der „Urwald“ kaum zu bändigen und macht regelmäßige Schnittarbeiten notwendig. Das zeitige Frühjahr ist die beste Zeit dafür.

So wird geschnitten

Jedes Gehölz stellt im Laufe seines Lebens unterschiedliche Schnittansprüche. Am Beginn steht der Pflanzschnitt. Sowohl die Äste werden eingekürzt als auch die Wurzeln, wenn es sich um „wurzelnackte“ Pflanzen handelt. Gehölze im Containertopf müssen nicht geschnitten werden.

Nach einem Jahr folgt der Erziehungsschnitt. Triebe, die nach innen oder steil nach oben wachsen, werden dabei entfernt.
In den folgenden Jahren ist der Erhaltungsschnitt notwendig. Dabei werden vergreiste Triebe bodeneben (!) herausgeschnitten und alle zu dicht stehenden Äste entfernt. Keinesfalls darf in dieser Phase des Wachstums der „Bubikopf“-Schnitt (so nannte ihn charmant ein Leser) praktiziert werden. Forsythien oder andere Blütensträucher zu Kugeln formen mag kreativ sein, letztlich führt es aber über die Jahre zum völligen Vergreisen der Pflanze. In der letzten Phase des Strauchlebens kann aber ein sogenannter Verjüngungsschnitt angewendet werden. Dabei wird ein Großteil der

Zu viel bewirkt das Gegenteil

Wer beim Schnitt zu rigoros vorgeht, nimmt den Pflanzen die eigentliche Wuchsform oder bewirkt sogar, dass sie noch viel stärker wachsen. Grundregel: Nie mehr als ein Drittel der Äste herausschneiden!

Ganz wichtig für einen korrekten Schnitt ist ein scharfes Werkzeug, das leichtgängig ist. Daher Klinge schärfen und gut schmieren.

Wann wird geschnitten?

Der richtige Zeitpunkt des Schnitts ist unterschiedlich.

- Blütengehölze, die im Frühjahr blühen (z. B. Forsythie, Flieder, Jasmin, Kätzchenweiden), werden gleich nach der Blüte geschnitten. Würde man im Herbst schneiden, gäbe es keine Blüten.
- Sommer- und herbstblühende Sträucher, wie z. B. Hibiskus, schneidet man im Herbst, den Sommerflieder (Schmetterlingsflieder) sogar sehr stark auf etwa ein Drittel der Äste.
- Obstbäume und Rosen werden im Spätwinter geschnitten.
- Der ideale Schnittzeitpunkt für Rosen ist dann, wenn die Forsythie blüht, denn dann drohen keine starken Fröste mehr, die frische Knospen vernichten.
- Stark wachsende Obstbäume sollte man möglichst spät schneiden, denn damit bremst man das Wachstum.

Beim Schnitt alter Bäume keine „Amputationen" hinterlassen, sondern immer auf „ableitende Triebe" schneiden – sieht schöner aus und der Baum wächst gleichmäßiger.

Beim Erziehungsschnitt werden alle nach innen wachsenden Triebe entfernt.

Äste bodeneben herausgeschnitten und nur einige wenige Triebe bleiben stehen. Wer es ganz richtig machen will, der schneidet „ableitend". Das bedeutet, der dicke Ast verjüngt sich auch nach dem Rückschnitt bis zu einem kleinen Trieb. So bleibt die natürliche Wuchsform des Strauchs erhalten, er wächst von unten wieder mit vielen neuen Ästen und bildet auch wieder zahlreiche Blüten. Eine für viele scheinbar brutale Schnittmethode ist das „auf den Stock setzen". Damit kann man unten verkahlte Sträucher wieder verjüngen. Wildgehölze, wie Haselnuss, Holunder, Kornelkirsche oder auch die Schlehe, können nach einigen Jahren radikal auf etwa 20 cm zurückgeschnitten werden. Schon im ersten Jahr wachsen sie bei guten Bodenverhältnissen wieder bis zu 1,5 m und bilden schon im zweiten Jahr wieder eine dichte Hecke.

Bequeme, bunte Staudenbeete

Stauden sind mehrjährige, krautige Gewächse und gehören zu den interessantesten Gartenpflanzen. Es überwintert bei ihnen nur der Wurzelstock, alle oberirdischen Teile frieren ab. Die Wuchskraft dieser Pflanzen ist aber enorm. Über viele Jahre oder gar Jahrzehnte treiben sie immer wieder neu aus. Wer ein Staudenbeet anlegt, sollte auf Wuchshöhe und Blühzeitpunkt achten. Es gibt Tausende Stauden in allen Farben und Größen.

Beachten Sie aber bei der Auswahl, ob die gewählten Pflanzen eher Sonne, Schatten, feuchten oder trockenen Boden lieben. Zu den Stauden gehören die Dachwurz, die in voller Sonne gedeiht, ebenso wie die schattenliebenden Farne.

Planung ist alles, damit es im Beet immer wieder blüht. Stauden sollten sowohl farblich als auch nach ihrer Wuchshöhe abgestimmt werden. Denken Sie aber auch an die Blattfarben und die Strukturen – neben den Blüten ein ganz wichtiger Aspekt. Gräser zum Beispiel geben dem Beet im Spätsommer einen ganz besonderen Akzent. Und nicht vergessen: Blumenzwiebeln zwischen die Stauden pflanzen, sie ergänzen einander im Jahresreigen.

So werden Stauden gepflanzt

Staudenbeete können zu jeder Jahreszeit angelegt werden. Das Frühjahr und auch der Herbst sind ideal. Die Pflanzen kauft man in kleinen Töpfen. Bereiten Sie den Boden gründlich vor und beseitigen Sie alle Wurzelunkräuter. Macht man das zu Beginn sehr exakt, hat man später mit

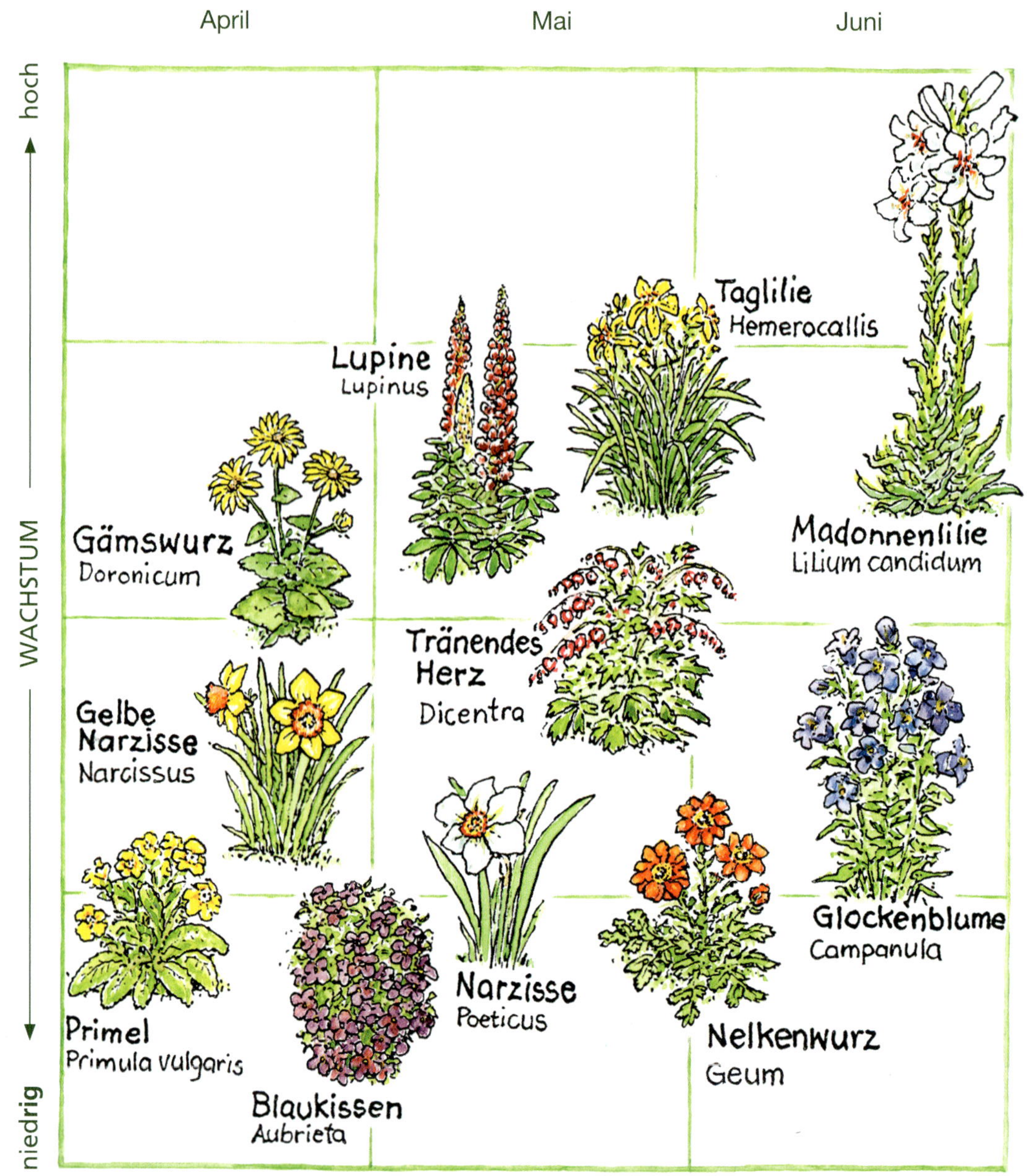

Die Grafik zeigt die schönsten und robustesten Stauden, eingeteilt nach Blütezeit und Wuchshöhe. Wenn Sie ein Staudenbeet neu anlegen, dann ist es wichtig, von jeder Pflanze zumindest drei Stück in einer Gruppe zu setzen. Das schafft schon im ersten Jahr eine großartige Wirkung.

TIPP FÜR FAULE

Pflegetipp für Stauden

Schneiden Sie Frucht- und Samenstände der Stauden im Herbst nicht ab. Viele sind nicht nur hübsch anzusehen, sondern auch Nahrung für die Vögel.

dem Blumenbeet kaum noch Mühe. Verdichtete Böden müssen zwei Spaten tief gelockert werden. Arbeiten Sie Kompost und Hornspäne, eventuell auch etwas Sand ein.

Und so wird gepflegt

Staudenbeete sollten alljährlich mit Kompost versorgt werden. Im Herbst wird das „schwarze Gold“ in einer dünnen Schicht zwischen den Pflanzen ausgebracht. Auch im Staudenbeet wird gut gemulcht. Allerdings nicht mit Rindendekor, sondern mit Rasenschnitt, Rindenhumus (kompostierte Rinde) oder Piniendekor. Normale Rinde enthält nämlich Gerbsäure und bindet beim Verrotten Stickstoff. Säure und Nährstoffmangel bremsen dann das Wachstum der Stauden stark.

NEUE Gartenfragen & Antworten

FÜR INTELLIGENTE FAULE

Was ist der „Chelsea Cut“?

Da und dort habe ich in Gartenzeitschriften vom „Chelsea Cut“ für Stauden gelesen. Beschrieben wird er aber nicht. Was ist das?

Der „Chelsea Cut“ ist eine typisch britische Bezeichnung und meint den Rückschnitt der Stauden gegen Ende Mai (also zur Zeit der Chelsea Flower Show). Geschnitten wird z. B. der Phlox – und zwar die Hälfte der Triebe um etwa die Hälfte. Die Wirkung: Die nicht abgeschnittenen Pflanzenteile blühen zum üblichen Zeitpunkt. Die abgeschnittenen Pflanzen blühen um einige Wochen später. Mit dem „Chelsea Cut“ verlängert man daher die Blütezeit der Stauden.

Lücken von Zwiebelblumen

Nach dem Einziehen der Blumenzwiebeln entstehen immer wieder Lücken. Was könnte ich pflanzen, ohne die Zwiebeln zu verletzten?

Sehr schnell füllt ein Storchschnabel (*Geranium* 'Rozanne') die Lücken und bildet einen dicken Teppich aus Blättern und Blüten. Bei den Sommerblumen hat sich der Zweizahn (auch Goldmarie genannt) bewährt. Neben der gelb blühenden Sorte zeichnet sich die Sorte 'Bellamy White' mit weißen Blüten und starkem Wuchs aus. Besonders rasch füllt die Kapuzinerkresse Lücken. Da genügt es, einige Samenkörner direkt in die Erde zu stecken. Schon wenige Tage später beginnt das kräftige Wachstum.

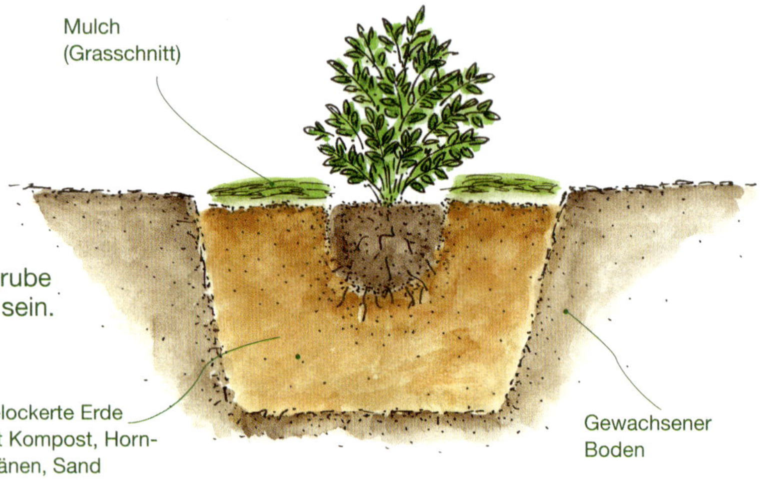

Gut gepflanzt ist halb gewonnen – die Pflanzgrube muss ausreichend groß sein.

Gräser – das Haar der Mutter Erde

... sagte einst bereits Karl Foerster, der berühmte deutsche Staudenexperte, sehr poetisch und dachte dabei keinesfalls an den Rasen als die größte Ansammlung von Gräsern in einem Garten. Er sah die Gräser als Ergänzung in einem Staudenbeet. Zurzeit sind Ziergräser absolut im Trend, und das wird sich nicht so schnell ändern.

Auch im Winter bereichern Gräser den Garten optisch, etwa wenn ihre Blätter und Halme mit Raureif überzogen oder mit frischem Schnee „angezuckert" sind.

Wichtig bei der Gräserpflege

Ziergräser benötigen – je nach Art und Sorte – sehr unterschiedliche Licht- und Bodenverhältnisse: von ganz trocken bis zu sehr feucht. Viele der in den Beeten wachsenden Gräser benötigen aber einen Nässeschutz. Im Spätherbst werden sie deshalb mit Schnüren ganz fest zusammengebunden, sodass eine Art Kegel entsteht. An diesem Strohdach wird das Wasser abgeleitet und dringt so nicht in den Wurzelstock ein. Daher niemals im Herbst die Gräser abschneiden oder auch teilen.

Bambus – eine Rhizomsperre hilft

Zu den Ziergräsern gehört auch der Bambus, der ja schon seit einigen Jahren für Aufmerksamkeit sorgt. Manchmal allerdings auch für negative, denn so manche Bambusart ist nicht winterhart oder neigt zur starken Ausläuferbildung. Und dann wird plötzlich aus einem geordneten, formalen Garten ein „Bambushain". Daher sollten Sie den Bambus bei der Pflanzung generell mit einer sogenannten Rhizomsperre versehen: Im Pflanzloch verhindert eine 80 cm tiefe Begrenzung aus dicker Folie, Blech oder z. B. ein Betonkanalring das Herauswachsen der Wurzeln.

Bambus kann im Garten zum Problem werden. Vorsichtshalber immer mit einer Wurzelsperre pflanzen.

Die schönsten Zwiebelblumen

Die Palette an schönen Zwiebelblumen ist besonders groß. Vor allem Anfänger haben mit ihnen große Freude, weil kaum etwas falsch gemacht werden kann. Beachten Sie beim Kauf dennoch immer die Wuchshöhe, den Blühzeitpunkt und die Blütenfarbe.

Für das Frühjahr

Schneeglöckchen*, Krokus*, Narzissen*, Tulpen (Wildformen*), Blausternchen*, Traubenhyazinthen*, Hyazinthen, Hasenglöckchen*, Kaiserkronen

(Zwiebeln mit einem * eignen sich besonders gut zum Verwildern, d.h. in einer Wiese oder unter Bäumen oder Sträuchern gepflanzt, vermehren sie sich, ohne dass man etwas dazu beitragen muss.)

Pflanzzeit ist von September bis Ende Oktober/Anfang November. Die Zwiebeln bilden nämlich noch im Herbst ein dichtes Wurzelgeflecht. Ist der Boden schon bald nach dem Pflanzen gefroren, können die Zwiebeln keine Wurzeln mehr treiben und haben meist eine deutlich kleinere Blüte. Der Boden für Zwiebelgewächse sollte hu-

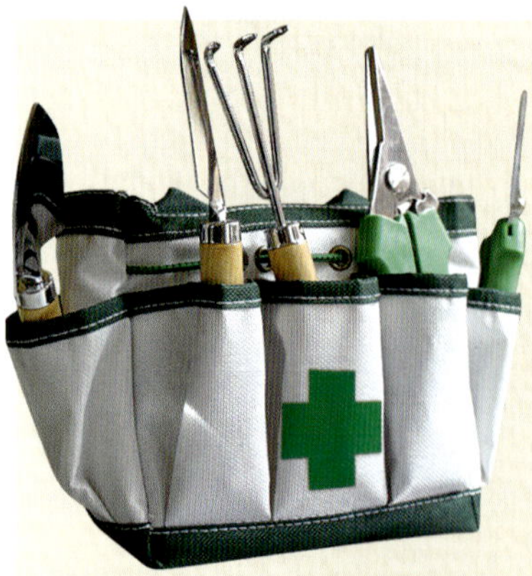

Erste Hilfe für Blumenzwiebeln

Warum blühen meine Narzissen nicht mehr?
Narzissen benötigen viele Nährstoffe, und das zur richtigen Zeit. Sobald die Blätter gut 10 cm herausgekommen sind, sollte gedüngt werden. Am besten mit einem stickstoffreichen Dünger. Ideal ist ein organischer Rasendünger, wie er im Herbst ausgestreut wird. Er enthält Stickstoff, aber auch Kalium – was das Ausreifen der Pflanzen fördert. Sie können ebenso von Zeit zu Zeit Holzasche um die Pflanzen streuen.

Welche Zwiebelblumen werden von Wühlmäusen verschont?
Tulpen und Hyazinthen verspeisen die Wühlmäuse im Eilzugtempo, aber Narzissen lassen sie links liegen und auch den Zierlauch rühren sie nur teilweise an.
Mein Tipp: Befüllen Sie große Blumentöpfe mit sandiger Erde und setzen Sie die Blumenzwiebeln hinein. Diese Töpfe können Sie auch in den Staudenbeeten einsenken.

Tulpen sind leider ein Leckerbissen für Wühlmäuse. Pflanzkörbe und Töpfe schützen die Zwiebeln.

musreich und gut wasserdurchlässig sein. Als Vorsorge vor Kahlfrösten (strenger Frost ohne Schneedecke) wird die Pflanzstelle mit Kompost abgedeckt.
Nach der Blüte im Frühjahr bleiben die Zwiebeln in der Erde, die Blätter dürfen erst nach dem Gelbwerden abgeschnitten werden, weil die Zwiebeln aus ihnen Kraft für die nächste Blüte tanken.

Für den Sommer

Gladiolen, Dahlien, Begonien, Blumenrohr

Sie werden nach den Eisheiligen gepflanzt, denn sie sind nicht frostfest. Im Gegensatz zu den Frühlingsblühern benötigen sie die ganze Saison über viele Nährstoffe. Schon beim Pflanzen sollte man Kompost und Langzeitdünger beimischen. Im Herbst werden die Knollen aus der Erde geholt, abgetrocknet und in einem kühlen Kellerraum überwintert.

Für den Herbst

Herbstzeitlosen, herbstblühende Krokusse

Die blasslila Blüten der Herbstzeitlosen entstehen aus den Seitensprossen der Hauptzwiebel, sie werden im August gepflanzt und blühen bis in den Oktober. Bis zum nächsten Jahr entstehen aus den Seitensprossen wieder neue Zwiebeln, die alte Zwiebel stirbt ab. Dadurch können die Pflanzen im Laufe der Zeit auch einen dichten Teppich bilden.

In die Wiese pflanzen

Schneeglöckchen, Krokusse, Blausternchen, Narzissen und viele andere Zwiebelgewächse sind ideal zum Verwildern und sollten in eine Wiese gepflanzt werden. Möglichst „naturnah“, daher geben Sie die Zwiebeln in einen Korb und werfen sie diese mit Schwung auf die vorgesehene Pflanzstelle. Dort, wo eine Zwiebel hinfällt, wird sie gesetzt. Im Frühjahr entsteht ein buntes Blumenbeet im Rasen, das freilich erst gemäht werden darf, wenn die Blätter (nicht die Blüten!) gelb geworden sind.

Blütenwunder Zierlauch

Absoluter Spitzenreiter in der Hitliste der Blumenzwiebeln ist in den letzten Jahren der Zierlauch geworden. Besonders die Sorte ‘Globemaster’ mit gewaltigen Blütenkugeln auf dicken festen Stielen. Ob im Staudenbeet, zwischen niedrigeren Rosen oder als ganz besonderer Blickpunkt in der Blumenwiese. Attraktiv ist dieser Zierlauch nicht nur, wenn er nach und nach Hunderte winzige Einzelblüten öffnet, sondern auch noch, wenn er bereits längst verblüht ist.

Wildblumenzwiebeln auf dem Rasen ausstreuen, sodass ein unregelmäßiges Muster entsteht. Rasen mit dem Spaten aufstechen, aufklappen und die Zwiebeln dort pflanzen, wo sie nach dem Ausstreuen gelandet sind.

Die hübschesten **Sommer- und Balkonblumen**

Surfinien, Pelargonien und dazu noch blaue Lobelien – eine gelungene Kombination, die viele Monate lang Blüten auf den Balkon bringt.

Sommerblumen sind fantastisch: Im Mai werden sie gepflanzt, wenige Wochen später blühen sie in voller Üppigkeit. Ganz faul darf man freilich nicht sein. Das Vorbereiten des Beetes, die Aussaat oder das Anpflanzen und natürlich das Gießen bedeuten Mühe.

Wichtig ist es, Sommerblumen mit ausreichend Nährstoffen zu versorgen, denn Pflanzen, die in kurzer Zeit üppig wachsen und blühen, brauchen einen Kraftschub. Gleich anfangs sollte ausreichend Kompost in das Beet eingebracht werden. Wer zudem die abgeblühten Blüten laufend auspflückt, verhindert, dass die Pflanzen unnötig Energie in die Samenbildung investieren. Trotz alledem werden viele, die sich zwar eigentlich zu den Bequemen zählen, auf dieses Feuerwerk an Blüten nicht verzichten wollen, und die Auswahl ist groß.

Achten Sie beim Anlegen eines Sommerblumenbeets unbedingt auf die unterschiedlichen Wuchshöhen der Pflanzen. Nur bei einer vorausschauenden, guten Planung kommen alle Pflanzen wirklich zur Geltung.

Die Jungfer im Grünen mit ihren zauberhaften, filigranen Blüten ist die ideale Sommerblume für Faule.

Sommerblumen mit wenig Mühe

- **Jungfer im Grünen**
  (*Nigella damascena*) – eine Sommerblume für Faule, ein Vorziehen ist nicht nötig: Samen ausstreuen und die Blüten werden alle begeistern. Schnecken lassen sie links liegen.

- **Löwenmaul**
  (*Antirrhinum majus*) – passt gut in den Gemüsegarten als Beetabschluss, ist sehr robust und „schneckenfest".

- **Ringelblume**
  (*Calendula officinalis*) – die Faulenzerpflanze schlechthin, sie sät sich selbst aus. Manchmal mag sie fast zu üppig werden. Von Schnecken werden meist nur drinnen vorgezogene Pflanzen befallen.

- **Schmuckkörbchen**
  (*Cosmos bipinnatus*) – bloß ausgesät sorgt diese Sommerblume viele Wochen für Blütenfülle. Abgeblühtes entfernen, um neue Blüten zu fördern. Schnecken sind kein großes Problem.

- **Sommerazalee**
  (*Godetia*) – ein guter Lückenbüßer und sehr einfach zu ziehen. Am besten setzt man Pflänzchen.

- **Sonnenblume**
  (*Helianthus*) – die Lieblingspflanze vieler Naturgärtner. Bei nährstoffreicher Erde kaum zu bremsen. Leider haben Schnecken sie zum Fressen gern … Verblühte Blüten im Spätsommer nicht abschneiden: Sie sind Nahrung für die Vögel!

- **Strohblume**
  (*Helichrysum*) – eignet sich, wie der Name sagt, zum Trocknen. Die Pflanzen sind nicht die große Attraktion, versuchen sollte man sie trotzdem.

- **Wilde Malve**
  (*Malva sylvestris*) – in naturnahen Gärten ein Muss. Da manche Sorten sich selbst aussäen, können sie zum Problem werden. Aber wer die Pflänzchen gezielt entfernt, hat treue Begleiter über viele Jahre.

- **Zinnie**
  (*Zinnia*) – eine alte Bauerngartenpflanze, die als Schnittblume im Sommer beliebt ist. Leider nicht nur bei uns, sondern auch bei den Schnecken.

Zweijährige Sommerblumen

Manche Sommerblumen benötigen eine Vorkultur – bei ihnen ist es sinnvoll, fertige Jungpflanzen beim Gärtner zu kaufen:

- **Bartnelke**
  (*Dianthus barbatus*) – Duft pur und eine Pflanze, die dank Selbstaussaat alle Jahre wiederkommt. Kein Schneckenproblem!

- **Fingerhut**
  (*Digitalis*) – fast ein Muss für Naturgärtner. An einer halbschattigen Stelle wird sich der Fingerhut selbst aussäen. Kaum Schneckenprobleme. Giftig!

- **Goldlack**
  (*Erysimum cheiri*) – wunderschön und duftend, aber empfindlich. Starke Fröste vernichten die Pflanzen, und Schnecken widerstehen auch nicht.

- **Königskerze**
  (*Verbascum*) – an trockenen, sandigen Stellen sorgen Königskerzen für Farbkleckse. Ein treuer Begleiter für faule Gärtner. Auch hier hat der faule Gärtner einen treuen Begleiter – die Pflanze sät sich immer wieder selbst aus. Schnecken sind kein Problem.

- **Stiefmütterchen**
  (*Viola*-Hybriden) – eine traditionellere Gartenpflanze, die in Kombination mit Tulpen und Narzissen in ein Frühlingsbeet gehört; manchmal gibt es Probleme mit Schnecken. Empfehlenswert ist auch das Hornveilchen (*Viola cornuta*).

- **Vergissmeinnicht**
  (*Myosotis*) – ein besonders robuster Begleiter im Naturgarten. Keine Probleme mit Schädlingen und wie Stiefmütterchen fast ein Muss im Frühlingsgarten.

Der kleinste Garten ist ein Topf

Die Pflanzsaison beginnt für fast alle Balkonblumen Anfang bis Mitte Mai. Die Regel, frostempfindliche Pflanzen nicht vor den Eisheiligen zu setzen, gilt als Richtwert. An manchen Orten kann es schon lange davor schöne warme Tage geben oder aber auch noch danach eine kalte Frostnacht.

In luftiger Höhe

Pflanzen Sie alle Blumen genau so tief, wie sie im ursprünglichen Topf waren. Hängende Pflanzen, wie beispielsweise Hänge-Pelargonien, sollten an den vorderen Rand des Kistchens gesetzt werden, und zwar ein wenig schräg, sodass die Pflanzen leichter nach unten wachsen können. Das Um- und Einpflanzen bedeutet für alle Pflanzen einen Schock, daher sollten sie in den ersten Tagen auch besonders sorgfältig gepflegt werden. Nach einem ersten Angießen dürfen die fertig bepflanzten Blumenkästen nicht sofort in die pralle Sonne. Ein Plätzchen im Halbschatten ist für 2–3 Tage ideal. Gegossen wird in dieser Zeit nicht zu viel, sodass es nicht zu Staunässe kommen kann.

Richtiges Gießen

Ein heißer Sommer und es heißt gießen, gießen und nochmals gießen! In den Balkonkästen ist kaum Platz für Erde und damit kaum eine Möglichkeit, Wasser zu speichern. Oft ist es daher notwendig, nicht nur einmal am Tag, sondern sogar morgens und abends zu gießen. Regenwasser ist auch für diese Pflanzen das Beste. Vielleicht besteht bei Ihrem Bal-

TIPP FÜR INTELLIGENTE

Nur keine Eile!

Mit Balkonblumen, die aus dem Winterquartier geholt werden, muss man vorsichtig umgehen: Sie sind geschwächt und vertragen 1–2 Wochen lang überhaupt keine Sonne. Die Pflanzen sollten auch nicht sofort umgesetzt werden. Schneiden Sie sie zunächst zurück und warten Sie, bis sich einige junge Blätter zeigen. Erst dann kommen die Pflanzen wieder in frische Erde. Besonders Fuchsien können durch Rückschnitt und gleichzeitiges Umtopfen so geschwächt werden, dass sie absterben.

Pflanzen in Töpfen lassen sich immer so arrangieren, dass sie Farbe und Abwechslung in den Garten bringen (vorne dunkelviolette Petunien).

Fuchsien gehören zu den wenigen Balkon- und Kübelpflanzen, die auch im Schatten gut gedeihen.

kon oder Ihrer Terrasse die Möglichkeit, eine Dachrinne „anzuzapfen“ und dieses „weiche“ Wasser in einem Fass zu sammeln.

Wenn keine Möglichkeit für einen Regenwasserspeicher besteht, dann sollte dennoch ein Fass oder ein größerer Kübel aufgestellt werden, darin normales Leitungswasser gesammelt und für einige Tage erwärmt und damit „belebt“ werden. Sehr einfach in der Konstruktion sind auch Blumenkästen mit einem Wasserspeicher. Bei diesen sollte man aber in den ersten Wochen nach dem Bepflanzen (besonders bei regnerischem, kühlem Wetter) vorsichtig sein, da es leicht zu Fäulnis an den Wurzeln kommen kann.

Blumenkästen mit einem Wasserspeicher sind besonders bequem. Allerdings sollte das Wasser erst nach dem Einwachsen der Pflanzen im Vorratsbehälter bis zum Maximum gefüllt werden.

NEUE Gartenfragen & Antworten

FÜR INTELLIGENTE FAULE

Vorsicht mit Langzeitdünger

Meine Balkonblumen sind ganz plötzlich im Juli verwelkt und dann vertrocknet. Ich hab die Erde mit Dauerdünger versorgt und regelmäßig gegossen und mit Biodünger versorgt. Habe ich überdüngt?

Offenbar wurden die Kisterl zu gut versorgt. Die „ummantelten“ Düngerkugerln des Dauerdüngers geben je nach Temperatur die Nährstoffe ab. Je höher die Temperatur, desto mehr (Kunst-)Dünger wird an die Erde und damit an die Wurzeln abgegeben. Wurde nun überdosiert, dann kann es an den ersten Hitzetagen zu einer Überdüngung und damit zu Verbrennungen kommen. Besser ist es, nur organische Langzeitdünger zu verwenden, die Nährstoffe konstant abgeben und keine Schäden verursachen.

Alte Erde für den Kompost

Kann man eigentlich Erde von Balkonkisterln, die man mit mineralischem Dünger gedüngt hat, auf den Komposthaufen geben, oder stört die Chemie die Mikroorganismen?

In einem normalen Komposthaufen finden derart viele Verrottungs- und Zersetzungsvorgänge durch Milliarden von Mikroorganismen statt, die diese Stoffe rasch abbauen. Zerteilen Sie die Erdreste und verteilen Sie sie an mehreren Stellen des Komposthaufens, dann gibt es bestimmt keine Probleme.

Balkonblumen für jedes Plätzchen

Name	Blütezeit	Standort	Überwintern
Blaue Mauritius (*Convolvulus sabatius*)	V–X	○	Triebe stark zurückschneiden und kühl und relativ trocken stellen; ab März antreiben
Buntnessel (*Solenostemon scutellarioides*, früher *Coleus-Blumei-Hybriden*)	Blattpflanze	○ ◑	Sogar im Zimmer möglich
Dahlien (*Dahlia sp.*)	VII–X	○	Knollen an einem kühlen Ort aufbewahren
Eisenkraut (*Verbena tenera*)	VI–X	○	Nicht sinnvoll
Fächerblume (*Scaevola aemula*)	IV–X	○ ◑	Nicht sinnvoll
Fleißiges Lieschen (*Impatiens walleriana, I. Neu-Guinea*-Hybriden)	V–X	◑ (○)	Nicht sinnvoll
Fuchsien (*Fuchsia*-Hybriden)	V–X	◑	Hell bei etwa 10 °C, dunkel bei etwa 5 °C, im Frühjahr Rückschnitt und erst nach dem Antreiben umpflanzen
Geranie/Pelargonie (*Pelargonium sp.*)	V–X	○ ◑	Bei kühlem, hellem Platz leicht möglich
Goldmarie/Goldfieber (*Bidens ferulifolia*)	V–X	○	Nicht sinnvoll
Kapuzinerkresse (*Tropaeolum majus*)	VI–X	○ ◑	Nicht möglich
Knollenbegonie (*Begonia*-Hybriden)	V–X	◑	Knollen an einem kühlen Ort aufbewahren
Leberbalsam (*Ageratum houstonianum*)	V–X	○ ◑	Nicht möglich
Männertreu (*Lobelia erinus*)	V–VIII	○ ◑	Nicht möglich
Mottenkönig/Weihrauchblume/ Elfengold (*Plectranthus coleoides*)	Blattpflanze	○ ◑	Hell und kühl, aber meist nicht sinnvoll
Pantoffelblume (*Calceolaria integrifolia*)	V–IX	◑	Nicht sinnvoll
Petunie und **Japanische Petunie** (*Petunia*-Hybriden und *Surfinia*-Hybriden)	V–IX	○	Nicht möglich
Studentenblume (*Tagetes erecta, T. patula* 'Nana')	V–X	○ ◑	Nicht möglich
Vanille (*Heliotropium arborescens*)	V–IX	○	Nicht empfehlenswert
Ziertabak (*Nicotiana sanderae*)	VII–IX	○	Nicht möglich

sonnig = ○, halbschattig = ◑, schattig = ●

Trendige Balkonblumen

Die Auswahl an reich blühenden Balkonblumen ist enorm. Zu den besonders pflegeleichten zählen Kapuzinerkresse (*Tropaeolum majus*), Ziersalbei (z. B. *Salvia farinacea*), Goldmarie (*Bidens ferulifolia*), Schwarzäugige Susanne (*Thunbergia alata*), Surfinie (*Petunia-Surfinie*), Elfenspiegel (*Nemesia strumosa*) und Lakritz-Strohblume (*Helichrysum petiolare*).

Dauerbrenner Pelargonie

Ein Klassiker, der sich schon seit Jahrzehnten als beliebteste Balkonblume hält, ist auch die Favoritin für das bequeme Gärtnern – die Pelargonie, die landläufig auch als „Geranie" bezeichnet wird. Wuchsformen und Blütenfarben sind schier endlos.

Alle Pelargonien lieben vollsonnige Standorte und gut durchlässige Erde.

Der Balkon ohne Sonne

Fuchsien, Begonien, Fleißige Lieschen (*Impatiens walleriana*) und – wenn ein wenig Sonne „vorbeikommt" – auch Fächerblumen (*Scaevola*), Lobelien (*Lobelia erinus*), Mottenkönig (*Plectranthus fruticosus*) oder niedrig wachsende Glockenblumen (*Campanula*-Arten) können in den Blumenkasten gesetzt werden. In großen Töpfen sehen auch Hortensien, Funkien und Astilben (Prachtspieren) wunderschön aus. Diese Stauden können über mehrere Jahre auf Balkon oder Terrasse stehen bleiben. Es ist nur wichtig, im Winter die Töpfe vor zu viel Feuchtigkeit zu schützen.

TIPP FÜR FAULE

Erde schleppen – nein danke!

Die beste Erde entsteht vor der Haustür – im Komposthaufen. Diese Erde kann man, nach 3 Jahren Lagern, perfekt zum Pflanzen in Balkonkisterln verwenden. Mein Rezept: ⅔ Komposterde, ⅛ groben Quarzsand (2–3 mm, meist als Rasenquarzsand erhältlich), ⅛ Tongranulat und ⅛ Holzfaser (Abdeckmaterial) plus eine Handvoll Hornspäne pro Kisterl.

Petunien gibt es in vielen Sorten und Arten – alle haben eines gemeinsam: Sie sind besonders wuchskräftig.

Pelargonien dürfen auf keinem Balkon fehlen. Sie sind hitze- und regenfest!

TIPP FÜR INTELLIGENTE

Bester Zeitpunkt

Vor allem an heißen Tagen ist der Abend der beste Zeitpunkt zum Gießen. Dann haben die Pflanzen über Nacht Zeit, Kraft zu tanken. Allerdings sollten die Blätter nicht benetzt werden, da sonst Pilzerkrankungen drohen.

Blattschmuck

Es müssen nicht immer Blüten sein
Blüten kommen noch besser zur Geltung, wenn sie von blattzierenden Balkonblumen umrahmt werden.
Besonders empfehlenswert: **Weihrauchpflanze** oder Mottenkönig (*Plectranthus fruticosus*), **Hauswurz** (*Sempervivum*), **Kartoffelblume** (*Solanum jasminoides*) und **Dreifarbiger Salbei** (*Salvia officinalis* 'Tricolor') oder auch so manches Ziergras wie die **Segge** (*Carex*).

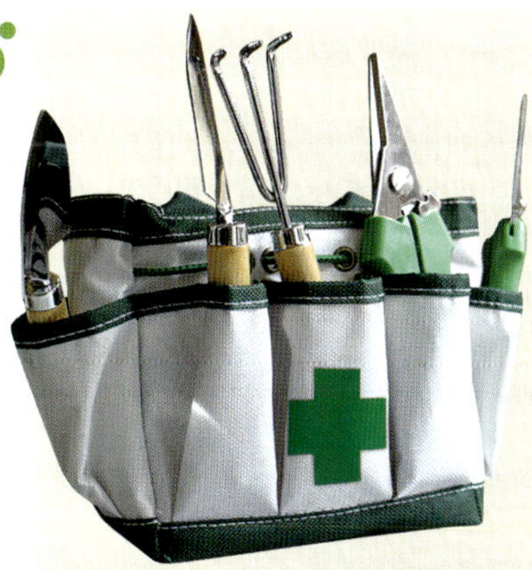

Erste Hilfe
für Balkonblumen

An vielen Geranienblättern ist ein „Rost" auf der Unterseite!
Die sogenannte Korkfleckenkrankheit tritt bei zu hoher Luftfeuchtigkeit auf. Nicht zu eng pflanzen, nie am Abend gießen! Ist es im Frühjahr sehr kühl, trocken halten. Schachtelhalmtee mit EM („Effektiven Mikroorganismen") an sonnigen Tagen am Morgen sprühen.

Ab wann soll man nicht mehr düngen?
Nur in der Hauptwachstumszeit wird gedüngt. Nach dem 15. August nicht mehr düngen bzw. nur noch „Herbstdünger" anwenden. Sie enthalten mehr Kalium („K"), das zum Ausreifen der Triebe führt und die Frostfestigkeit stärkt.

Der prächtige **Rosengarten**

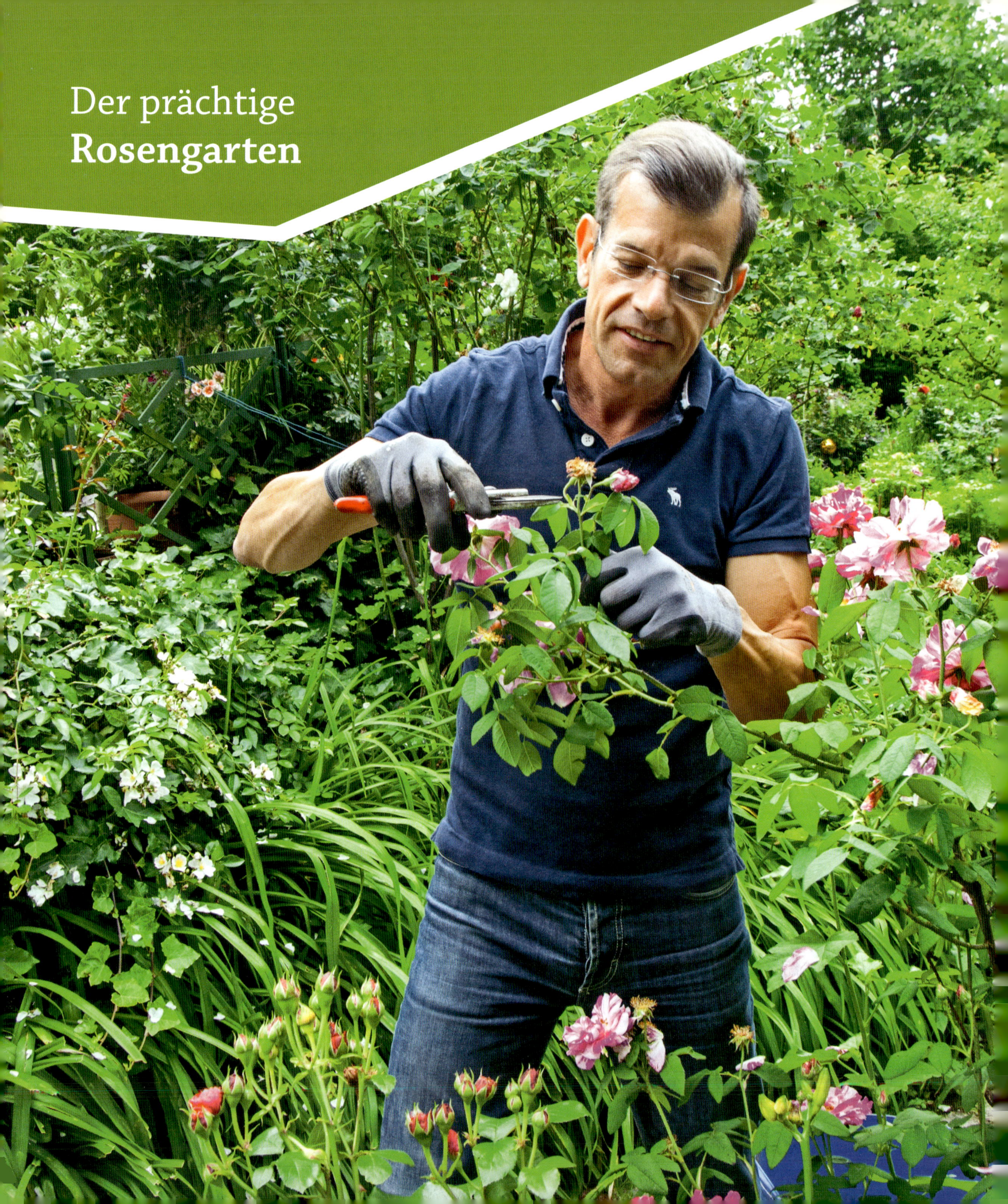

Rosen zählen weltweit zu den beliebtesten Kulturpflanzen. Seit Jahrhunderten werden sie in unzähligen Sorten gezüchtet. Ob als stolze Edelrose, als vielblütige Polyantharose, als Zwergrose oder als Kletter- und Strauchrose.

Rosen gibt es für alle Gelegenheiten. Und jedes Jahr kommen neue Sorten hinzu. Der Trend geht seit einiger Zeit wieder verstärkt zu den Alten Rosen mit ihren großen Blüten und dem schweren Duft.

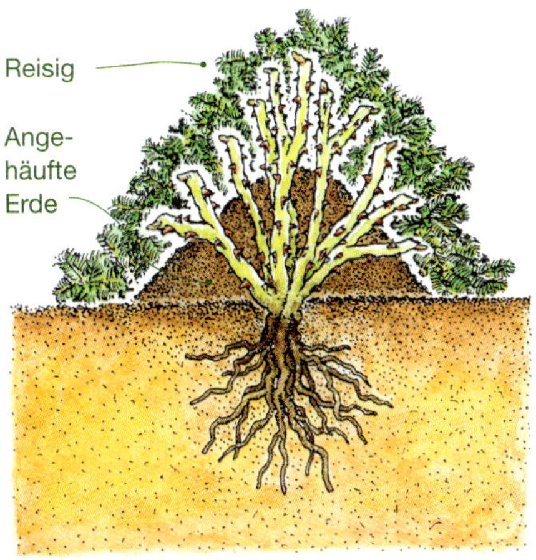

Mit Erde und Reisig werden die Rosen im Winter vor Frösten geschützt.

Ansprüche und Pflanzzeit

Rosen benötigen einen möglichst sonnigen Standort in luftiger Umgebung. Der Boden sollte tiefgründig sein, bei einem schweren Boden sollte etwas Sand beigefügt werden. Kompostierter Rindermist als Humuslieferant gehört ebenfalls ins Pflanzloch, und auch Hornspäne als Startdünger für die ersten Monate sollen nicht fehlen. Die beste Pflanzzeit ist der Herbst, aber auch das ganze Jahr über, außer während starker Frostperioden, können Rosen dank der Kultur in Töpfen gesetzt werden. Im Winter müssen sie geschützt werden. Wer also im Herbst pflanzt, häufelt mit Erde an und deckt mit Reisig ab.

Die Englische Rose 'Munstead Wood' betört die Sinne mit ihrem fruchtigen Duft nach Brombeeren und Heidelbeeren.

7 Schritte zu schönen Rosen

1. Der Standort sollte warm, aber nicht heiß, luftig, aber nicht zugig sein. Rosen mögen tiefgründigen Boden ohne Staunässe. Erde mit Kompost verbessern. Niemals Rosen setzen, wo bereits Rosen standen.

2. Beim Pflanzen Wurzeln schneiden, Triebe zurücknehmen. Die Veredelung sollte zwei Fingerbreit in den Boden. Sowohl bei der Herbst- als auch bei der Frühjahrspflanzung anhäufeln!

3. Zweimal düngen ist genug: Im Pflanzjahr nach der ersten Blüte, in den folgenden Jahren im April und nach der ersten Blüte. Keinesfalls später.

4. Rosen nur beim Anpflanzen und im ersten Jahr bei sehr trockenem Wetter gießen. Später auf Wässern völlig verzichten.

5. Schädlinge – vor allem Blattläuse – nur mit nützlingsschonenden Spritzmitteln bekämpfen. Krankheiten durch richtige Sortenwahl verhindern. Sauberkeit bei Rosenrost und Sternrußtau: Im Herbst möglichst alle Blätter entfernen – nicht auf den Kompost! Vorbeugend mit Schachtelhalmtee spritzen.

6. Beim Schnitt im ersten Jahr nur Verblühtes entfernen. Später Beet- und Edelrosen stark (auf 15–20 cm) zurückschneiden. Bei Strauchrosen etwa ein Drittel ausschneiden. Kletterrosen kaum schneiden.

7. Für den Winterschutz die Rosen nur anhäufeln. Reisig ist nicht unbedingt notwendig. Hochstammrosen am besten umlegen und eingraben.

NEUE Gartenfragen & Antworten

FÜR INTELLIGENTE FAULE

Rosen im Topf

Lassen sich Rosen im Topf kultivieren? Ich hab leider nur eine Terrasse.

Eine Frage, die ich oft gestellt bekomme. Ja, es geht – allerdings nur für eine begrenzte Zeit. Rosen sind Tiefwurzler und benötigen daher möglichst tiefe Töpfe (60–120 cm), dennoch werden sie nach einigen Jahren nicht mehr so vital sein. Wichtig ist die jährliche organische Düngung, um den Boden zu beleben, und der sorgfältige Winterschutz mit Jutegewebe (niemals Kunststofffolie), das vor der Wintersonne schützt und Trockenschäden verhindert. Nicht zu früh entfernen – wenn die Forsythienblüte beginnt, ist der ideale Zeitpunkt dafür.

Attraktive Rosenpartner

Was kann man zu einer Kletterrose pflanzen, damit der Rosenbogen nach der Blüte auch noch attraktiv ist?

Ich hab alle meine Kletterrosen mit Clematis kombiniert. Besonders problemlos wächst die gelb blühende *Clematis tangutica*, die sich später mit dekorativen Samenständen schmückt. Im Frühjahr wird diese Clematis (beim Rosenschnitt) komplett zurückgeschnitten. Gut kombinieren lässt sich die Kletterrose auch mit dem Geißblatt (*Lonicera*). Hier ist der starke Duft besonders interessant. Geschnitten wird es ebenfalls mit den Rosen, allerdings bleiben die langen neuen Triebe als Blütentriebe erhalten.

Schnippel, schnippel – der richtige Schnitt

Beim Rosenschneiden scheiden sich die Geister: Die einen sagen, Rosen sind kleine Sträucher und sollten es auch bleiben, die anderen sehen sich durch wissenschaftliche Untersuchungen bestätigt, die besagen: Je radikaler der Rückschnitt, desto gesünder die Pflanzen – sie „wachsen sich gesund“.
Egal, welche Variante Sie wählen, eines gilt immer: Das oberste Auge muss außen liegen; im Inneren des Rosenbusches sollte darauf geachtet werden, dass Licht und Luft hineinkönnen. Das hilft, Krankheiten zu vermeiden.

Der duftende Begleiter: Lavendel

Lavendel ist mit Sicherheit einer der bewährtesten und schönsten Begleiter für Rosen aller Art. Einerseits, weil der Geruch des Lavendels die Blattläuse vergrämt, andererseits bilden sein silbriges Laub und die dunkelblauen Blüten optisch eine ideale Partnerschaft mit den Farben der Rosen. Beachten Sie aber: Lavendel darf nie zu nahe an die Rosenstöcke herangepflanzt und muss jedes Jahr kräftig zurückgeschnitten werden, am besten sofort nach der Blüte. Nur kompakte Stöcke sind ideale Partner; sind sie zu groß, ersticken sie die Rosen.

Herbst/Winter

Rosen gehen ungeschnitten in den Winter. Nur wirklich störende Triebe werden eingekürzt.

März/April

Jetzt beginnt der tatsächliche Rosenschnitt – je später, desto besser. Wächst eine Rose schwach, wird sie stark geschnitten, wächst sie stark, schneidet man zurückhaltend.

Juni/Juli

Wer rechtzeitig Verblühtes entfernt, wird bei vielen Rosen eine Nachblüte erleben. Wildrosen bleiben ungeschnitten.

Von den Ansprüchen sind sie ganz unterschiedlich: Lavendel passt aber dennoch zu den Rosen, wenn man Splitt ins Pflanzloch mischt.

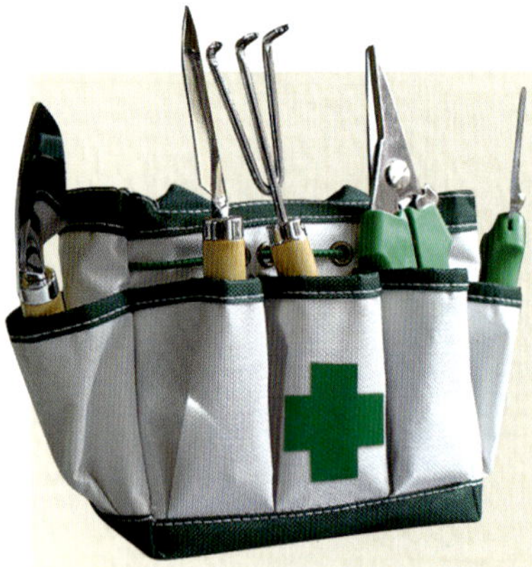

Erste Hilfe
beim Rosenschnitt

Wie schneide ich Rosen?
Mein persönlicher Rat: Vermeiden Sie einen radikalen Rückschnitt. Als Faustregel: Rückschnitt auf drei Augen des Vorjahrs. Das oberste Auge soll außen liegen, im Inneren des Busches soll ausreichend Licht und Luft hineinkönnen. Generell gilt: Je kräftiger eine Rose wächst, desto weniger wird geschnitten.

Auch wenn ihre Standortansprüche unterschiedlich sind – Rosen und Lavendel ergeben gemeinsam ein harmonisches Gesamtbild.

TIPP FÜR FAULE

Ideal: Wildrosen

Apfelrose (*Rosa villosa*) oder Hundsrose (*Rosa canina*) sind nur zwei der Wildrosen, die keinerlei Pflege benötigen. In Randbereichen des Gartens sorgen sie alljährlich für ein Blütenfeuerwerk. Die Apfelrose verströmt dazu noch einen betörenden Duft: die Hagebutten enthalten ungewöhnlich viel Vitamin C!

Pflegeleichte Rosen

- **Alte Rosen**
  'Donau' – Ramblerrose, fliederfarben, stark wachsend, Maiblumen-ähnlicher Duft
  'Mme. Alfred Carrier' – Kletterrose, weiß, stark duftend
  'Mme. Pierre Oger' – Beetrose, rosa, starker Duft

- **Beetrosen**
  'Bonica' – rosa
  'Montana' – rot

- **Edelrosen**
  'Burgund 81' – knallrot
  'Cherry Brandy' – orange
  'Gloria Dei' – hellgelb
  'Kardinal König' – rot
  'Pascali' – weiß
  'Queen Elisabeth' – rosa

- **Englische Rosen**
  'Abraham Darby' – Strauchrose, gelb/rosa
  'Charles Austin' – Strauchrose, aprikose mit Gelb
  'Molineux' – Beetrose, sattgelb

- **Kletterrosen**
  'Ghislaine de Féligonde' – zuerst lachsrosa, dann gelb und im Verblühen blass hellgelb
  'New Dawn' – rosa
  'Super Excelsa' – karminrosa

- **Strauchrosen**
  'Dirigent' – blutrot
  'Ferdy' – Kleinstrauchrose (bis 80 cm), idealer Bodendecker
  'Karl Ploberger Rose' – sonnengelb
  'Westerland' – hellgelb mit Orange

Staudenpfingstrosen im Oktober (wenn Blätter gelb werden) bodennah abschneiden.

Pflingstrosen: alte neue Klassiker

Wenn ich an Pfingstrosen denke, dann denke ich an den Garten meiner Großmutter – eine Bauernpfingstrose mit weit über 50 (oder gar 100!) Blüten. Jedes Jahr war sie im Juni der Blickpunkt im Garten – mitten im Rasen, umringt von vielen Gänseblümchen. Pfingstrosen sind eben seit alters her als Gartenblumen beliebt. Sie zählen zu den Stauden – früher galten sie als Heilpflanze, heute aber nur noch als Zierpflanze, denn die Päonie gehört zu den giftigen Hahnenfußgewächsen und darf nicht mehr für innerliche Anwendungen verwendet werden.

Richtig pflanzen

Die übliche Pflanzzeit für Pfingstrosen ist von Anfang September bis weit in den November hinein. Aber das Angebot von Pflanzen in Containertöpfen ermöglicht

TIPP FÜR INTELLIGENTE

Im ersten Jahr

Neu gepflanzten Pfingstrosen sollte man im ersten Jahr die Knospen entfernen – das verbessert die Blatt- und Wurzelbildung und stärkt die Pflanzen.

Bei den Pfingstrosen nach der Blüte immer nur die Samenstände auspflücken, niemals die Blätter.

natürlich auch eine Pflanzung mitten in der Blütezeit. Pfingstrosen lieben einen sonnigen Standort mit frischem, nährstoffreichem Boden. Verdichtete und schwere Böden müssen durch Sand aufgelockert werden. In das Pflanzloch gibt man reifen Kompost oder sehr gut verrotteten Mist.

Beste Pflege

Jedes Frühjahr erhalten Pfingstrosen eine ausreichende Kompostgabe oder organischen Langzeitdünger. Nach dem Abblühen sollten die Samenstände unbedingt entfernt werden, keinesfalls dürfen die Blätter abgeschnitten werden, denn die Wurzelstöcke speichern nun die Nährstoffe und legen im Laufe des Jahres die Blütenknospen für das kommende Jahr an.

Ein wichtiger Punkt bei der Pflege ist das Abstützen, und zwar das vorbeugende Abstützen, denn liegen die schweren Blüten erst einmal am Boden, ist der Schaden nicht wiedergutzumachen.

Pfingstrosen brauchen ausreichend Nährstoffe.

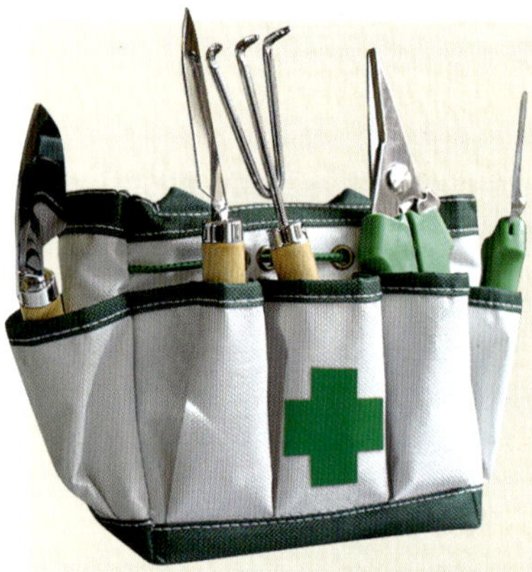

Erste Hilfe bei Pfingstrosen

Warum blühen die Pfingstrosen nicht?
Die Stöcke dürfen nicht zu tief gesetzt werden – maximal 3 cm tiefer, als sie bisher im Topf standen – sonst kümmern die Pflanzen und werden blühfaul. Normalerweise blühen Pfingstrosen, wenn sie als Topfware gepflanzt wurden, im ersten Jahr. Als Feldware, also als Wurzelstöcke gepflanzt, kann es aber bis zu 2 Jahre dauern, ehe sich die ersten großen Blüten öffnen. Solche Wurzelstöcke dürfen nur im Herbst, in der Ruhezeit der Pflanze, gesetzt werden.

Rund um das **Reich des Neptun**

Dichter Bewuchs ist bei einem Biotop nicht nur optischer Aufputz.
Die Pflanzen holen sich aus dem Wasser Nährstoffe, deshalb gibt es kaum Algen.

Der Teich ist eine Naturoase im Garten. Wie er anzulegen ist, wurde bereits beschrieben. Doch auch das „Drumherum“ muss im Garten für intelligente Faule stimmen.

Ein Teich in der Natur und ein Folienteich im Garten unterscheiden sich ganz wesentlich, was die Umgebung betrifft. Folien verhindern das Durchnässen des Bodens, daher ist es meist rund um den künstlich angelegten Teich sehr trocken. Dennoch lassen sich viele Pflanzen so arrangieren, dass ein möglichst naturnaher Gesamteindruck entsteht.

Teiche sollen nicht in öden Steinwüsten liegen, sondern, wie in der Natur, in üppiges Grün eingebettet werden. Die passenden Pflanzen dafür findet man in Hülle und Fülle: Gräser oder kleine Gehölze, Blumenzwiebeln oder Moosflächen.

Pflanzen um den Gartenteich

Bäume und Sträucher sind die Kulisse des Gartens. Abhängig von der Größe ist auch die Auswahl an Bäumen zu treffen.

Attraktive Gehölze

Manche Bäume – wie Weiden – lassen sich durch Schnitt klein halten. Deshalb gehören die typischen Kopfweiden in einer

NEUE Gartenfragen & Antworten

FÜR INTELLIGENTE FAULE

Biotop mit Algen

Mein Nachbar hat einen Biopool ohne Pflanzen, der praktisch ohne Algen ist. Ich habe ein Biotop (in das ich manchmal hineinspringe zum Abkühlen), das voller Pflanzen und voller Algen ist. Hab ich zu viele Pflanzen?

Nein, sicherlich nicht! Pflanzen benötigen für das Wachstum Nährstoffe und die holen sie sich aus dem Wasser. Daher nimmt die Algenbelastung ab. Der Biopool arbeitet nicht mit Pflanzen, sondern mit Filteranlage und Bakterien, die das Wasser ohne Chemie sauber halten. Bei Ihrem Teich werden wahrscheinlich die Nährstoffe durch das Oberflächenwasser eingeschwemmt. Jeder Gewitterregen spült Unmengen an Humus und Schwebstoffen in den Teich – das führt zum Algenwachstum.

Effektive Mikroorganismen

Wie sinnvoll ist es, Effektive Mikroorganismen (EM) in einen Teich einzubringen, um das Wasser zu sanieren?

EM sind eine Mischung aus Mikroorganismen, die normalerweise bei der Lebensmittelherstellung verwendet werden (Milchsäure, Hefe, Photosynthese, Bakterien ...). Sie werden mit Urgesteinsmehl mit der Gießkanne in den Teich eingebracht und beschleunigen den Abbau von organischem Material. Die Wirkung setzt rasch ein. Zusätzlich sollte der Eintrag von Nährstoffen (Oberflächenwasser) gestoppt werden.

Gruppe von 3–5 Pflanzen, je nach Grundstücksgröße, unbedingt zum Teich. Besonders geeignet sind die Weidenarten *Salix alba*, *S. viminalis*, *S. fragilis*.
Bei Birken (*Betula*), Erlen (*Alnus*), Haselnuss (*Corylus avellana*) heißt es aufpassen. Sie wachsen sehr stark und bringen mit dem vielen Laub oft ebenso viel Arbeit mit sich. Sehr attraktiv sind dagegen viele Ahornarten, ob japanisch, rotlaubig oder geschlitztblättrig. Sie zaubern eine ganz besondere Stimmung.

Stauden und Gräser

Die eigentlichen und wirkungsvollsten Begleiter des Teiches sind die Stauden. Diese Pflanzen, bei denen nur der Wurzelstock überwintert und deren oberirdische Teile in der kalten Jahreszeit vollständig einziehen, gibt es in einer solchen Artenvielfalt, dass eine Auswahl schwerfällt.
Genannt seien: Frauenmantel (*Alchemilla mollis*), Astilben (*Astilbe*), Bergenie (*Bergenia cordifolia*), Glockenblumen (*Campanula*), Elfenblumen (*Epimedium*), Mädesüß (*Filipendula ulmaria*), Funkien (*Hosta*), Ligularien (*Ligularia*), Katzenminze (*Nepeta × faassenii*), Primel (*Primula sieboldii*), Krötenlilie (*Tricyrtis hirta*), Ehrenpreis (*Veronica longifolia*).
Wie geschaffen für den Teichrand sind freilich Gräser: Zittergras (*Briza media*), Seggen-Arten (*Carex*), Chinaschilf (*Miscanthus*), Lampenputzergras (*Pennisetum compressum*) und Bambus (*Sinarundinaria murielae*).

Eine attraktive Wildstaude: Mädesüß.
Sie blüht Jahr für Jahr und lockt viele Insekten an.

Pflanzen für **Vitaminbeete**

Die Vitamine „live“ aus dem Garten holen – gibt es etwas Schöneres? Wer einen Gemüsegarten anlegen will, muss nur vorweg eine wichtige Entscheidung treffen: Soll der Garten so groß sein, dass er eine ganze Familie ernährt, oder soll er nur den Sommer über eine „Vorratskammer für frische Vitamine“ sein? Wer Ersteres will, kann dieses Buch wieder zur Seite legen – das ist nichts für Faulenzer. Alle anderen aber erfahren hier das Wichtigste.

Vitaminbeete: So entstehen sie

Ein sonniges Plätzchen, hervorragende, tiefgründig gelockerte Erde – und schon kann’s losgehen. Wer direkt ins Gemüsebeet säen möchte, sollte eine wichtige Regel niemals vergessen: „Wer früh sät, wird spät ernten.“ Denn für die Pflanzen ist nichts schlechter als ein kalter Start ins Leben.

Viele Gemüsepflanzen können gar nicht direkt im Freiland angebaut werden, sie müssen auch vom Profi „vorgezogen“ werden.

Wer das spannende Erlebnis des Wachsens und Gedeihens miterleben möchte, soll es bei Tomaten und Gurken einmal auf dem Fensterbrett oder im Minigewächshaus probieren; alle anderen Pflanzen, wie z. B. Salat oder Kohlrabi, kauft man aber am bequemsten vorgezogen beim nächsten Gärtner.

Fleiß beim Ernten der Bohnen wird belohnt. Das regelmäßige Abernten erhöht den Ertrag.

Bohnen & Erbsen: Keimung garantiert

Diese Hülsenfrüchte waren früher wenig beliebt – viele Menschen erinnerten sie an kriegsbedingt karge Mahlzeiten. Das hat sich aber heute geändert, denkt man etwa an köstliche Zuckererbsen oder Käferbohnen. Sie alle lassen sich im Garten leicht kultivieren.

Erbsen zum Naschen und für die Küche

Erbsen sollte man möglichst früh im März in ein Beet säen, das nicht mit Stickstoff gedüngt wurde, denn der Schmetterlingsblütler erzeugt sich den Pflanzennährstoff selbst. Natürlich aber sollten die Beete im Herbst davor mit Kompost versorgt werden. Markerbsen sind die robustesten Erbsen. Je früher sie gesät werden, desto besser ist der Ertrag. Zuckererbsen muss man sehr früh ernten – am besten schon, wenn man die Erbsen erst ganz klein in der Schote spürt.

Bohnenkinder lieben Wärme

Bohnen lieben die Wärme und sind dann flott im Wachstum. Gesät werden sollte deshalb nie vor Ende Mai, noch besser erst Mitte Juni. Auch wenn in anderen Gärten die Bohnenstangen schon stehen – haben Sie Geduld, Ihre Bohnen werden die früh gesäten der Nachbarn überholen. Spät gesäte Pflanzen wachsen außerdem gesünder und liefern mehr Ertrag.

Käferbohne am Rosenbogen

Die vor allem in der Steiermark so beliebte Käferbohne passt nicht nur in den Nutz-, sondern auch in den Ziergarten. Als Feuerbohne ist sie mit ihren großen roten Blüten ein Blickpunkt im Garten und kann beispielsweise an einem Rosenbogen gezogen werden, und das Jahr für Jahr, denn Bohnen sind selbstverträglich. Wer besonders viele Bluten haben will, erntet bereits die grünen Schoten.

Nicht nur grün – bunte Bohnen machen jedes Gericht zum „Augenschmaus".

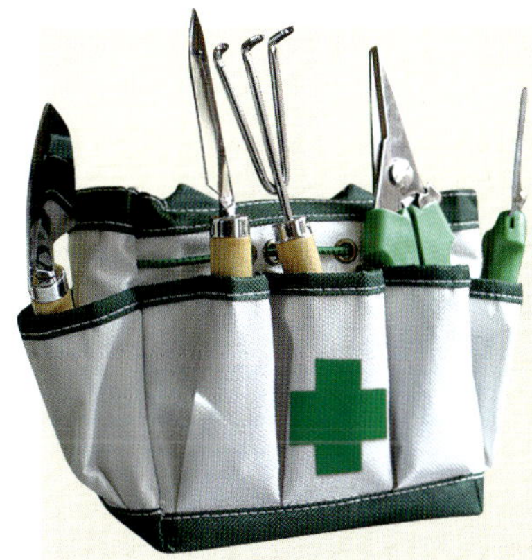

Erste Hilfe
bei Bohnen & Erbsen

Warum sind die Blätter der Erbsen durchlöchert?

Der Erbsenwickler ist der Täter – und so beugen Sie vor: Das Erbsenbeet gleich nach der Aussaat mit einem Insektenschutznetz abdecken. Das Netz darf nicht direkt auf den Blättern aufliegen, sondern muss am Boden gut abschließen, d. h., es darf keinen Durchschlupf für die Tierchen geben. Und, ganz wichtig – alle befallenen Schoten vernichten.

Was ist die Ursache, wenn Bohnen nicht keimen?

Damit Bohnen besser und vor allem schneller keimen, sollte man die Samen in der Nacht in Wasser legen. Auch erkaltete Kräutertees sind dafür besonders gut geeignet.
Erbsen möglichst früh im Jahr direkt ins Beet säen (das steigert den Ertrag), Bohnen erst Ende Mai (sie brauchen die Wärme).

Gurken ohne Welke

Die Salatgurken aus dem Handel sind heute in Größe und Aussehen uniform – manchmal mit köstlichem Geschmack, oft aber auch bloß wässrig. Daher lohnt sich der Anbau im eigenen Garten ganz besonders.

Die Wärmeliebenden

Gurken lieben eine feuchtwarme Umgebung, z. B. im Frühbeet, Mistbeetkasten, Gewächshaus. Trotz hoher Luftfeuchtigkeit sollte die Luft niemals „stehen“, sondern immer zirkulieren. An einem zu heißen Standort kann es zu Wachstumsproblemen kommen. Warmer Halbschatten ist ideal, im Freien zum Beispiel hinter einer Reihe Sonnenblumen, im Gewächshaus unter einem Schattiernetz.

Als Erde empfiehlt sich Kompost, Gartenerde und torffreie Bioerde. Außerdem sind diese stark nährstoffbedürftigen Gurkenpflanzen dankbar für Hornspäne oder andere organische Dünger.

Gute Ernten mit neuen Züchtungen

So interessant „alte“ Sorten sind, viele benötigen einen speziellen Schnitt, damit sie Früchte bringen. Außerdem schmecken manche an den Enden bitter. Empfehlenswert sind daher die vielen neuen Züchtungen mit rein weiblichen Blüten – d. h., jede Blüte bringt auch eine Frucht. Viele der neuen Sorten sind widerstandsfähig gegen Pilz- und andere Krankheiten.

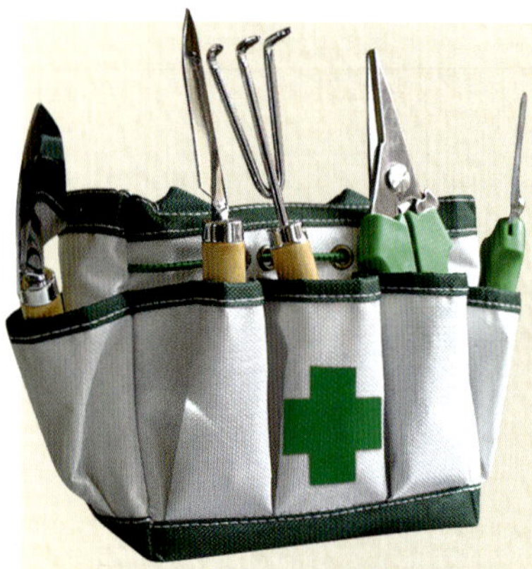

Erste Hilfe bei Gurken

Warum welken Gurkenpflanzen plötzlich?

Bei der Gurkenkultur im Gewächshaus muss man die Erde spätestens nach 2 Jahren komplett austauschen, weil sich sonst die Gurkenwelke ausbreitet. Dagegen gibt es weder chemische noch biologische Mittel, sondern nur eine Maßnahme: einen neuen Standort wählen. Wer diese Probleme gar nicht erst bekommen möchte, nimmt auf den robusten und virusfesten Feigenblattkürbis „veredelte“ Gurken. Wichtig beim Setzen der veredelten Gurkenpflanzen: Nicht zu tief pflanzen, damit die veredelte Sorte keine Wurzeln treibt.

Warum schmecken Gurken manchmal bitter?

Unregelmäßiges Wässern verursacht bei Gurken oft bitter schmeckende Fruchtenden. Aber auch das Gießen mit zu kaltem Wasser kann dazu führen.

Bei den Gurken gibt’s dann eine tolle Ernte, wenn der Boden nährstoffreich und der Standort nicht zu heiß ist. Hohe Luftfeuchtigkeit liebt die Gurke.

Karotten: erfolgreiche Aussaat

Tomaten und Karotten sind die meistverkauften Gemüsesorten. Karotten gedeihen in sandigen, humusreichen Böden am besten. Daher streut man vor dem Aussäen ca. 3 cm Quarzsand auf die Beete und arbeitet ihn ein. Damit die Erdflöhe die Pflänzchen nicht vernichten, wird sehr zeitig oder sehr spät gesät – also Anfang März oder Ende Mai.

Die Möhrenfliege fernhalten

Der Möhrenfliege beugt man durch Mischkultur von Karotten mit Zwiebeln vor. Man kann auch gleich nach dem Säen klein geschnittenen Schnittlauch auf die Reihen streuen, um sie fernzuhalten. Bei der neuen, schmackhaften Sorte 'Flyaway' gibt es kein Schädlingsproblem. Ihr fehlt jener „Duft", der die Fliegen anlockt.

Karotten bis in den Herbst

Lassen Sie die Karotten möglichst lange draußen im Beet. Wie alle Wurzelgemüsearten bilden sie in den letzten Herbsttagen besonders dicke Wurzeln. Nach der Ernte in Sand einschlagen und im kühlen Keller lagern – so kann man sich bis zum Frühjahr mit eigenen Karotten versorgen. Experimentierfreudige pflanzen die Karotten im Frühjahr neu, die dann eine tolle Blüte hervorbringen.

Sandige, nicht frisch gedüngte Böden sind für Karotten ideal. Immer erst nach 4 Jahren wieder an dieselbe Stelle säen, sonst kommen viele Maden.

Aussaat vor dem Frost

Interessant ist bei Karotten die Wintersaat. Dabei wird im November gesät, kurz vor dem Dauerfrost. Die Samen liegen dann bis zum Frühjahr und keimen zum optimalen Zeitpunkt – so wie es die Natur immer vorgesehen hat.

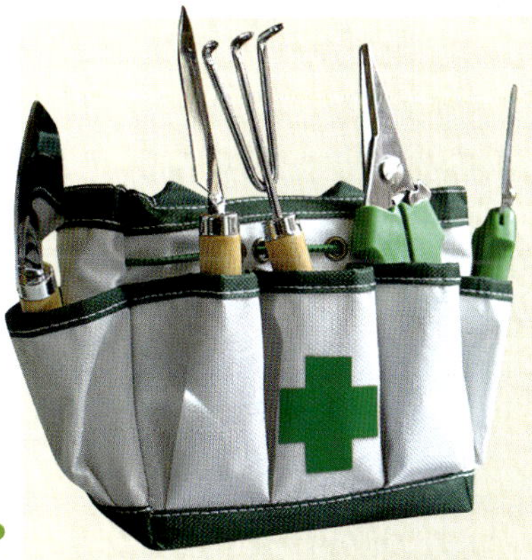

Erste Hilfe bei Karotten

Meine Karottensamen keimen nicht. Was kann ich tun?
Wählen Sie für die Karottenaussaat die „Marmeladeglas-Methode": Ein Gemisch aus Sand und Karottensamen wird ins Glas gefüllt, leicht angefeuchtet und mit dem Deckel versehen. Danach schüttelt man die Mischung und stellt sie für einige Tage an einen sehr warmen Platz im Haus. Hier beginnen die Karottensamen rasch zu keimen. Das Sand-Samen-Gemisch kann nun ganz einfach in die Saatrillen gestreut werden.

Kann ich verhindern, dass die Karotten zu dicht stehen?
Damit Karotten schöne dicke Wurzeln bilden, benötigen die einzelnen Pflanzen Platz. Daher sollten Sie die ersten zarten Karotten herausziehen. Die zurückgebliebenen Löcher unbedingt mit Erde oder Sand verschließen, sonst nisten sich Schnecken ein.

Kohlgemüse: geschützt durch Netze

Kohl gehört zum traditionellsten Gemüse im Hausgarten. Freilich haben sich über die Jahre die bevorzugten Sorten geändert. Waren es früher vor allem die großen, lagerfähigen Krautköpfe, so sind heute die zarten Kohlrabi, der Brokkoli oder der Chinakohl gefragt.

Brokkoli

Mitte Juni ausgesät, sind die herrlichen Brokkoliköpfe im Herbst erntereif. Wenn Sie die Köpfe nicht ausreißen, sondern mit kurzem Strunk abschneiden, bilden sich neue, kleinere Sprosse, die später nochmals beerntet werden können.

Kohlrabi

Am besten man kauft sich vorgezogene Kohlrabipflanzen. Setzen Sie nicht zu früh im Jahr, denn der Kohlrabi mag stärkere Fröste nicht und wächst dann nicht mehr richtig.
Wie alle Kohlgewächse benötigen die Pflanzen gut gedüngte Böden – also sollten Kompost und Hornspäne eingearbeitet werden. Niemals frischen Mist verwenden, das lockt viele Schädlinge an. Ganz wichtig ist die gleichmäßige Wasserversorgung, da die Knollen sonst zu platzen drohen.

Zart geerntet ist Kohlrabi auch roh eine Delikatesse. Für den Sommer empfehlenswert ist die Sorte 'Super Schmelz' – die wird nicht holzig.

Mulchen – immer sinnvoll

Das Mulchen mit Rasenschnitt oder auch klein geschnittenen Holunderblättern beugt Trockenschäden vor, und Holunder hilft gleichzeitig gegen Schädlinge.

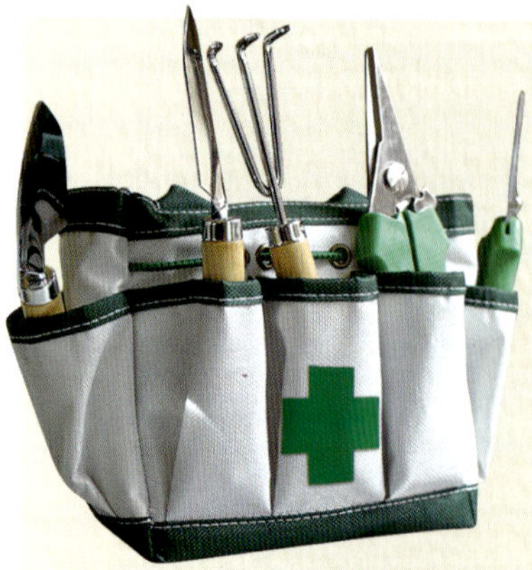

Erste Hilfe bei Kohlrabi

Warum wird Kohlrabi holzig?
Manche Sorten sind anfällig dafür, besonders dann, wenn man sie nicht rechtzeitig erntet. Blauer Kohlrabi ist übrigens zarter als weißer, und runder ist zarter als länglicher.

Eine besonders robuste Sorte, die riesengroße Knollen hervorbringt, ist 'Superschmelz' – und: Diese Sorte wird niemals holzig.

Warum sind die Kohlblätter mit Löchern durchsiebt?
Die Raupen des Kohlweißlings waren die Täter. Sie schlüpfen aus den Eiern, die der Schmetterling auf den Blattunterseiten aller Kohlgewächse ablegt. Um den Kohlweißling abzuhalten, sind Gemüseschutznetze zu empfehlen, die sofort nach dem Anpflanzen auf die Beete kommen. Das dichte Gittergewebe wird auf Metall- oder Holzbögen über die Beete gelegt, das Netz darf die Blätter nicht berühren, sonst kann der Schmetterling trotzdem auf die Blätter gelangen.

Paprika: warme Kinderstube

Paprika lassen sich gut im Topf kultivieren und eignen sich somit auch bestens als Balkongemüse. Ein großes Balkonkisterl und ein sonniger Standort – und schon steht der Ernte in luftiger Höhe nichts mehr im Weg!

Überwintern möglich

Ob als milder Paprika oder als scharf würziger Chili – sie alle gehören in die Gruppe der *Capsicum annuum*. Die Bezeichnung „annuum“ (einjährig) lässt vermuten, dass der Paprika nur einjährig ist, dem ist aber nicht so. Gerade die „hottesten“ unter den Paprika lassen sich gut überwintern und liefern dann noch schneller Früchte.

Wärme bei der Anzucht

Misserfolge beim Anbau von Paprika sind meist auf zu geringe Wärme bei der Aussaat zurückzuführen. Damit die Samen keimen, sollte die Temperatur etwa 2 Wochen lang bei 25–30 °C (!) liegen, danach immerhin noch bei 20–25 °C. Erst wenn die Pflänzchen in Töpfe vereinzelt werden, kann man sie abhärten und kühler stellen – Wärme benötigen sie dennoch.

Saurer Boden bevorzugt

Zu viel Kalk im Boden mögen Paprika und Chili ganz und gar nicht. Ihre Blätter färben sich dann gelb, Wachstum und Fruchtansatz lassen nach. Arbeiten Sie deshalb Rindenhumus in die Erde ein oder verwenden Sie als Pflanzerde Rhododendronsubstrat, vermischt mit Kompost. Gerade der Kompost liefert noch etwas Wichtiges: Kalium – das fördert die Fruchtreife.

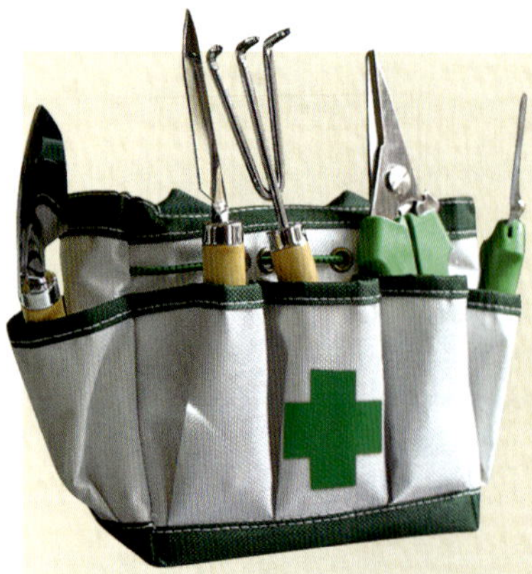

Erste Hilfe bei Paprika

Warum tragen die Pflanzen im Gewächshaus keine Früchte?
Wenn die Paprikapflanzen herrlich wachsen, aber keine Früchte tragen, ist ihnen zu heiß. Sosehr sie die Wärme lieben, Temperaturen über 30 °C, wie sie häufig in Kleingewächshäusern vorkommen, mögen sie nicht. Die Blüten werden nicht befruchtet und fallen ab, Früchte bleiben aus.
Besser ist es, den Paprika geschützt vor dem Gewächshaus oder einer südseitigen Hauswand im Freien zu pflanzen, dort behagt es ihm.
Bewährt hat sich auch das Auspflanzen in einem Frühbeet. Zu Beginn ihrer Wachstumsphase sind die Pflanzen dann noch geschützt, später entfernt man Folie oder Fenster.

Paprika sind eine optische Bereicherung für den Gemüsegarten. Nicht zu heiß sollte der Standort sein. Immer gut düngen!

Radieschen: zwischen Kresse

Für viele ist dieses Gemüse der erste Frühlingsgruß: Die roten Knollen gelten als einfach zu ziehende Pflanzen. Nach nur einer Woche keimen die Samen, schon nach 4 Wochen wird geerntet.
Ganz wichtig ist die ausgewogene und nicht zu geringe Nährstoffversorgung. Deshalb werden die Beete am besten mit reifem Kompost und rasch wirksamen organischen Düngern versorgt. Nur wenn die Pflanzen gleichmäßig feucht gehalten werden, können sich die Knollen perfekt entwickeln, ansonsten platzen sie. Bewährt hat sich das Aufbringen einer Mulchschicht. Sie reduziert die Verdunstung und hält den Boden gleichmäßig feucht.

Kresse als Mulchsaat

Küchenkresse gilt als guter Partner in der Mischkultur. Deshalb hat es sich auch bewährt, die Beete anstelle mit Rasenschnitt zu bedecken mit Kresse zu bebauen. Damit hat man gleich einen doppelten Nutzen: gesund wachsende Radieschen und eine Bodendecke, die man auch in der Küche verwenden kann. Wird die Kresse zu hoch, einfach abschneiden und als Mulch liegen lassen.

Radieschen brauchen gleichmäßige Feuchtigkeit, dann werden die Knollen perfekt!

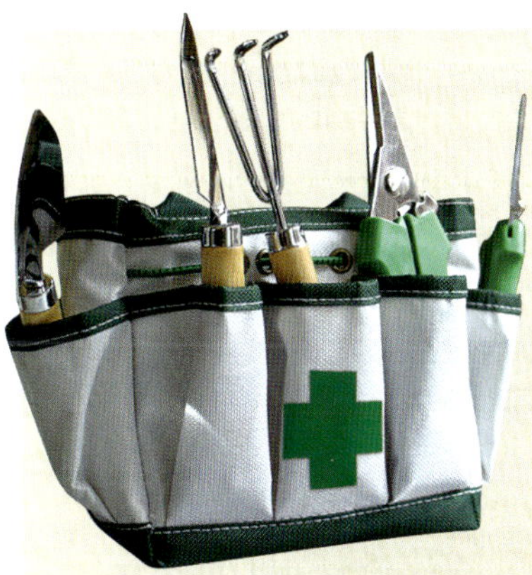

Erste Hilfe bei Radieschen

Welches Tier verursacht durchlöcherte Radieschenblätter?
Erdflöhe – sie treten immer dann auf, wenn der Boden nicht gemulcht und sehr trocken ist. Daher: Sofort nach der Aussaat die Erde mit einer Mulchschicht bedecken. Wenn kein frisches Material vorhanden ist, kann man Holzfaser dafür verwenden. Die Erde immer feucht halten.

Was ist passiert, wenn Radieschen keine Knollen ausbilden?
Oft wird beim Saatgut nicht darauf geachtet, ob es sich um Frühjahrs-, Sommer- oder Herbstradieschen handelt. Sät man beispielsweise Frühjahrssaatgut im Sommer aus, dann wachsen die Pflanzen aus und es bilden sich keine Knollen. Daher immer die vorgeschlagenen Saattermine auf den Samenpackungen berücksichtigen.
Radieschen benötigen zwar eine gute Nährstoffversorgung, das Beet sollte aber niemals mit frischem Mist gedüngt werden. Die Gefahr von Pilz- und Schädlingsbefall ist dann besonders groß.

TIPP FÜR FAULE

Saatband

„Packung ergibt 1.000 Pflanzen!" So steht es auf den Samentüten zu lesen und so manchem Laien kommen Zweifel. Vor allem dann, wenn die Samenkörner nur staubkorngroß sind. Werden sie dann zu dicht gesät, kommen statt der tausend nur einige Dutzend Pflanzen hoch. Abhilfe schafft das Saatband. Hier werden die Samen im richtigen Abstand in einem Papier eingeklebt. Der Hobbygärtner muss nun nur noch die richtige Saattiefe einhalten. Viele Firmen bieten bereits Saatbänder mit Mischungen an, z. B. Kräuter oder Duftpflanzen.

Salat braucht nur wenig Nährstoffe und steht, in Sätzen gezogen, die ganze Saison zur Verfügung.

Salate: Vielfalt pflücken

Am besten schmeckt Salat aus dem eigenen Garten, da sind sich wohl alle einig. Und das Schönste an diesem Gemüse – es lässt sich beinahe das ganze Jahr über ziehen. Nicht nur im Garten, sondern auch im Topf oder Kisterl auf dem Balkon.

Vogerlsalat

Landläufig auch Feldsalat genannt, ist der Vogerlsalat als pflegeleichtes Blattgemüse weitverbreitet. Ihm genügt ein mäßig nährstoffreicher und trockener Boden am sonnigen Standort. Besonders gut gedeiht er auf kalkhaltigem, sandigem Lehmboden. Häufig wird Vogerlsalat als Nachkultur im Gemüsebeet herangezogen und im Frühbeet oder Balkonkasten kultiviert.

So wird gesät

In der Regel wird der Vogerlsalat im Spätsommer, Mitte August bis Mitte September, ausgesät. Da er Temperaturen bis −15 °C problemlos verträgt, ist aber auch eine Aussaat im Herbst oder Winter möglich. Die Samen sollen in der Erde nicht tiefer als 1–2 cm liegen.

Ernte mit der Schere

Nach etwa 10–12 Wochen beginnt die Ernte – nicht bloß einmal, sondern mehrmals, wenn man es richtig macht. Schneiden Sie nicht zu tief, denn so fördern Sie das Nachwachsen des Salats und können von Oktober bis in den April hinein ernten. Damit nicht zu viel Nitrate in den Blättern sind, am besten bei Sonnenschein zu Mittag ernten. In der Früh sind die Nitratkonzentrationen am höchsten.

Schnitt- und Pflücksalat

Für den Hausgarten sind Schnitt- oder Pflücksalate ideal, denn man kann relativ rasch ernten und wird nicht von einer zu großen Menge an fertigen Salatköpfen „überrollt“. Je nach Sorte sind die Blätter des Pflücksalats hellgrün bis rotbraun und haben gezackte, glattrandige, gewellte oder eichenlaubähnliche Blätter. Der rote Eichblattsalat, der ‘Lollo rosso’ oder auch der ‘Lollo bionda’ sind bei uns die bekanntesten Sorten.

Pflücksalat aussäen oder pflanzen?

Pflücksalate lassen sich am einfachsten durch Aussaat anbauen. Dazu ziehen Sie mit einem Holz eine Saatrille und streuen die Samen dünn ein. Bequem sind Saatbänder, die nur ausgelegt werden müssen, die Samen liegen darin schon im richtigen Abstand. Wer rascher ernten will, kauft die vorgezogenen Pflänzchen.

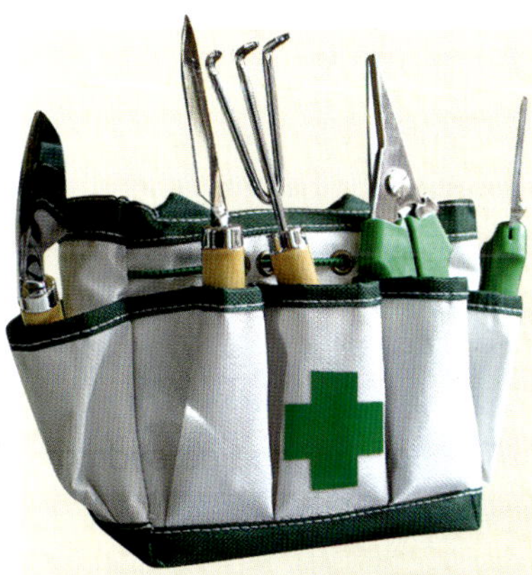

Erste Hilfe bei Salat

Warum beginnt Salat im Inneren zu faulen?

Bei allen Salatpflanzen gilt: Niemals zu tief setzen! Der Wurzelballen sollte nur zu Hälfte in die Erde. Außerdem: Düngen Sie vor der Pflanzung nicht mit Stickstoffdüngern – Kompost und Hornspäne reichen völlig. Sobald die Blätterrosetten ausgebildet sind, kann das Gießen reduziert werden, um so auch einer möglichen Fäulnis entgegenzuwirken.

Der Vogerlsalat hat Mehltau – was tun?

Befallene Pflanzen immer entsorgen, sie dürfen nicht gegessen werden. Am besten können Sie mit folgenden Maßnahmen dem Mehltau vorbeugen:

- Im Frühbeet immer gut lüften und nicht zu viel gießen.
- Generell nicht zu warm halten.
- Mehltauresistente Sorten wählen (z. B. ‘Elan’, ‘Gala’ und ‘Vit’).

Kann man Salat ins Hochbeet setzen?

Im Prinzip natürlich ja – die Frage stellt sich hier wahrscheinlich vor allem wegen der hohen Nährstoffkonzentration und der damit verbundenen Nitratbelastung. Eine Möglichkeit ist, dass man an den Stellen, an denen man den Salat pflanzt, mit ungedüngter, nährstoffärmerer Gartenerde auffüllt. Außerdem sollte man den Salat immer erst am frühen Nachmittag und an sonnigen Tagen ernten, denn dann wurde durch die Sonnenstrahlung ein Großteil des Nitrats, das vor allem über Nacht in den Blättern eingelagert wird, abgebaut.

Pflücksalate kann man schon nach wenigen Wochen beernten.

Pflücksalat

Nicht zu tief pflanzen
Profigemüsegärtner drücken den Wurzelballen sogar nur zur Hälfte in die Erde. Damit bleiben die untersten Blätter lange Zeit ohne Erdkontakt, und Fäulnis wird vermieden.

So wird Pflücksalat gesät

Pflücksalat wird ähnlich wie der Kopfsalat angebaut. Bereits Ende Februar kann eine Aussaat im Frühbeet vorgenommen werden – ab Anfang April ist auch eine Direktsaat im Freiland möglich, wobei Vlies- oder Folienabdeckung empfohlen wird. Generell kann der Salat auch vorkultiviert und direkt als Jungpflanze gesetzt werden, ein Erntevorsprung ist jedoch bei ohnehin zunehmenden Temperaturen dabei nicht mehr zu erwarten.

Der „ewige" Salat

Die Ernte von Schnittsalaten erfolgt bereits 6–7 Wochen nach der Aussaat. Erntet man geschickt und lässt die Herzblätter stehen, so können neue Blätter nachwachsen und eine mehrfache Ernte ist möglich. Ansonsten sorgen Nachsaaten im Abstand von 3–4 Wochen für entsprechenden Nachschub.

Kopfsalat

Am bekanntesten und besonders beliebt ist der Kopfsalat. Aber Achtung: Sät man Frühjahrs- oder Herbstsorten im Sommer, wachsen keine festen Salatköpfe, sondern hohe Salat-„Türme", die zu blühen beginnen.

Erster Salat zu Ostern

„Zu Ostern wird der erste Salat geerntet!" Dieses ehrgeizige Vorhaben lässt sich verwirklichen, wenn man den Kopfsalat bereits im Februar in einem Frühbeet auspflanzt. Es sollte aber trotzdem Gartenvlies zum Schutz vor Kälte eingesetzt werden.

Abschied mit Endivie

Die Endivie ist ein Spätsommersalat mit hohem Mineralstoff- und Vitamingehalt. Sie benötigt einen humusreichen und mittelstark nährstoffhaltigen Boden an einem sonnigen Standort.
Wenn man Endivien direkt ins Freiland säen möchte, sollte man bis Mitte Juni warten. Der Vorteil: Die Ernte kann dann bis in den November hinein erfolgen. Leichter Frost wird gut vertragen und vermindert die Qualität nicht.

Nachbarn sind willkommen!

Als unmittelbare Nachbarn der Endivie eignen sich Lauch, Fenchel, Kohl oder auch Stangenbohnen. Um Bodenmüdigkeit und Pilzerkrankungen zu vermeiden, sollten Sie Endivien erst nach frühestens 3 Jahren wieder an denselben Standort setzen.
Besonders robuste und zum Teil selbstbleichende Sorten sind 'Bubikopf', 'Diva' und die späte Sorte 'Escorial'.

Kopfsalate schmecken erst gut, wenn sie „Köpfe" gebildet haben.

NEUE Gartenfragen & Antworten

FÜR INTELLIGENTE FAULE

Feine Rote-Rüben-Blätter

Meine Roten Rüben (wir nennen sie immer Rauna oder Runen) wollen nicht richtig wachsen. Jetzt habe ich gelesen, dass man auch die Blätter für den Salat verwenden kann. Stimmt das?

Zunächst das Ja für die Verwendung der Blätter im Salat. Die jungen zarten Blätter schmecken köstlich und sind wertvolle Vitaminspender. Warum die Roten Rüben nicht wachsen, kann mehrere Ursachen haben: Zum einen ist die Fruchtfolge zu beachten – erst nach 4 Jahren sollte man die Pflanzen wieder an dieselbe Stelle setzen. Und: Sie benötigen viele Nährstoffe. Daher beim Pflanzen Kompost, Hornspäne und organischen Dünger einarbeiten. Später mit Brennnesseljauche – am besten wöchentlich – düngen.

Salat fürs Blumenkisterl

Lässt sich Salat eigentlich auch im Blumenkisterl ziehen? Welche Sorte könnte man dafür empfehlen?

Salat im Blumenkasten ist kein Problem. Alle Pflücksalate lassen sich aussäen oder als Jungpflanzen setzen. Bioerde mit nicht zu viel Dünger (eine halbe Handvoll Hornspäne pro Meter Kisterl) einstreuen. Nach 3–4 Wochen kann man die ersten Blätter für die Küche abzupfen. Selbst wenn der Salat auswächst, kann man noch ernten. Besonders geeignet sind Eichblatt, 'Lollo rosso' und 'Lollo bianco', aber auch der würzige Rucola.

Tomaten: vor Regen schützen

Sie gehören zu den beliebtesten Gemüsearten der Mitteleuropäer. Die „Liebesfrucht" der Azteken, der „Paradiesapfel" oder, auf gut Ostösterreichisch, der „Paradeiser", liebt die Wärme.
Der sonnigste Platz im Garten oder auf der Terrasse ist der beste. Die Pflanzen sollten immer vor Regen geschützt werden, da die in den letzten Jahren so aggressiv gewordenen Erreger der Kraut- und Braunfäule sie sonst innerhalb von wenigen Tagen vernichten. Notfalls pflanzt man die Tomaten in großen Töpfen, damit sie geschützt stehen können. Ob man sie selbst aus Samen zieht – was die Spannung und Freude auf die erste Frucht noch vergrößert – oder als fertige Jungpflanze kauft, bleibt jedem überlassen.

Aussaat auf der Fensterbank

Ab Anfang März kann man Tomaten auf der Fensterbank aussäen. Der Platz sollte warm und sehr hell sein. Sind die Fensterbänke kalt, dann Styropor unter die Saatschalen legen. Zum Aussäen spezielle Erde verwenden, und sobald die Pflänzchen die ersten richtigen Blätter entwickeln, in kleine Töpfe setzen.

Tipps zur Kultur

Schon im April kann man die Töpfe an sonnigen, milden Tagen zum Abhärten ins Freie stellen, aber nicht sofort in die direkte Sonne, damit sie keinen Sonnenbrand bekommen. Am Abend die Pflanzen unbedingt wieder ins Haus holen. „Verkühlte" Tomaten bleiben lange Zeit mickrig und wollen nicht mehr recht wachsen.

Eine klein bleibende Balkontomate: Sie bildet viele Seitentriebe, die nicht entfernt werden und viele Früchte bilden.

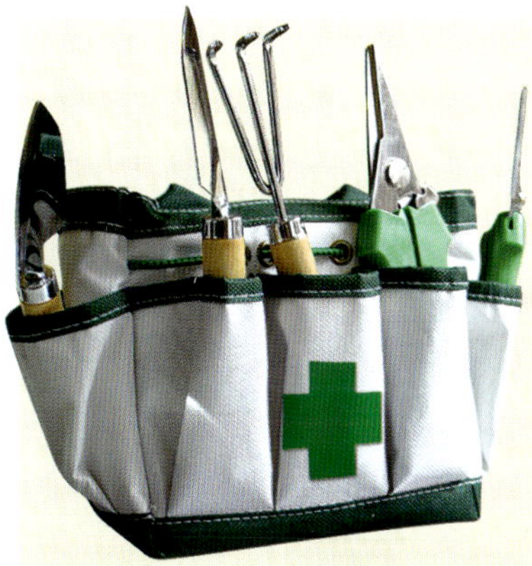

Erste Hilfe bei Tomaten

Wann rollen Tomaten die Blätter ein?

Ein Problem, das häufig beobachtet wird: Kräftig grüne und vollkommen gesunde Tomatenpflanzen rollen plötzlich die Blätter ein. Dafür kann es zwei Ursachen geben: Man hat zu viel mit Stickstoff gedüngt oder die Pflanzen wurden mit sehr kaltem Leitungswasser gegossen.

Warum werden selbst gezogene Tomatensämlinge so lang?

Ein kleiner Trick macht diese „vergeilten“ Pflänzchen, wie sie der Gärtner nennt, wieder kurz: Tomatensämling aus der Erde nehmen, zwei- bis dreimal um den Finger wickeln und dann so pflanzen, dass nur die obersten Blätter aus der Erde schauen. Der zusammengerollte Trieb bekommt gleich neue Wurzeln und die Pflanze wird kräftig weiterwachsen.

Blüten, aber keine Früchte – was ist der Grund?

Das kann mehrere Ursachen haben – die häufigste: Die Pflanzen stehen zu heiß, ihre Blüten können nicht befruchtet werden – vor allem in Kleingewächshäusern passiert das. Man sollte daher solche Kulturen am Morgen und am Abend „schütteln“. Die Pflanzstäbe rütteln, dann verteilen sich die Pollen und es kommt zur Befruchtung. Mögliche Ursachen sind aber auch Düngefehler – zu viel Stickstoff – oder ein zu geringes Gießen.

Kann man Tomatenpflanzen aus Seitentrieben ziehen?

Das funktioniert tatsächlich, und so manche Gärtner ziehen daraus die zweite Generation an Tomaten. Die etwas längeren Triebe abschneiden, einwässern oder in sandige Erde stecken. Schon nach wenigen Tagen haben sie Wurzeln, werden eingepflanzt und die neue Pflanze wächst.

Wie lässt sich Braunfäule verhindern?

Die Pflanzen mit einem Dach vor Regen zu schützen, ist die beste Methode. Kleingewächshäuser sind ideal, man sollte aber darauf achten, dass man sie im Hochsommer gut lüften kann. Von der Braunfäule befallene Blätter sofort abreißen – nicht schneiden, weil man sonst die Krankheitserreger auf gesunde Pflanzen überträgt. Urgesteinsmehl auf die untersten Blätter stäuben, das hält die Infektionsgefahr zurück. Auch Magermilchbrühen helfen: Magermilch im Verhältnis 1 : 3 mit Wasser verdünnen und auf die Blätter sprühen. Oder Rhabarberblätter mit kochendem Wasser übergießen, einige Tage stehen lassen, abseihen und unverdünnt auf die Tomatenpflanzen sprühen, am besten morgens. Die Oxalsäure schützt vor Infektion.

Kleine weiße Fliegen auf den Tomaten – was tun?

Diese kleinen Fliegen werden tatsächlich „Weiße Fliegen“ genannt. Sie vermehren sich rasant, daher ist die Bekämpfung von Beginn an wichtig. Rechtzeitig angewandt helfen:

- Gelbtafeln – das sind gelbe, mit ungiftigem Leim bestrichene Kunststofftafeln, die die Weiße Fliege anlocken,
- das Besprühen mit Schmierseifenwasser und
- biologische Spritzmittel auf Kaliseifenbasis.
- Im geschlossenen Gewächshaus ist auch der Einsatz von Nützlingen sinnvoll (siehe Bezugsquellen).

Gegen Weiße Fliegen hilft das Aufhängen von Gelbtafeln.

Wie viele Tomatensorten es wirklich gibt, kann niemand sagen.
Es sind jedenfalls einige Tausend Varietäten.

Heizung für Tomaten

Das hilft den wärmeliebenden Tomaten durch kühle Nächte: Große dunkle Plastikflaschen werden mit Wasser gefüllt, verschraubt und rund um die Pflanzen in die Erde gesteckt. Sie speichern tagsüber die Wärme und wirken dann in der Nacht wie eine Heizung.

Magermilch im Verhältnis 1 : 1 mit Wasser verdünnt hat eine stärkende Wirkung auf Tomatenpflanzen. Reste vom Fisch beim Pflanzen der Tomaten direkt zu den Wurzeln eingraben. Die Gräten, Fischköpfe und Innereien sind ein guter Dünger.

Tomaten ausgeizen

Das Ausgeizen der Tomaten ist unbedingt notwendig! Würde man es nicht machen, hätte man nach wenigen Wochen eine undurchdringliche Wand aus Tomatenblättern, die im beengten Raum und der stickigen Luft noch dazu rasch krank werden.
Es gilt also, die Seitentriebe laufend zu entfernen, indem man sie direkt über einem Blatt ausreißt. Sind die Triebe schon zu groß geworden, kann man sie auch abschneiden.

Veredelte Tomaten

Auf speziellen und sehr wuchskräftigen Wildtomaten werden Edeltomaten aufgepfropft. Sie wachsen besonders stark und können daher mit 2–4 Trieben gezogen werden. Solche Pflanzen sind in Gärtnereien erhältlich. Cocktailtomaten bringen so eine gewaltige Ernte. Auf die Gesundheit der Pflanzen hat die Veredelung keinen Einfluss.

Geschützte Tomaten
Tomaten benötigen zum gesunden Wachsen Sonne, Wärme und Regenschutz. Daher sollte das Tomatenbeet so angelegt werden, dass es den ganzen Tag in der Sonne steht. Das Dach (aus Glas oder Folie) leicht schräg nach hinten neigen und auch die Rückwand mit Folie oder Glas verkleiden. Gepflanzt wird in gut gedüngte Erde (Kompost, Hornspäne). Die Pflanzen an Schnüren oder Stäben hochziehen und immer ausgeizen, d. h. sämtliche Seitentriebe aus den Blattachseln entfernen (Abbildung Mitte).
Nicht vergessen: Den Boden gut mit Rasenschnitt mulchen – so bleibt er feucht!

Zucchini: Weniger ist mehr

Kein Gemüse ist typischer für den Sommer, denn hat man einmal eine Zucchinipflanze im Garten, gibt es ab Ende Juni eine Ernte im Übermaß.

Zucchini haben ähnliche Ansprüche wie Kürbisse und Gurken: Man zieht sie – etwa 3 Wochen vor dem Auspflanztermin (nicht früher, weil sie sonst zu lang werden) – auf der Fensterbank oder im Kleingewächshaus vor, oder man kauft fertige Jungpflanzen.
Die Pflanzen lieben nahrhafte, gut gedüngte Erde, die mit Kompost und Hornspänen verbessert wurde, viel Wasser und Sonne.

Sortenwahl

Bei der Sortenauswahl sollte man die kletternde Zucchini 'Black Forrest' versuchen, auch die dreifarbigen und gelben Früchte sind interessant. Generell gilt: Je kleiner die Frucht geerntet wird, desto schmackhafter ist sie.

Gemüsegärten lohnen sich immer, denn wer möchte wohl auf die frischen Vitamine aus dem Garten verzichten? Die Tabelle zeigt, wann welches Gemüse ausgesät oder gepflanzt werden muss und wann mit einer Ernte gerechnet werden kann. Beachten Sie, dass viele Gemüsesorten extrem wärmebedürftig sind. Sie müssen daher entweder im Haus vorgezogen oder als Jungpflanzen gekauft und nach den Eisheiligen (Mitte Mai) im Garten ausgepflanzt werden.

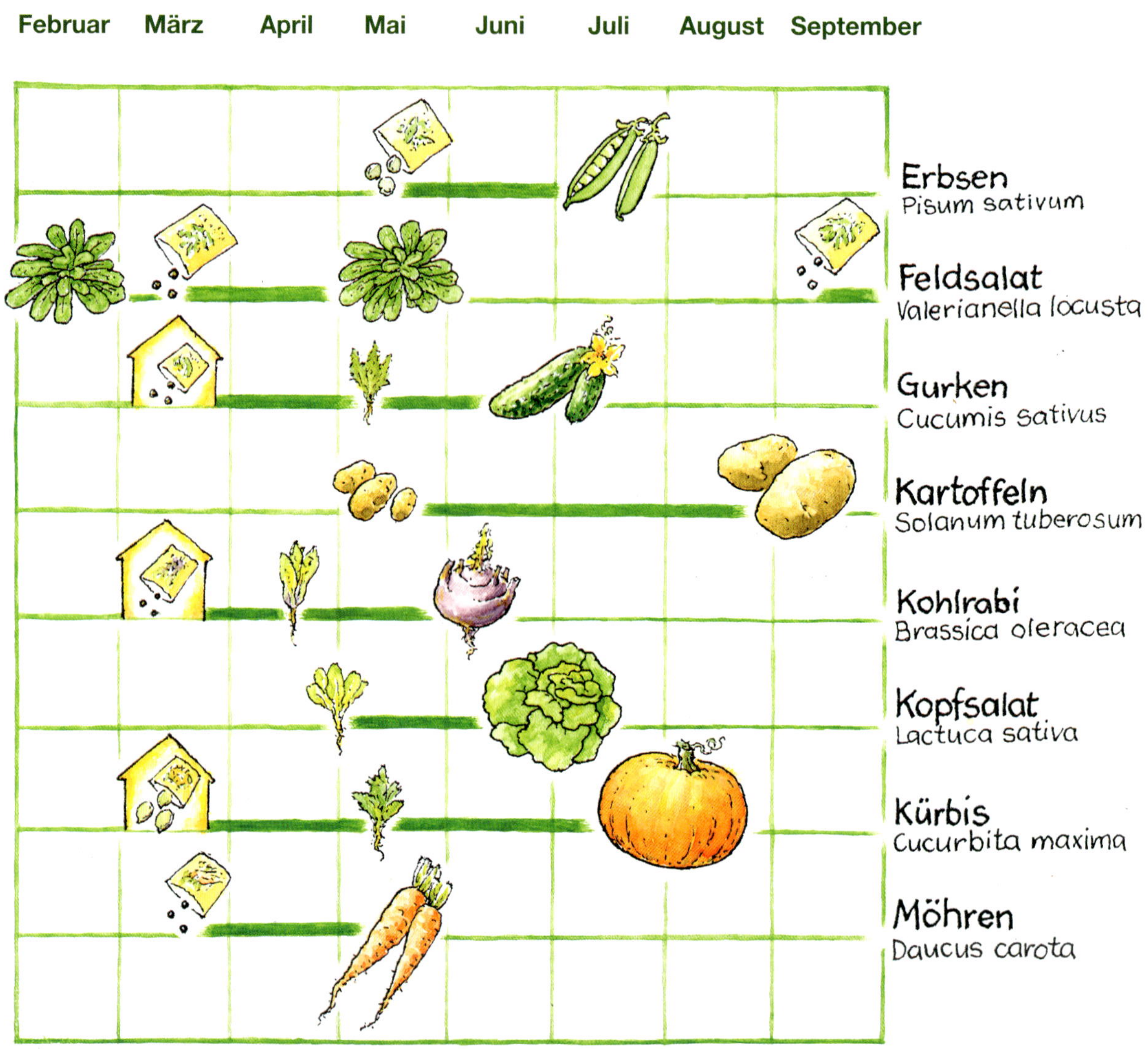

Zucchini möglichst klein (etwa 12 cm lang) ernten.

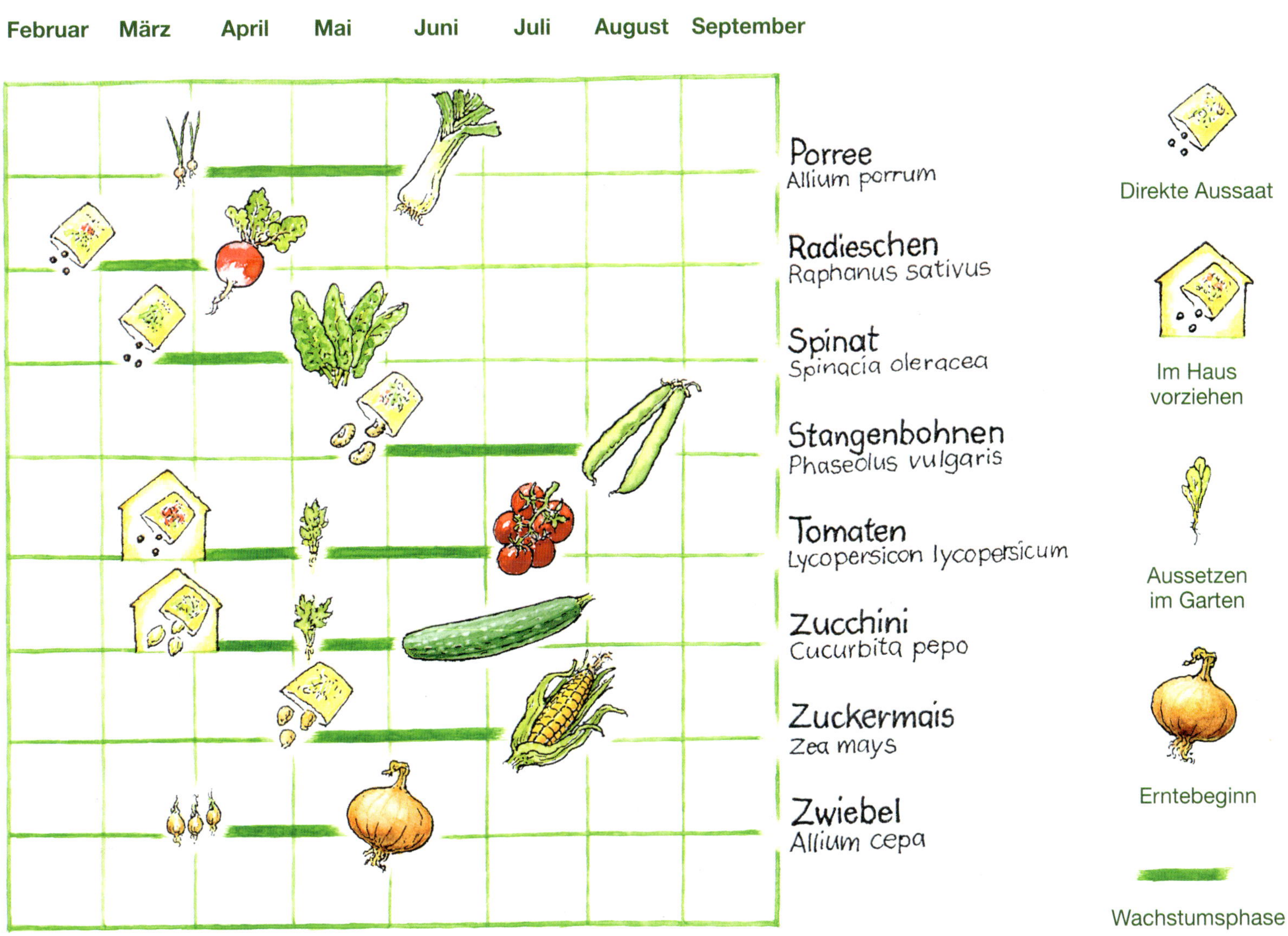

Sind im Frühjahr die Früchte faulig, dann die ersten 2–3 Fruchtansätze ausbrechen – die Pflanze hat noch zu wenig Wurzeln gebildet.

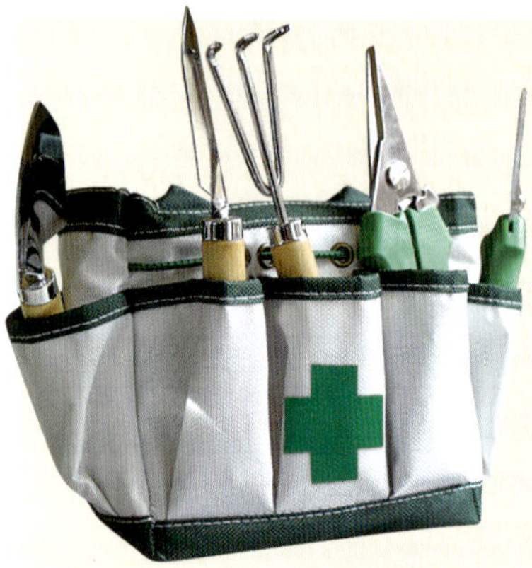

Erste Hilfe
bei Zucchini

Die ersten Früchte faulen – was tun?

Meist ist die Ursache ein Nährstoffmangel. Nicht weil die Erde zu wenig gedüngt ist, sondern weil die Pflanze noch zu wenig Wurzeln hat, um die Nährstoffe zu den ersten Früchten zu bringen. Daher ist es besser, die ersten 2–3 Früchte zu „opfern" und einfach abzuschneiden. Die folgenden Früchte werden gesund und die Ernte ist ab dann ergiebig.

Was tun bei Mehltau?

Mehltau kommt meist im Spätsommer und ist sorten-, standort- und witterungsbedingt. Tritt der Mehltau ab Mitte August auf, ist er vernachlässigbar. Überziehen sich die Blätter schon früher mit dem weißen Pilz, sollte man die am ärgsten betroffenen Blätter entfernen und die anderen mit Zinnkrauttee übersprühen.

Gibt es kletternde Zucchini?

Die gibt es und sie sind für kleine Gärten sehr interessant. Auf sehr kräftigen Pfählen kann man die nicht starkwüchsigen Triebe hochbinden und dann nach und nach die Früchte ernten.

Kann man die Samen aus Früchten wieder anbauen?

Kürbisse oder Zucchini lassen sich natürlich aus Samen von den eigenen Pflanzen vermehren. In der Nähe darf allerdings kein Zierkürbis stehen, der giftige Bitterstoffe enthält. Man erkennt die Gefahr sofort, wenn man mit der Zungenspitze auf das gallig schmeckende Fruchtfleisch tippt. Solche Kürbisse nur als Zierde verwenden.

Zwiebel & Lauch: mit Pause

Die Auswahl an Speisezwiebeln ist größer, als man denkt: Schalotten, Gemüse- oder auch die Etagenzwiebeln sind nur einige. Die lustige Etagen- oder Luftzwiebel ist „lebend gebärend". Sie bildet im Spätsommer als Abschluss des Triebes in etwa 60 cm Höhe kleine rote Zwiebeln aus. Diese fallen ab, und daraus entstehen die neuen Pflanzen. „Last but not least" zählt auch der gute alte Schnittlauch zu den Zwiebelgewächsen.

Durchlässige Böden

Alle Zwiebel- und Laucharten haben eine Vorliebe für humose, durchlässige, nicht frisch gedüngte Böden. Mit diesen Ansprüchen passen sie perfekt zu den Karotten, die auch einen sandigen Boden lieben. Karotten in der Mischkultur mit Zwiebeln angebaut, halten zudem die Zwiebelfliege vom Gemüsebeet fern.

So wächst die Zwiebel

Je kleiner die Steckzwiebel ist, desto besser wächst sie. Setzen Sie die größeren Steckzwiebeln extra, sie beginnen nämlich durchzutreiben und rasch zu blühen. Ehe es so weit ist, können Sie diese aber noch als Suppengrün verwenden. Noch ein Trick: Damit Steckzwiebeln besser wachsen, für einige Stunden auf den Dörrapparat legen, und bei 40 bis maximal 50 °C dörren und erst dann stecken.

Zwiebelpause

Das Auftreten vieler Krankheiten und Schädlinge bei Zwiebeln ist auf den intensiven Anbau zurückzuführen. Legen Sie drei- bis vierjährige Pausen in der Zwiebelkultur ein, damit reduzieren sich auch die Probleme.

Zwiebelgewächse erst nach 5–7 Jahren auf dasselbe Beet setzen.

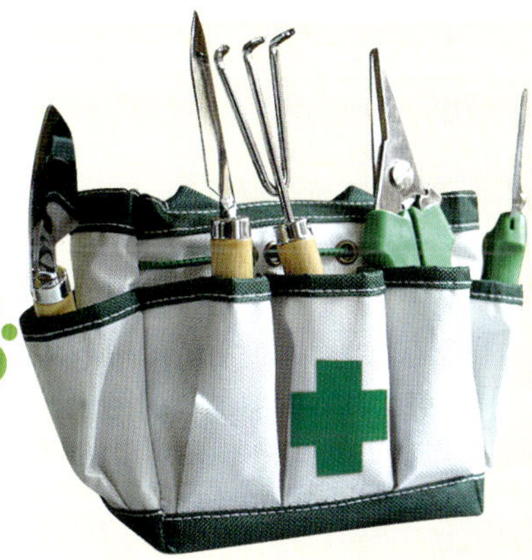

Erste Hilfe bei Zwiebel & Lauch

Was tun, wenn Lilienhähnchen auftreten?

Gerade in den letzten Jahren hat sich ein Käfer besonders stark vermehrt: das Lilienhähnchen, manchmal auch „Schnittlauchkäfer" genannt. Der kräftig rote Käfer mit schwarzem Bauch befällt Schnittlauch, Zwiebeln und auch alle Arten von Lilien. Bei Gefahr lässt er sich sofort fallen und ist daher kaum zu finden. Mein Tipp: Legen Sie Papier rund um die Pflanzen und schauen Sie nach einigen Stunden wieder vorbei. Die ängstlichen Lilienhähnchen lassen sich fallen und landen auf dem Papier, von dem sie entfernt werden können. Noch wirkungsvoller ist das Absammeln der Larven, die sich in kleinen Kotklümpchen verstecken.

Das darf im Vitamingarten nicht fehlen

- **Auberginen** (*Solanum melongena*) – brauchen viel Wärme und nahrhaften Boden.
- **Bohnen** (*Phaseolus vulgaris*) – Vorsicht, es gibt Busch- und Stangenbohnen; sie gedeihen auf fast allen Böden.
- **Erbsen** (*Pisum sativum*) – Es gibt Palerbsen, Markerbsen und Zuckererbsen; sie gedeihen fast überall, weil sie sich (wie die Bohnen) „den Boden selbst düngen".
- **Gurken** (*Cucumis sativus*) – Es gibt sehr viele Sorten; wählen Sie eine wenig krankheitsanfällige.
- **Karotten** (*Daucus carota ssp. sativus*) – Auch hier gibt es viele unterschiedliche Sorten; die neuen Sorten sind schädlingsresistent.
- **Kartoffeln** (*Solanum tuberosum*) – sind die Pioniere in einem neu angelegten Garten und gehören einfach zum Probieren dazu.
- **Kohl** (*Brassica oleracea*) – so weit das Auge reicht: Weißkohl, Brokkoli, Kohlrabi, Sprossenkohl. Alle lieben humosen, nährstoffreichen Boden.
- **Paprika** (*Capsicum annuum*) – liebt warmen, sonnigen Platz und humose, lockere Erde.
- **Radieschen** (*Raphanus sativus var. sativus*) – typische Einsteigerpflanze für Hobbygärtner.
- **Rhabarber** (*Rheum rhabarbarum*) – darf in keinem Garten fehlen, denn er liefert das erste frische Kompott.
- **Salate** (*Lactuca sativa*) – Das Wichtigste überhaupt: Wählen Sie neben dem Kopfsalat den Vogerlsalat und vor allem Schnittsalat. Besonders robust sind Rauke oder Rucola.
- **Spinat** (*Spinacia oleracea*) – zählt zu den wichtigsten Pflanzen im Biogarten, weil sie die ideale Mischkulturpflanze ist.
- **Tomaten** (*Lycopersicon esculentum*) – gibt es in vielen Sorten, Größen und Formen; unbedingt unter Glas- oder Foliendach ziehen, sonst kommt es zu Braunfäule.
- **Zucchini** (*Cucurbita pepo*) – benötigt sehr viele Nährstoffe, am Fuß eines Komposthaufens ist der ideale Platz (obenauf wird die Erde zu sehr ausgelaugt).
- **Zuckermais** (*Zea mays*) – die Trendpflanze; braucht sehr nahrhaften Boden.
- **Zwiebeln** (*Allium cepa*) – Nicht bloß die normale Zwiebel anbauen, sondern auch Lauch oder Porree, Schalotten und natürlich Knoblauch (*Allium sativum*); alle lieben humosen, lockeren und warmen Boden.

Frisches Gemüse und Kräuter aus dem eigenem Anbau schmecken am besten!

Pflanzen für **Naschkatzen und Obstfreaks**

Ob Beerenvielfalt oder Äpfel, Birnen und Zwetschken – Obst darf in keinem Garten fehlen.

Äpfel: auch in kühlen Lagen

Für einen Apfelbaum sollte in jedem Garten Platz sein, aber auch auf dem Balkon kann man den einen oder anderen Apfel ernten – die säulenförmigen, sehr schlank wachsenden „Ballerina"-Sorten machen es möglich.
An den Boden stellt der Apfelbaum keine besonderen Ansprüche, viele Sorten wachsen auch bei kühlen klimatischen Bedingungen und auf eher feuchten Böden gut, solange es nicht zu extremer Staunässe kommt.

Obstregal ohne Fäulnis

Lagern Sie nur unversehrte Früchte ein. Das Auslegen der Regale mit Farnblättern verhindert das Ausbreiten von Pilzen.

Die Pflanzung

Gepflanzt wird am besten im Herbst – wurzelnackt. Das ist nicht nur preiswert, sondern die Bäume sind auch leichter zu transportieren als Containerware.
Und so wird's gemacht: Den Boden gut vorbereiten, Kompost, eventuell etwas Sand einarbeiten. Falls Wühlmäuse im Garten sind, pflanzen Sie den Baum am besten in einen schützenden Gitterkorb. Die Veredelung muss eine Handbreit über der Erde liegen, sonst wächst der Baum nicht. An der Windseite einen Baumpfahl einschlagen und den Stamm daran festbinden. Im zeitigen Frühjahr wird der Baum zurückgeschnitten. Faustregel: Nie mehr als ein Drittel herausschneiden, sonst kommt es zu übermäßigem Wachstum.

Die besten Partner für Äpfel

Apfelsorten sind generell selbststeril, benötigen also eine zweite Sorte zur Befruchtung. Als gute Pollenspender gelten: 'Alkmene', 'Berlepsch', 'Pilot', 'Pinova', 'Pirella/Pirol', 'Piros', 'Resi', 'Rewena', 'Reglindis'.
Schlechte Pollenspender sind z. B. 'Jonagold', 'Bohnapfel', 'Boskoop', 'Gravensteiner', 'Jakob Fischer'.

Sortentipps für den Hausgarten

- Sommeräpfel: 'Klarapfel' (anfällig für Obstbaumkrebs), 'Vista Bella' und die neuere Sorte 'Retina'.
- Herbstäpfel: 'Geheimrat Dr. Oldenburg', 'Spartan' (zwar klein, aber besonders schmackhaft).
- Winteräpfel: 'Berlepsch', 'Kronprinz Rudolf' (beide sehr widerstandsfähig gegen Krankheiten), die neueren Sorten 'Florina', 'Topaz' (gut lagerfähig) und 'Rewena'.

Bei der Auswahl der Apfelsorte immer auf die Robustheit achten, dann gibt's keine Sorgen mit Krankheiten.

Birnen: mit Frostschutz

So köstlich frische, saftige Birnen schmecken – die Bäume sind ein wenig wählerisch: Nur in warmen, sonnigen Lagen mit humusreichen, tiefgründigen Böden lohnt sich der Anbau. Bodenvorbereitung ist besonders wichtig: tiefgründiges Lockern, Sand und Kompost einarbeiten.

Empfehlenswerte Sorten für den Garten

'Clapps Liebling' (mittelgroße Früchte), 'Alexander Lucas' (große Früchte), 'Gellerts Butterbirne' (große, stark berostete Birnen), 'Gräfin von Paris' (flaschenförmige, saftige und gut lagerfähige Früchte), 'Williams Christbirne' (saftig, würziges Aroma).

Alte Bäume, viele Blüten – keine Früchte!

Birnen benötigen Befruchtungspartner, also einen anderen Birnbaum in der Nähe. Gute Befruchtersorten sind: 'Frühe von Trévoux', 'Gellerts Butterbirne', 'Conférence', 'Vereinsdechantsbirne', 'Madame Verté'.

Ist der passende Befruchtungspartner nicht vorhanden, hilft auch die beste Pflege nichts. Um nicht einen neuen Baum pflanzen zu müssen, reicht es aber oft schon, einzelne Äste von anderen Sorten auf den bestehenden Baum zu pfropfen.

Ein Rost, der wenig schadet

Der Birnengitterrost entsteht durch einen Pilz, der während des Winters auf einem Wacholder lebt und im Frühjahr die Blätter des Birnbaums mit roten Pusteln überzieht. Gesunde, kräftige Bäume sind nicht gefährdet – die Krankheit ist dann eher ein optisches Problem. Bäume in kritischen Lagen können aber durch den Rost, der praktisch nicht zu bekämpfen ist, absterben. Bei jungen Bäumen helfen Spritzungen mit Schachtelhalmtee. Das stärkt die Blattoberfläche und macht sie weniger anfällig für diese Pilze.

Schützendes Brett

Stellen Sie an die Südseite des Baumes einfach ein schützendes Brett, wenn Sie den Baumanstrich verabsäumt haben.

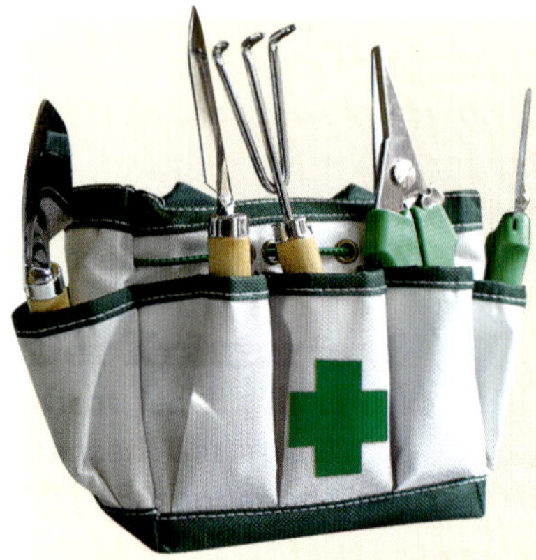

Erste Hilfe
bei Birnbäumen

Was verursacht zerrissene Stämme?

Birnen sind, wie auch andere Obstarten, im Spätwinter frostrissgefährdet, daher ist es sinnvoll, die Stämme an einem sonnigen Herbsttag mit Baumanstrich zu versehen. Die Stämme erwärmen sich tagsüber langsamer, weil die weiße Farbe das Sonnenlicht reflektiert, und der nächtliche Frost richtet keinen Schaden an. Außerdem werden Insekten in Rindenrissen durch den Anstrich vernichtet.

Warme, sonnige Plätze – dann belohnen Birnbäume mit saftigen Früchten.

Brombeeren: ohne Stacheln

Brombeeren sind das ideale Naschobst, denn die robusten Pflanzen brauchen kaum Pflege und ihre köstlichen Früchte lassen sich direkt vom Strauch pflücken und genießen.
Brombeersträucher zählen zu den wuchskräftigsten Gehölzen. In humoser, gut mit Kompost und Nährstoffen versorgter Erde wachsen sie am besten. Je mehr Sonne, desto schmackhafter werden später die Früchte.
Damit kein Dickicht entsteht, sollten Sie für die Brombeeren unbedingt ein freistehendes Spalier errichten: Auf zwei bis drei Holzstehern von ca. 3 m Höhe werden drei Drahtseile ab einer Höhe von 60 cm gleichmäßig verteilt und ermöglichen ein stabiles Fixieren der langen Ruten. Am besten binden Sie dabei jeweils vier Triebe wie Palmenwedel auf.

Brombeeren müssen nicht stechen

Eine stachellose Sorte, die ich Ihnen besonders empfehlen möchte, ist 'Navaho'. Sie bringt jedes Jahr große Mengen an sehr schmackhaften Früchten. Nach der Ernte werden die abgetragenen Triebe entfernt und je nach Platz drei bis vier neue Triebe an einem Spalier gezogen – sie fruchten dann im nächsten Jahr. Seitentriebe, so sich schon welche gebildet haben, schneidet man auf zwei Blattpaare zurück. Gedüngt werden Brombeeren mit Hornspänen und Kompost. Wie bei allen Beerensträuchern den Boden dick mulchen – mit Rasenschnitt oder Rindendekor.

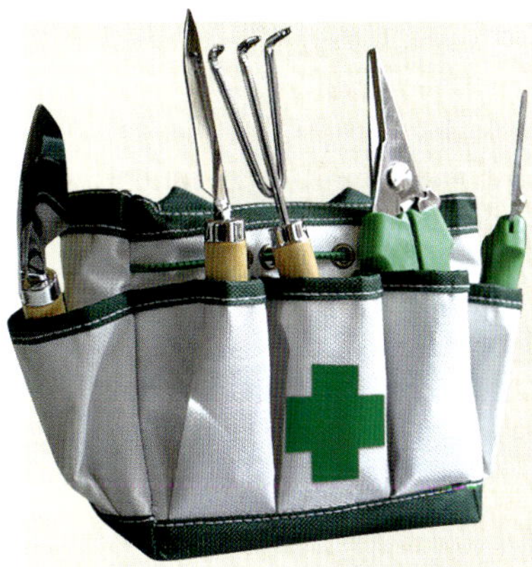

Erste Hilfe bei Brombeeren

Warum reifen Brombeerfrüchte nicht ganz aus?
Wenn Früchte nur „halb reif" werden, also Teile davon rot bleiben, war der Brombeerblütenstecher am Werk. Pflücken und entsorgen Sie die betroffenen Früchte, denn wenn Sie diese am Strauch belassen, dann fallen sie ab und die Larven des Brombeerblütenstechers schlüpfen, ziehen sich in die Erde zurück und verpuppen sich dort. Von Jahr zu Jahr werden dann mehr befallene Früchte zu finden sein.

Woher kommt der graue Schimmel an den Früchten?
Im Spätherbst tritt nach längeren Regenperioden, aber auch an Nebeltagen an schon reifen Früchten der Grauschimmel auf. Die befallenen Früchte dürfen nicht gegessen werden. Man sollte sie aber entfernen und kann sie bedenkenlos auf dem Kompost entsorgen.

Brombeeren bringen wochenlang köstliche Früchte. Nach der Ernte die abgetragenen Ruten bodeneben herausschneiden.

NEUE Gartenfragen & Antworten

FÜR INTELLIGENTE FAULE

Geringe Erdbeerenernte

Manche Erdbeeren wachsen prächtig, vermehren sich stark durch Ausläufer, bekommen aber kaum Früchte – trotz vieler Blüten. Haben wir falsch gedüngt? Wir geben jährlich Kompost und Hornspäne zu den Pflanzen.

Offenbar handelt es sich bei der von Ihnen gepflanzten Erdbeere um eine nicht selbstfruchtende Sorte. Beispielsweise ist die geschmacklich so hervorragende (alte) Sorte 'Mieze Schindler' nicht selbstfruchtend. Sie benötigt also einen Befruchtungspartner, wie zum Beispiel die Sorten 'Senga Sengana', 'Korona' oder 'Ostara'. 'Mieze Schindler' bildet übrigens sehr viele „Kindel", also Ableger, die alle für neue Pflanzungen verwendet werden können.

Hängeerdbeeren überwintern

Meine Hängeerdbeere ist gewaltig – eine ganze Ampel ist von ihr überwuchert und voller Früchte. Ich dünge mit flüssigem Biodünger. Wie überwintere ich aber das Prachtstück?

Ihr Prachtstück benötigt einen geschützten Platz. Am besten auf dem Balkon oder auf der Terrasse die gesamte Ampel in Jute wickeln und vor starker Sonnenbestrahlung schützen. Immer gut feucht halten und bei starkem Dauerfrost den Topf in einen unbeheizten Raum (Garage) stellen. Auch hier das Gießen nicht vergessen. Im Frühjahr alle alten Blätter entfernen.

Erdbeeren: aus dem Wald

Was wäre ein Garten ohne Erdbeeren? Auf den köstlichen Genuss reifer Früchte muss man aber auch beim Garteln auf Balkon und Terrasse nicht verzichten.

Erdbeeren richtig gepflanzt

Erdbeerpflanzen werden am besten Ende Juli/Anfang August gesetzt: Beete sehr gründlich von Wurzelunkräutern reinigen, gut mit Kompost und Hornspänen versorgen und anschließend mit Rasenschnitt mulchen. Die Erdbeeren bleiben 3 Jahre auf einem Beet, dann werden sie neu gepflanzt. Bei abgeernteten Erdbeerbeeten, auf denen Pflanzen stehen, die nur einmal tragen, sollten nach der Ernte alle Blätter abgeschnitten werden – das senkt das Krankheitsrisiko. Dann wird mit Kompost und Hornspänen gedüngt. Sofort danach beginnt nämlich die Wachstumszeit. Erdbeeren setzen immer schon im Jahr davor die Blütenknospen an. Besonders interessant sind die mehrmals tragenden Sorten, z. B. 'Ostara', 'Elan F1', 'Mieze Schindler Nova', 'Evita', 'Mara des Bois'.

Walderdbeeren ...

... sind meine Lieblinge und absoluten Favoriten als Bodendecker unter Ribiseln (Johannisbeeren), Himbeeren, aber auch im Ziergarten unter einer Blütensträucherhecke. Die zuckersüßen Früchte können von Mai bis in den Oktober geerntet werden.

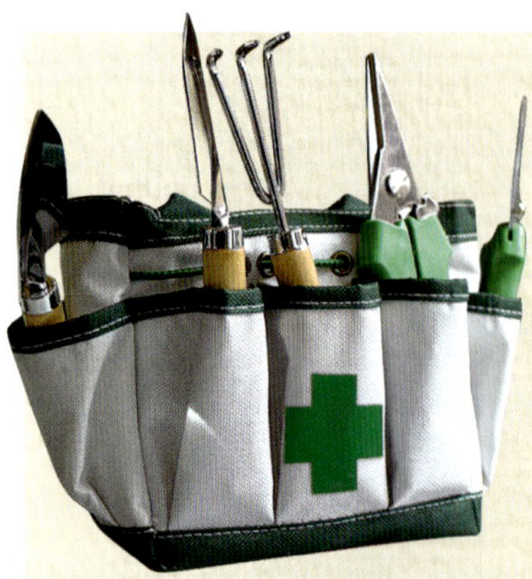

Erste Hilfe bei Erdbeeren

Warum kümmern die Erdbeerpflanzen dahin?

Mögliche Ursachen sind Düngermangel oder das zu tiefe Setzen, oft begleitet mit faulenden Blättern. Da Erdbeeren Flachwurzler sind, sollte der Boden wenig gejätet und dafür regelmäßig gemulcht werden. Idealer Partner im Erdbeerbeet ist Knoblauch – er hält Grauschimmel ab.

Gibt es Erdbeeren, die auch Allergiker vertragen?

Ja. Die weißfruchtige 'Ananas-Erdbeere' ist eine uralte Sorte, die in den letzten Jahren wieder angeboten wird. Sie enthält von den allergieauslösenden Proteinen nur ganz wenige und ist dadurch eine gut verträgliche Alternative. Vom Geschmack her ist diese Sorte von den herkömmlichen Erdbeeren kaum zu unterscheiden. Wichtig: vollreif ernten, also dann, wenn sich die Früchte von Grün nach Weiß färben.

Heidelbeeren: auf sauren Böden

Heidelbeeren zählen seit einigen Jahren zum beliebtesten Naschobst. Die Pflanzen wachsen, im Gegensatz zu den heimischen „Schwarzbeeren", in voller Sonne, benötigen aber auch einen sauren, also kalkfreien Boden.

Heidelbeeren lassen sich problemlos auch im Garten kultivieren, haben keine Schädlinge und Krankheiten. Mit einem organischen Rhododendron-Dünger sind sie optimal versorgt; ist das nicht der Fall, bleibt die Ernte aus.

Heidelbeeren im Topf

Heidelbeersträucher können Sie auch in Gefäßen ziehen. Eine sehr bewährte Sorte ist 'Bluecrop', sie gedeiht auch im Topf auf dem Balkon und der Terrasse, wenn sie in Rhododendron-Erde gesetzt wurde.

Vor Vogelfraß schützen

Schützen Sie Ihre Heidelbeersträucher mit einem Vogelschutznetz vor den Amseln, die Heidelbeeren lieben und Sträucher innerhalb von Stunden kahl fressen können.

Die Garten- oder Kulturheidelbeere benötigt sauren Boden und Dünger – im Frühjahr und gleich nach der Ernte.

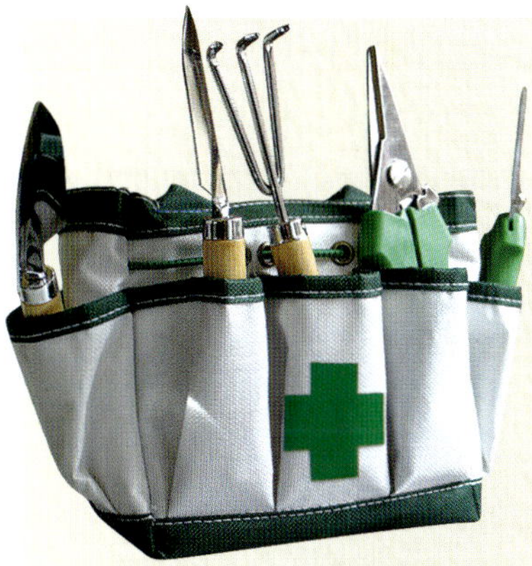

Erste Hilfe bei Heidelbeeren

Was ist die Ursache, wenn die Blätter der Heidelbeeren gelb werden?
Chlorose ist der Grund. Sie tritt in Gärten mit kalkhaltiger Erde häufig auf. Hier können Sie sich mit etwa 50 cm hohen Hochbeeten behelfen, die mit einer Lage Gehölzschnitt, kalkfreier Erde (Laub-Erde-Kompost, Torfersatzstoffe) und organischem Dünger abgedeckt werden. Bewährt hat sich auch eine Mischung aus Moorbeeterde 1 : 1 gemischt mit Sägespänen (wie sie als Kleintierstreu angeboten werden). Das verstärkt die saure Bodenstruktur und macht die Erde durchlässig.

Warum tragen meine Heidelbeerpflanzen auch nach einigen Jahren keine Früchte?
Offenbar sind die Sträucher vergreist. Wie alle Gehölze müssen auch Heidelbeeren geschnitten werden, allerdings nicht sehr viel. Es reicht, wenn man alle drei- bis fünfjährigen Äste herausschneidet und damit neues Wachstum anregt. Ein Rückschnitt generell ist nicht notwendig.

Warum blüht ein Heidelbeerstrauch reich, trägt dann aber nur wenige Früchte?
Wahrscheinlich ist er ein „Einzelgänger“. Die Befruchtung erfolgt viel besser, wenn man mehrere Sträucher nebeneinanderpflanzt oder auch in Töpfen nebeneinander aufstellt.

So bauen Sie ein Hochbeet für Gartenheidelbeeren: Ganz unten kommt grober Gehölzschnitt oder Rindenmulch; darauf halb reifer Laubkompost und eine Mischung aus torffreier Moorbeeterde und Rindenhumus. Oben handelsübliche Rhododendron-Erde.

Himbeeren: resistente Herbstsorten

Wer die wilde Waldhimbeere als Gast in seinem Garten hat, kann sich über optimale Bodenverhältnisse für Himbeeren freuen, denn sie benötigen humose Böden, die eine eher „saure Bodenreaktion" aufweisen.
Beim Anlegen eines Himbeerbeets sollte daher schon Rindenmulch und Kompost eingearbeitet werden. Zum Abdecken der Erde verwenden Sie Kompost und Rindendekor (ca. 10 cm dick auftragen). Diese ständige Bodenfeuchte wirkt sich gut auf das Wachstum der Pflanzen aus.

Sommer- und Herbsthimbeeren

Es gibt Himbeersorten, die nur einmal Früchte tragen – im Juni – und deshalb als Sommerhimbeeren bezeichnet werden.
Sommerhimbeeren tragen die Früchte auf den Ruten des Vorjahrs, hier werden nur alte, abgestorbene Triebe entfernt. Herbsttragende Himbeeren bilden ihre Früchte auf den neuen (einjährigen) Ruten aus und können deshalb im Spätherbst radikal zurückgeschnitten werden. Allerdings: Wenn man sie nicht schneidet, fruchten sie im kommenden Juni noch einmal.

Robuste Wahl

Herbsthimbeeren sind in unsere Gärten gekommen, weil sie besonders leicht zu pflegen und nicht vom gefürchteten Rutensterben betroffen sind.

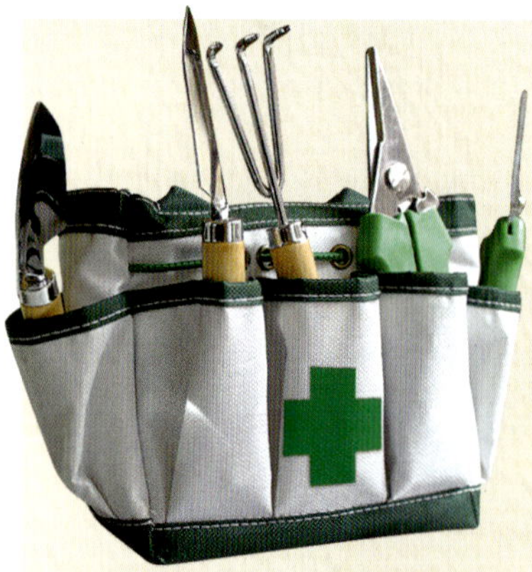

Erste Hilfe
Himbeeren

Was kann man gegen das Rutensterben tun?
Das gefürchtete Rutensterben bekommt man bei den Sommerhimbeeren durch Mulchen und einen richtigen Schnitt in den Griff: Alle abgetragenen Ruten werden nach der Ernte bodeneben abgeschnitten. Auch alle dünnen Äste kommen weg, nur kräftige und gesunde Himbeerruten bleiben stehen. Der Abstand zwischen den Ruten sollte etwa 20–25 cm betragen. Ganz wichtig: Die Ruten nicht beschädigen, also die Rinde durch die Arbeiten nicht verletzen, denn dort beginnen sich Pilzkrankheiten auszubreiten.

Gibt es resistente Sorten?
Ja. Pflanzen Sie herbsttragende Himbeeren, z. B. die robuste und pflegeleichte Sorte 'Autumn Bliss'. Die Ernte beginnt erst im Juli, dauert dafür bis zum Oktober. Das Besondere an dieser Sorte: Alle Triebe werden im Spätherbst radikal bis zum Boden abgeschnitten, denn diese Himbeere fruchtet auf den einjährigen Trieben.

Genügend Bodenfeuchtigkeit, Sonne und regelmäßige Kompostgaben – so gedeihen Himbeeren prächtig.

Kirschen & Weichseln: ohne Würmer

Wie heißt es so schön: „Die süßesten Früchte wachsen meist ganz oben!“ Daher empfehle ich, Kirschen und Weichseln nicht als frei wachsende Bäume zu pflanzen, sondern als kleines Spalier. So bleiben sie in einer überschaubaren Größe, können leicht geschnitten und bequem abgeerntet werden – und das schon nach 2–3 Jahren.

Empfehlenswerte Kirschsorten sind z. B. ‘Burlat’ (frühreifend), ‘Prinzessinkirsche’ (mittelreifend), ‘Germersdorfer Riesenkirsche’ (mittelreifend) und ‘Hedelfinger Riesenkirsche’ (spätreifend).

Die besten Befruchtersorten

Die meisten Süßkirschsorten sind selbstunfruchtbar, d. h., sie benötigen Pollen eines anderen Baumes zur Befruchtung. Mehrere Kirschbäume nebeneinander erhöhen den Fruchtansatz am Baum, weil so genügend Befruchtungspartner vorhanden sind.

Die Sorten ‘Hedelfinger Riesenkirsche’ und ‘Büttners Rote Knorpelkirsche’ sind gegenseitig fruchtbar und sehr gute Pollenspender, z. B. auch für ‘Burlat’. Selbstfruchtbare Sorten sind: ‘Starkrimson’, ‘Sunburst’, ‘Stella’ und ‘Lapins’. Auch Wildkirschen stellen gute Befruchter sowohl für Süß- als auch Sauerkirschen dar.

Damit die Kirschen wurmfrei bleiben, sollte man rechtzeitig Gelbtafeln aufhängen.

Beugen Sie vor!

Lassen Sie wurmige Kirschen nicht unter dem Baum liegen, sondern entsorgen Sie diese mit dem Müll. Die Larven verpuppen sich sonst, und im kommenden Jahr gibt's noch mehr wurmige Kirschen.

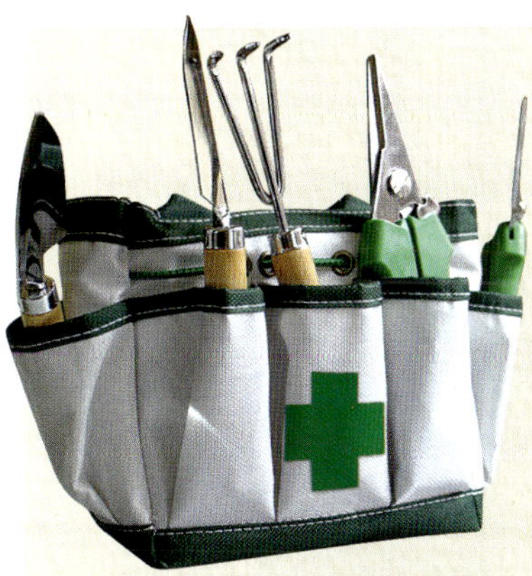

Erste Hilfe
Kirschen

Die Kirschen sind wurmig – was tun?

Hängen Sie Gelbtafeln in die Bäume! Die Kirschfruchtfliege „fliegt auf Gelb“ und lässt sich von den großen gelben, mit Leim beschichteten Kunststofftafeln gut anlocken, um dann darauf kleben zu bleiben. Wenn sich die Kirschen von Grün auf Gelb färben, werden die Gelbtafeln in die Kirschbäume gehängt. Erst dann legen die Kirschfruchtfliegen nämlich ihre Eier in die Kirschen, aus denen bald die Larven, die wir dann als „Würmer“ bezeichnen, schlüpfen.

Der Weichselbaum trägt sehr schwach. Was ist der Grund?

Weichseln sind zwar meistens selbstfruchtbar, z. B. die Sorte ‘Gerema’, sodass auch der Wind Bestäubungsarbeit leisten kann, aber erst mithilfe der Insektenbestäubung wird eine hohe Ernte möglich.

Mit ein paar Tricks kann man den Marillenanbau auch in weniger warmen Gegenden wagen.

Marillen: auslichten und pflegen

Marillen kann man auch in raueren klimatischen Gebieten gut kultivieren, wenn man einige Dinge beachtet:

- Pflanzen Sie Marillenbäume, die auf einer Zwetschke veredelt wurden. Nur deren Wurzeln garantieren, auch bei lehmigeren Böden, ein gutes Wachstum.
- Je schotterhaltiger und durchlässiger der Boden ist, desto besser. Geben Sie deshalb bei der Pflanzung Ziegelsplitt und Kies ins Pflanzloch.
- Pflanzen Sie den Marillenbaum immer an einer Hauswand – am besten an die West- oder Ostseite, denn an der Südseite kommt es zu einem frühen Austrieb, der dann frostgefährdet ist.

Die besten Marillen

Als beste Sorte gilt nach wie vor die 'Ungarische Beste'. Sie trägt verlässlich jedes Jahr, allerdings blüht sie sehr früh und ist damit frostempfindlich. Bewährt sind auch: 'Ananas Aprikose', 'Aprikose von Nancy', 'Bergeron' und 'Hargrand'. Als immun gegen die Scharkakrankheit gilt die neue selbstfruchtbare Sorte 'Kuresia'.

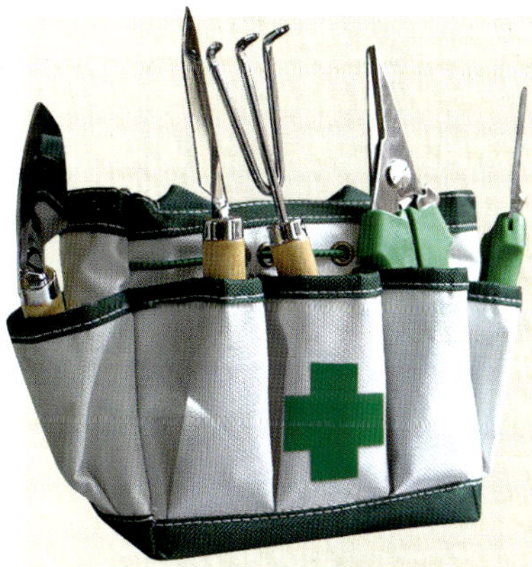

Erste Hilfe bei Marillen

Was bedeutet es, wenn einen Marillenbaum „der Schlag trifft"?

Wenn Marillenbäume quasi über Nacht absterben, spricht man vom „Schlagtreffen" (Apoplexie). Die betroffenen Bäume werden auch durch Schnitt nicht gesunden, denn der Fehler ist schon in den Jahren davor passiert: Junge Bäume überanstrengen sich und bilden zu viele Früchte, im Jahr danach ereilt sie der Tod.

Brechen Sie deshalb – bis der Baum etwa 6–8 Jahre alt ist – die kleinen Früchte so weit aus, dass zwischen den einzelnen Marillen etwa vier Fingerbreit Platz ist. Später, auch noch im hohen Alter des Baumes, wird auf zwei Finger Abstand zwischen den Früchten reduziert.

Was verursacht welke Triebspitzen?

Nichts mit dem „Schlagtreffen" hat es zu tun, wenn die Triebspitzen der Marillenbäume plötzlich welk werden, denn dabei handelt es sich um Monilia. Diese Krankheit tritt meist in Jahren auf, in denen es während der Blütezeit regnet. Die Erreger, die nur über die Blüte in den Baum eindringen können, werden durch den Regen verbreitet. Ein Rückschnitt ins gesunde Holz reicht aus, um den Baum zu heilen. Entfernen Sie im Spätherbst alle Fruchtmumien, denn darin lagern Millionen von Pilzsporen!

NEUE Gartenfragen & Antworten

FÜR INTELLIGENTE FAULE

Kirschessigfliegen im Obstgarten

Der Marillenbaum macht mir Sorgen. Die Früchte beginnen bereits am Baum zu faulen. Zunächst dachten wir, es sind die Wespen, die sind aber noch gar nicht an den Früchten. Welche Pilzerkrankung könnte das sein?

In den vergangenen Jahren hat sich die sogenannte Kirschessigfliege bei uns ausgebreitet. Diese kleinen Mücken legen in Himbeeren, Brombeeren, Weintrauben, Kirschen, aber auch in Marillen ihre Eier ab. An den Einstichstellen beginnen die Früchte dann zu faulen. Mit Fallen kann man den Befall reduzieren. Plastikflasche mit Apfelessig, etwas Rotwein und Wasser zu einem Drittel füllen. Verschrauben und im oberen Teil 2–3 mm große Löcher stechen. Der Geruch lockt die Fliegen in die Flasche. Sie können nicht mehr heraus.

Säulen-Marillenbaum

Kann man Marillen auch als Säulenbaum kultivieren? Ich hab das einmal in einem Versandhauskatalog gesehen. Wächst der Marillenbaum auch im Topf?

Im Prinzip ja, allerdings muss man mit dem Schnitt (im Frühsommer und Sommer) dahinter sein. Die Ernte wird auch nicht sehr reich ausfallen, allerdings lohnt es sich trotzdem, wenn man nur wenig Platz im Garten hat. Bei der Kultur im Topf auf guten Winterschutz achten – eventuell in frostfreien Räumen (bei etwa 0 °C) überwintern.

Ribiseln: mit flachen Wurzeln

Die Ribisel oder Johannisbeere gehört zu den ältesten Beerenfrüchten im Hausgarten und war auch aus den alten Bauerngärten nicht wegzudenken. Sie braucht einen sonnigen Platz, der Boden muss locker und humusreich sein. Jährlich im Herbst erhalten die Sträucher eine Gabe aus verrottetem Stallmist oder Kompost als Mulchdecke.
Im Sommer schützt eine Mulchdecke aus Rindendekor die flach wurzelnden Sträucher vor dem Austrocknen.

Sortentipps

- 'Jonkheer van Tets' gilt als eine der robustesten und sehr frühen rotfruchtigen Sorten.
- 'Rovada' hat die längsten Trauben, neigt aber zum „Verrieseln", vor allem dann, wenn der Standort rasch austrocknet.
- 'Titania' ist eine beliebte schwarzfruchtige Sorte.
- 'Weiße Versailler' heißt eine robuste, weiße Früchte tragende Sorte.

Jostabeere

Die Jostabeere ist eine Kreuzung zwischen Stachelbeere und Schwarzer Ribisel (Johannisbeere). Sie ist robust, wächst ähnlich den Stachelbeeren zu kleinen Sträuchern heran und trägt im Juni reichlich Früchte, die den Stachelbeeren ähneln.
Wie alle Beerensträucher sollten Sie auch die Jostabeere jährlich mit Hornspänen und Kompost versorgen und danach dick mit Rasenschnitt oder Rindendekor mulchen. Bei den angebotenen Sorten sind die Unterschiede gering: 'Jostine' und 'Jogranda' werden am häufigsten angeboten.

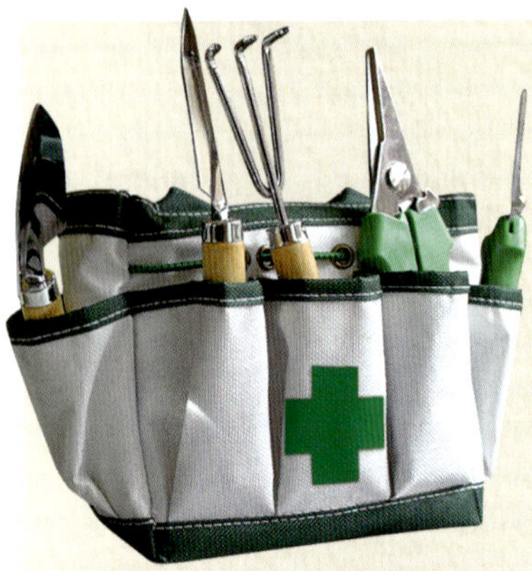

Erste Hilfe bei Ribiseln

Was ist zu tun, wenn Ribiseln keine neuen Äste bilden?
Zwei Ursachen können daran schuld sein: Entweder wurde beim Schnitt irrtümlich immer der Neuaustrieb herausgeschnitten, oder – und das passiert leider häufig – die Pflanzen wurden zu flach gesetzt. Ribiselsträucher sollten um gut 10 cm tiefer gesetzt werden, als sie in der Baumschule standen. Dann ist der Neuaustrieb von unten her besonders kräftig. Geschnitten werden immer nur die drei- bis fünfjährigen Triebe, und zwar bodeneben, sodass Luft und Licht zu den Trieben gelangen.

Vorsicht bei den Wurzeln

Im Wurzelbereich von Ribiselsträuchern sollten Sie niemals umstechen, da die Pflanzen sehr flach wurzeln und dabei verletzt werden könnten.

Ribiseln wachsen dann gut, wenn man die drei– bis fünfjährigen Triebe bodeneben herausschneidet und so die Pflanzen vital und wüchsig erhält.

Tafeltrauben: auch im Hausgarten

Weintrauben lassen sich im kleinsten Garten, ja sogar im Kübel auf Balkon und Terrasse kultivieren. Sonnige Plätze mit durchlässiger, sandiger, aber humoser Erde sind für diese Obstgehölze das Wichtigste. Während früher Mehltau und andere Pilzkrankheiten große Sorgen bereiteten, sind seit einigen Jahren pilzresistente Sorten auf dem Markt, die sich ideal für den Anbau im Hausgarten eignen.

Die besten „grüngelben" Sorten

- 'Birstaler Muskat': sehr süßes, feines Muskataroma
- 'Palatina': süß-fruchtiger Geschmack
- 'New York': kernlos, mild im Geschmack
- 'Fanny': fruchtiges Aroma, Kerne kaum störend

Die besten „blauen" Sorten

- 'Regent': süß-fruchtiger Geschmack, kleinere Beeren (Keltertraube)
- 'Muscat bleu': süß, aromatisch, kräftiger Wuchs
- 'Uhudler': Aroma von Walderdbeeren; ein sogenannter „Direktträger", der besonders robust ist und über Stecklinge vermehrt werden kann.

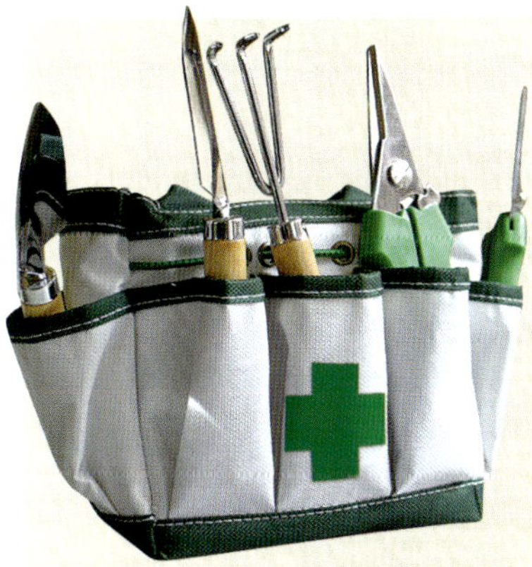

Erste Hilfe bei Wein

Wie schneidet man Trauben?

Trauben bilden auf den einjährigen Trieben die Blüten und Früchte. Daher sollte man von Beginn an danach streben, ein Grundgerüst an starken Ästen aufzubauen, an dem dann alljährlich die Seitentriebe mit dem Fruchtholz stehenbleiben.
Bester Schnittzeitpunkt ist der Spätwinter (Februar), bei frostfreiem Wetter. Im Sommer erfolgt ein Auslichtungsschnitt, wobei die Fruchttriebe für das nächste Jahr dabei schon erhalten bleiben müssen. Gegen Ende des Sommers entfernt man die großen Blätter vor den Trauben, damit die Früchte ausreifen.

Kann man unreife Trauben ernten?

Nein. Trauben reifen im Lager nicht nach. Sie benötigen unbedingt die Assimilation durch den Weinstock, um auszureifen. Daher sollte man den Trauben die sonnigsten Plätze im Garten geben oder geschützt an einer Haus- oder Schuppenwand setzen.
Eine Pergola kann man mit einer extensiven Traubenkultur, also ohne viel Schnitt, begrünen. Hier muss man nur von Zeit zu Zeit auslichten und verjüngen.

Viele neue Weinsorten, die wesentlich resistenter gegen Krankheiten sind, bringen ohne viel Aufwand köstliche Früchte.

Zwetschken: nicht ohne Partner

Zwetschken lieben humose Böden, sonnige Standorte und regelmäßige Kompostgaben auf die Baumscheibe. Der Schnitt ist in den ersten Jahren besonders wichtig, auch später muss man den Baum immer wieder durch Schnitt verjüngen, denn nur am frischen Holz werden Früchte angesetzt.
Viele Zwetschkenbäume werden vom Scharka-Virus befallen. Achten Sie deshalb unbedingt auf eine hohe Toleranz der gewählten Sorte. Die bewährtesten Sorten sind: 'Ersinger Frühzwetschke', 'Hauszwetschke', 'Fellenberg', 'Top', 'Blue Free'.

Vielen Zwetschken fehlt ein passender Befruchtungspartner.

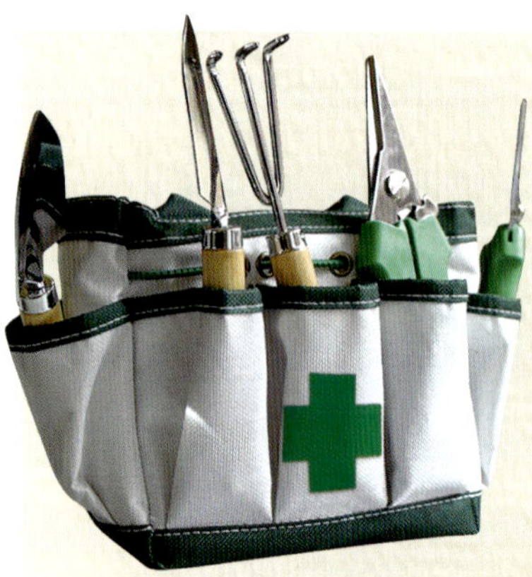

Erste Hilfe bei Zwetschken

Der Baum trägt viele Blüten, aber keine Früchte. Was ist der Grund?

Bei Zwetschken gibt es sowohl selbstfruchtbare als auch selbststerile Sorten, außerdem Übergangsformen davon. Die Bäume können von Schlehen (*Prunus spinosa*) und Kirschpflaumen (*Prunus cerifera*) befruchtet werden, wenn diese zur selben Zeit blühen. Beispiele für selbstunfruchtbare Sorten sind 'Schönberger' und 'Große Grüne Reneklode'. Eindeutig selbstfruchtbar sind z. B. 'Katinka', 'Cacaks Schöne', 'Hanita'.

Wie lassen sich wurmige Zwetschken verhindern?

Durch das Aufhängen von Lockfallen lässt sich der Pflaumenwickler als Verursacher wurmiger Zwetschken in Grenzen halten. Lockfallen enthalten Sexuallockstoffe, die als Kapsel auf eine Leimfalle gelegt werden. Die Falle hat die Form eines kleinen Häuschens und wird ab Mai in die Kronen der Zwetschkenbäume gehängt. Angelockt vom Duft, bleiben die Männchen auf der Leimfalle kleben und können somit die Weibchen nicht befruchten.

Erste Hilfe für Baumwunden

Jeder Schnitt hinterlässt Wunden. Ältere Bäume, z. B. Eichen oder Linden, können in ihrem inneren Holzkörper Gerbstoffe einlagern, die als natürliche Fungizide wirken. Doch bei Obstbäumen ist das anders, ihre Schnittflächen benötigen Pflege.

- Wunden bis zur Größe einer 2-Euro-Münze bleiben unbehandelt.
- Bei größeren Schnittstellen wird der Wundrand glatt geschnitten und mit einem Wundverschlussmittel versorgt.
- Sehr große Schnittflächen werden nur im Außenbereich mit Wundverschlussmitteln behandelt, der innere Bereich bleibt roh und wird später überwachsen.

Obstbaumschnitt: keine Hexerei

Obstbäume, die nicht geschnitten werden, wachsen kräftig nach oben. Das bedeutet, dass die am obersten Ast stehende Knospe am stärksten und steilsten austreibt; die Krone muss ausgelichtet werden. Auf der Oberseite eines waagrecht stehenden Astes treiben die Knospen auf der ganzen Länge mit schwachen, fast gleich großen Trieben aus. Aus den Trieben entsteht das begehrte Fruchtholz, und nur daran entstehen Blüten und damit Früchte.

Durch waagrechtes Binden und Beschweren der Äste kann man diesen Prozess beschleunigen. Wenn sich ein Ast (z. B. unter der Last von Früchten) bogenförmig nach unten biegt, entsteht auf dem höchsten Punkt des Astes (Scheitelpunkt) ein neuer, wüchsiger Trieb. Der untere Teil des Astes wächst dann schwach oder gar nicht. Dies nützt man beim Verjüngungsschnitt, indem man die Teile unter dem Scheitelpunktaustrieb abschneidet.

Wann werden Obstbäume geschnitten?

Der zu Ende gehende Winter ist die ideale Zeit, um die Obstbäume in Form zu bringen. Die Grundregeln für den Schnitt:

- Jede Baumkrone benötigt viel Luft und Licht, dadurch wird Krankheiten vorgebeugt. Es heißt: „Man muss den Hut durch die Baumkrone werfen können."
- Geschnitten wird möglichst im Spätwinter (Februar oder Anfang März) an einem frostfreien Tag.
- Grundprinzip Nummer eins ist, dass jeder Ast immer auf ein Außenauge geschnitten wird.
- Als Haupttrieb darf nur ein Leitast stehen bleiben, der Konkurrenztrieb wird entfernt. Die Seitenäste bleiben alle 20–50 cm (je nach Baumform) in Etagen stehen. Nach dem Schnitt sollte die Baumkrone die Umrisse einer Pyramide aufweisen.
- Je stärker der Rückschnitt, desto kräftiger der Austrieb (Besenbildung)! Daher sollte bei Bäumen niemals mehr als ein Drittel der Äste herausgeschnitten werden.

Sägt wie geschmiert

Ein glatter Schnitt ist bei der Baumpflege wichtig. Damit die Säge nicht ins Stocken gerät, reibt man das Sägeblatt mit Seife ein.

Waagrechte Äste bilden verstärkt das gewünschte Fruchtholz.

So sieht eine gut geschnittene Baumkrone aus!

NEUE Gartenfragen & Antworten

FÜR INTELLIGENTE FAULE

Sommerschnitt bei Obstbäumen

Wie sinnvoll ist es, die Obstbäume im Sommer zu schneiden? Schneidet man da nicht die Früchte weg?

Der Sommerschnitt ist bei Obstbäumen immer dann sinnvoll, wenn die Bäume sehr stark wachsen. Durch den Schnitt wird das Wachstum ein wenig gebremst, weil das Gehölz im Herbst die Nährstoffe aus den Blättern nicht zurückgewinnen und in Wurzeln und Rinde für das neue Wachstum einlagern kann. Niemals Endtriebe einkürzen, sondern bloß einige der nach innen wachsenden Triebe herausschneiden. Bei alten Bäumen erreicht man damit auch einen luftigeren Aufbau der Krone. Bevorzugt geschnitten werden im Sommer alle Steinobstarten wie Kirsche oder Marille. Hier ist die Wundheilung nämlich am besten.

Wein im Spätwinter schneiden

Wie muss ich den Wein schneiden? Im Sommer wuchert er ja gewaltig.

Der richtige Schnitt von Wein erfolgt im Spätwinter. Schneidet man zu spät, beginnt er zu „bluten". Solche tropfenden Schnittstellen kann man auch nicht stoppen. Geschnitten werden die Triebe des Vorjahrs auf etwa drei Augen (das ist dort, wo ein Blatt war). An den Seitentrieben bildet die Pflanze dann die Trauben. Im Sommer (Juni/Juli) werden die langen Triebe eingekürzt, und zwar genau ein Blatt über dem letzten Fruchtansatz.

Pflanzen für **Duft- und Kräutergärten**

Salbei, Minze und Lavendel erinnern mit ihren Düften an den letzten Urlaub am Mittelmeer.

Die zartgrünen Blätter des Lebkuchenbaumes färben sich im Herbst strahlend gelb. Fallen sie dann zu Boden, verströmen sie betörenden Lebkuchenduft.

Mit dem Duft verbindet jeder Mensch ganz besondere Erinnerungen. Der erste Frühlingstag mit seinem frischen Geruch der wieder erwachenden Natur, das betörende Parfum der Rosen an einem Frühsommertag und der Herbsttag, der mit dem modrigen Geruch das Ende des Gartenjahres einläutet.

Duftgärten können für Faulenzer gleich mehrere Anreize haben: Einerseits ist der Geruch vieler Pflanzen wie eine Droge, die einen im Garten hält – da macht sogar Unkrautjaten Freude. Andererseits sind viele Duftpflanzen ideale Helfer bei der Schädlingsbekämpfung. Man denke nur an den Lavendel, dessen Geruch Blattläuse an den Rosen vergrämt. Oder an den Knoblauch, dessen scharfer Geruch sogar lästige Pilzkrankheiten an den Erdbeeren zu bekämpfen hilft. Die Hauptrolle im Duftgarten spielen natürlich die Kräuter, daneben gehören aber auch die Rosen (siehe „Rosengarten") und einige besondere Gehölze dazu.

Ein Gehölz, das immer wieder im herbstlichen Garten für Überraschung sorgt, ist der Lebkuchenbaum (*Cercidiphyllum japonicum*). Dieser an sich nicht blühende Baum verliert seine Blätter, und im Zusammenwirken mit einem Pilz beginnt das modrige Laub intensiv nach Lebkuchen zu duften. Der Baum ist weder anspruchsvoll noch anfällig für Schädlingsbefall.

TIPP FÜR INTELLIGENTE

Kräutertopf bepflanzen

Da es schwierig ist, die Kräuter durch die kleinen Topföffnungen zu bringen, wickelt man sie zuerst fest in Zeitung, zieht sie damit „gebündelt" durch und entfernt anschließend das Papier. So werden Wurzeln und Blätter kaum verletzt.

Geeignete Pflanzen: Schnittlauch, Petersilie, Basilikum, Thymian, Liebstöckel, Minzen (neigen zum Wuchern!), Schnittknoblauch, Rosmarin

Sonnenkinder

Die Kräuterecke ist eine Duftoase im Garten. Sie liefert nicht nur köstlich Aromatisches für die Küche, sie ist auch die „Apotheke" des Gärtners – schon seit Jahrhunderten. Alle Küchen- und Heilkräuter

Kräutertöpfe werden in Etagen bepflanzt. Zuerst eine Schicht durchlässige Erde einfüllen. Dann werden die Wurzeln der Kräuter fest in Zeitungen gewickelt, um sie durch die Öffnungen im Topf schieben zu können.

Duftende Zitronenverbene

Die Zitronenverbene (*Lippia citriodora*, auch *Aloysia citriodora*) ist das wohl am stärksten duftende Kräutlein, das es gibt. Gerade im Hochsommer, bei großer Hitze, zeigt es seine Stärke. Humose Erde, im Frühjahr organischen Dünger, einen sonnigen Platz und ausreichend Wasser, mehr benötigt sie nicht. Töpfe kühl überwintern, im Frühjahr zurückschneiden, dann treiben die Pflanzen wieder kräftig aus.

sind „Sonnenkinder“, denn fast alle diese Gewächse haben ihre Heimat in südlichen Regionen. Nur wenn ausreichend Wärme und Licht zur Verfügung stehen, bilden sich die heilenden und würzenden Substanzen in großen Mengen. An den Boden stellen die Kräuter keine hohen Ansprüche. Manche lieben einen eher trockenen Standort, manche eher einen feuchten. Gerade bei Kräutern sind die Hinweise auf die Bodenverhältnisse aber nur Richtwerte, denn diese Pflanzen sind äußerst genügsam und passen sich schnell den Gegebenheiten an. Je karger der Boden aber ist, desto intensiver sind die Inhaltsstoffe, also die heilenden oder würzenden Substanzen.

Der Kräutertopf

Nicht jeder will und kann gleich einen ganzen Gartenteil für Kräuter verwenden. Besonders dekorativ sind in einem solchen Fall Kräutertöpfe. Diese großen Tontöpfe, bei denen seitlich Öffnungen

Die wichtigsten Kräuter und ihre Vorlieben

Die Tabelle zeigt übersichtlich, wo sich die jeweiligen Pflanzen wohlfühlen. Beachten Sie bei der Anlage von Kräuterbeeten auch die Wuchshöhe. Damit bieten Sie den Pflanzen möglichst viel Licht und ermöglichen ihnen gesundes Wachstum. Gleichzeitig wird auch die Ernte erleichtert.

Eine Kräuterspirale bietet auf kleinstem Raum verschiedene Standorte für Kräuter – von trockenheitsliebend bis feucht. Aber auch jedes Beet kann verschiedene Zonen aufweisen, Sie müssen nur den Boden entsprechend vorbereiten.

wie kleine Balkone angeordnet sind, lassen sich mit einer Vielzahl von Kräutern bepflanzen. Feuchtigkeitsliebende Kräuter, zum Beispiel Minzen, sollten eher im unteren Bereich angeordnet werden. Trockenheitsliebende Kräuter, z. B. Thymian oder Basilikum, kommen in den oberen Bereich. Wer schon beim Einfüllen der Erde die Vorlieben der Pflanzen berücksichtigt, hat später weniger Mühe. Also: feuchtigkeitsliebende Pflanzen in mehr Humus, trockenheitsliebende Pflanzen in Erde mit größerem Sandanteil setzen. Wer noch mehr auf Zierde Wert legt, sollte obenauf eine Duftpelargonie platzieren.

Wie wär's mit einem duftenden Rasen?

Eine nicht alltägliche Gartenidee ist die Verwendung von Englischer Kamille (nicht blühend) oder der etwas höheren, blühenden Römischen Rasenkamille (*Anthemis nobilis*) als Ersatz für ein kleines Stück

NEUE Gartenfragen & Antworten

FÜR INTELLIGENTE FAULE

Mickrige Petersilie

Seit einigen Jahren will die Petersilie bei mir nicht mehr wachsen. Früher hatte ich herrliche „Büsche", nun kümmert sie mit hellgrün-gelben Blättern dahin und wird, auch wenn ich vorgezogene Pflanzen kaufe, eher kleiner denn größer. Was tun?

Bei Gemüse und Kräutern ist die Fruchtfolge extrem wichtig. Gerade Petersilie benötigt eine „weite" Fruchtfolge. Das bedeutet, dass mindestens 4, besser 5–6 Jahre keine Petersilie an dieser Stelle im Garten gepflanzt wurde. Damit Petersilie bei der Aussaat besser keimt, gibt es einen Trick: Samen gemischt mit Sand in ein Marmeladeglas füllen, leicht anfeuchten, schütteln und mit geschlossenem Deckel einige Tage an einen warmen Platz stellen. Nach etwa 10 Tagen in die Saatrillen streuen.

Liebstöckel mag Halbschatten

Liebstöckel, das Maggikraut – oder, wie es in Kärnten genannt wird, Luschstock –, wächst bei mir wie verrückt. Bei meiner Tochter gedeiht es dagegen gar nicht. Was kann die Ursache sein? Wir pflegen es praktisch gleich, nur der Standort ist bei ihr sonnig und bei mir halbschattig.

Das ist auch schon die Antwort: Liebstöckl mag einen frischen Boden (also keine Trockenheit), Halbschatten und benötigt viele Nährstoffe. Daher Kompost, Hornspäne und Brennnesseljauche verwenden.

Kriechender Zitronenthymian

Ein Duft, der seinesgleichen sucht! Dabei muss Thymian nicht unbedingt im Kräuterbeet wachsen, er gedeiht auch in den etwas breiteren Ritzen eines Plattenwegs und verströmt seinen typischen Geruch bei jedem Vorübergehen.

Rasen. Dieser Duftrasen verströmt bei starkem Sonnenschein oder auch bloß beim Betreten einen herrlichen Duft. Der Boden sollte vor der Anlage aber gut vorbereitet werden. Ist er humusreich, leicht und sandig, dann wird die Kamille schon bald einen dichten Teppich bilden. Im Topf kann diese Kamille nur für ganz kurze Zeit gezogen werden, die Ausläufer wollen nämlich Wurzeln bilden. Gelingt ihnen das nicht, dann geht die Rasenkamille ein.

Der Schnittlauch – (k)ein Sorgenkind

Schnittlauch wuchert in vielen Gärten, in manchen kümmert er – obwohl er gehätschelt und verwöhnt wird. Offenbar nicht richtig: Der Schnittlauch steht gern im Halbschatten auf frischen Böden, die gut gedüngt sind.

So wird gepflanzt: Kompost, Hornspäne und zerstoßene Eierschalen ins Pflanzloch streuen, angießen und mit Kaffeesatz mulchen. Bewährt haben sich auch gut abgelagerter Pferdemist, der ins Pflanzloch gestreut wird, und Gerstenkörner – hier heißt es aber aufpassen, denn die Körner müssen tief eingegraben werden, sonst gibt's „Gerstenschnittlauch".

Schneiden Sie den Schnittlauch nie um mehr als 2/3 der Blätter zurück, die restlichen Blätter sind nötig, damit die Pflanze weiterwächst. Daher gilt: Nach dem 15. August sollten Sie vom Schnittlauch nichts mehr abschneiden, es sei denn, er ist ein „Opferstock", der bis zum Herbst beerntet und dann entsorgt wird.

Er ist auch als blühende Beetumrandung attraktiv: der Schnittlauch. Die Blüten kann man übrigens essen.

Wichtig ist das Durchfrieren des Wurzelballens. In Gegenden mit starkem Winter muss man die Schnittlauchstöcke dazu nicht besonders behandeln. In milderen Gegenden werden sie ausgegraben, verkehrt herum auf die Erde gelegt und im Frühjahr wieder „richtig" gepflanzt. Und noch ein Tipp einer Bäuerin: den Schnittlauchstock ab und zu mit Sauerkrautbrühe gießen. Seit Generationen wird das so gemacht – der Erfolg lässt sich sehen!

Dill will es anders

So komisch es klingt, aber es hat sich schon oft bewahrheitet: Dill sucht sich gern selbst das Beet. Daher wird am besten so ausgesät: Stellen Sie sich mit dem Rücken zum Gemüsegarten und werfen Sie den Dillsamen über die Schulter in den Garten. Dort, wo er sich wohlfühlt, wird der Dill keimen. Danach können Sie jedes Jahr einige Pflanzen aussäen lassen und sparen sich die händische Zufallsaussaat.

Die wichtigsten Kräuter

- **Basilikum** (*Ocimum basilicum*) – eine warme, sonnige Stelle im Garten; gedeiht am besten in Töpfen auf dem Balkon.
- **Bohnenkraut** (*Satureja hortensis*) – direkt aussäen, im Sommer wenig gießen, dann werden die Pflanzen aromatisch.
- **Dill** (*Anethum graveolens*) – am besten dort säen, wo später Gurken hingepflanzt werden; gut mulchen, Dill liebt feuchten Boden.
- **Kamille** (*Matricaria recutita*) – direkt aussäen; besonders karge Erde ist ideal; Blüten täglich abzupfen und trocknen; sät sich immer wieder selbst aus.
- **Knoblauch** (*Allium sativum*) – im März oder schon im Oktober die Zehen stecken; nicht in frisch gedüngte Erde! Ideale Mischkulturpflanze – bei den Erdbeeren, im Rosenbeet; Ernte, sobald das Laub dürr wird.
- **Kresse** (*Lepidium sativum*) – das flotteste Kraut, ideal für leer gewordene Beete oder im Blumentopf.
- **Lavendel** (*Lavandula angustifolia*) – idealer Partner der Rosen; liebt trockene, durchlässige Erde in voller Sonne.
- **Melisse** (*Melissa officinalis*) – leicht zu pflegen; Erde sollte humusreich sein.
- **Oregano** (*Origanum vulgare*) – das Pizzagewürz darf nicht fehlen: Sonne und Wärme – dann wuchert er.
- **Petersilie** (*Petroselinum crispum*) – spannt viele Gärtner auf die Folter, weil sie sehr langsam keimt; ideale Aussaat: Ende August.
- **Pfefferminze** (*Mentha × piperita var. piperita* 'Mitcham') – wuchert, aber gehört dazu; der beste Tee, wenn er aus dem eigenen Garten kommt.
- **Ringelblume** (*Calendula officinalis*) einmal Ringelblume, immer Ringelblume: Sät sich überall aus, ist lästig, aber wunderschön!
- **Rosmarin** (*Rosmarinus officinalis*) – mein Liebling! Der Duft bringt uns den Süden in den Garten; nicht winterhart, daher bleibt er im Topf in lehmiger Erde.
- **Salbei** (*Salvia officinalis*) – Halsweh, ade! Frischer Salbei schmeckt aber auch geröstet; keine Bodenansprüche.
- **Sauerampfer** (*Rumex acetosa*) – in der neuen Küche ein Muss; wächst ohne viel Pflege, benötigt nur ab und zu Wasser.
- **Thymian** (*Thymus*) – schön und duftend: Keine Pflasterritze sollte ohne ihn sein. Je karger, desto aromatischer.

Rosmarin – Südländer mit Vorlieben

Das herrlich aromatische Kraut ist an den Küsten des Mittelmeerraums heimisch, immergrün, wärmebedürftig und frostempfindlich. Rosmarin benötigt deshalb einen sehr sonnigen Platz mit gut durchlässiger Erde. Das Substrat, in dem der Rosmarin in Gärtnereien gezogen wird, ist für eine dauerhafte Kultur nicht geeignet. Daher sollten Sie die Pflanze gleich nach dem Kauf aus dem Topf nehmen, möglichst viel (Torf-)Substrat entfernen und in ein Erdgemisch setzen, das aus einem Teil Gartenerde, einem Teil Sand und einem Teil Splitt besteht. Wenn Sie reifen Kompost zur Verfügung haben, können Sie davon etwas untermischen.

Als Dauerdünger verwenden Sie Hornspäne oder Biodünger. In den ersten Tagen nach dem Umpflanzen wird der Rosmarin geschützt aufgestellt, später kommt er in die volle Sonne. Im Winter sollten Sie ihn kühl, hell und eher trocken halten.

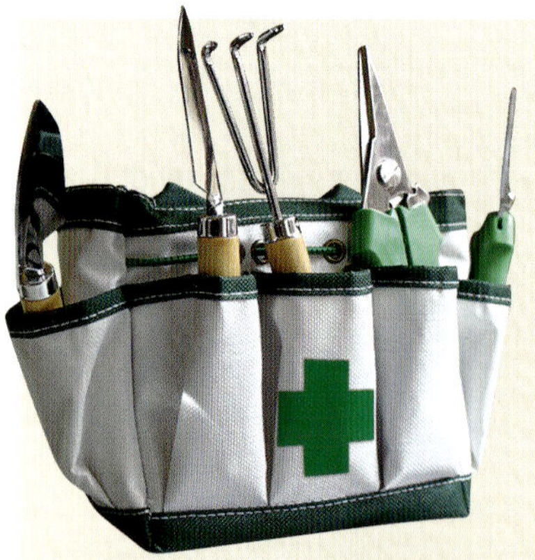

Erste Hilfe bei Kräutern

Ist Rosmarin nun winterhart oder nicht?
Ein ehrliches Wort: Das kommt auf den Winter an. Seit einigen Jahren wird zwar „winterfester“ Rosmarin angeboten: ‘Arp’ oder ‘Veitshöchheim’ sind solche Sorten. In klimatisch milden Gegenden mag diese Überwinterung bei entsprechendem, gut wasserdurchlässigem Boden gelingen, in rauen Lagen dagegen kaum. Bei mir in Seewalchen etwa hat noch keiner überlebt!

Um Vergiftung zu vermeiden, ziehe ich Bärlauch selbst – jetzt aber verbreitet er sich im ganzen Garten!
So köstlich der Waldknoblauch auch ist, im Garten kann er ziemlich lästig werden. Und das ist die beste Methode, um die Bärlauchkultur im Zaum zu halten: Pflücken Sie die Blüten ab, ehe Sie die Samen ausstreuen. Aber nicht auf den Kompost geben, denn wer weiß, was der Waldlauch dort noch ausheckt!

Rosmarinsträußchen kann man trocknen oder in Öl und Essig einlegen. Damit rettet man den Duft in den Winter hinüber.

Pflanzen für südliche Träume

Kennst du das Land, wo die Zitronen blühen?

Süden – das ist für Gartenbegeisterte auch die Region der zahlreichen Kübel- und Balkonpflanzen. Hierzulande helfen sie uns alljährlich, ein Stück Italien, Griechenland oder einfach mediterranes Lebensgefühl in unsere unmittelbare Umgebung zu zaubern. Kübelpflanzen haben einen ganz besonderen Reiz. Sie haben allerdings – und das sei ehrlich gesagt – einen Nachteil: Es sind Pflanzen mit Pflegebedarf. Man denke nur an das jahreszeitenbedingte Hinaus- und dann wieder Hineinschleppen! Deshalb auch die Alternative: Pflanzen mit südlichem Flair, die trotzdem winterhart sind.

Die „echten" Südländer

Seit einigen Jahren erleben Kübelpflanzen aller Art eine bemerkenswerte Renaissance! Das Angebot in Gärtnereien und Baumschulen nimmt von Jahr zu Jahr zu, und immer wieder gibt es neue, wunderschöne, auch exotische Arten.

Zwei Fragen sollte sich der Gartenliebhaber aber stellen, ehe er ans Einkaufen geht: Wie viel Platz habe ich auf Balkon oder Terrasse? Und vor allem: Wo überwintere ich die Pflanzen und wie bringe ich sie ins Winterquartier?

Winterharte Pflanzen für mediterranes Flair

Man glaubt es kaum, aber es gibt tatsächlich viele südländisch wirkende Pflanzen, die durchaus auch in Regionen mit Frost und sogar starkem Frost überleben.

Bei einigen der genannten Pflanzen ist die Winterhärte vor allem von den Bodenverhältnissen abhängig: Je durchlässiger und sandiger der Boden ist, desto eher überstehen diese Gewächse die Wintermonate, denn meistens ist es weniger die Kälte, die ihnen den Garaus macht, als die extreme Feuchtigkeit. Kommt es dann auch noch zu stauender Nässe, verfaulen die Wurzeln.

TIPP FÜR INTELLIGENTE

Beet für „südliche“ Pflanzen

Einen besonders durchlässigen Boden, der danach kaum Pflege benötigt, schafft man folgendermaßen: Auf das geplante Beet werden große Hohlziegel gestellt, ein Geovlies (wie es beim Teichunterbau verwendet wird) legt man darüber. Anschließend wird das gesamte Beet mit einer 20–30 cm hohen Schicht aus Kies- und Rindenhumusgemisch bedeckt. In dieses Substrat setzt man dann die „südlichen“ Pflanzen.

Für alle Zitruspflanzen gilt: Keine zu großen Töpfe und vor allem der sonnigste Platz im Garten – dann bilden sie viele Früchte.

Beim Umtopfen die Pflanze nicht einfach in den nächstgrößeren Topf setzen, sondern den Wurzelballen verkleinern und das dichte Wurzelgeflecht entfernen. Dies kann entweder mit einem Messer, bei sehr starken Wurzeln aber auch mit einer Bogensäge erfolgen. Als Erde verwenden Sie handelsübliches Pflanzsubstrat, das mit etwas Komposterde und Hornspänen (als Dünger) vermischt wird. Pflanzen nicht sofort in die volle Sonne stellen und mäßig gießen.

Pflanzen, die allein oder in Kombination eine südliche Atmosphäre vermitteln

- **Currykraut** (*Helichrysum italicum*) – durch das silbrige Laub und den intensiven Duft eine Rarität; friert leider manchmal ab.
- **Distel** (*Eryngium giganteum*) – Einmal Disteln, immer Disteln! Trotz der manchmal sehr starken Versamung gehören sie einfach dazu. Tipp: Vor dem Öffnen der Samenstände Blüten abschneiden und über Restmüll entsorgen; im Kompost überleben die Samen!
- **Eberraute** (*Artemisia abrotanum*) – Würzkraut mit nicht alltäglichem Duft.
- **Ginster** (*Genista lydia*) – Wer im Süden war, kennt die herrlichen Ginstersträucher – daher ein Muss für den „Süden".
- **Hecht-Rose** (*Rosa glauca*) – Die blaugrauen Blätter sind eine einzigartige Zierde; diese Wildrose blüht einmal im Juni.
- **Königskerze** (*Verbascum*) – Die Blätter sind silbrig grau oder wie grüner Samt und die Blüten und Wuchshöhen bieten eine schier unendliche Auswahl. Achtung! Kann sich wie die Distel versamen.
- **Lavendel** (*Lavandula angustifolia*) – Auch hier kann das Gärtnerherz nach Lust und Laune wählen. Faustregel: Je größer die Blätter, desto weniger frosthart sind die Pflanzen; nach der Blüte alle Lavendelbüsche stark zurückschneiden.
- **Mariendistel** (*Silybum marianum*) – eine uralte Heilpflanze mit wunderschöner Blattzeichnung.
- **Muskatellersalbei** (*Salvia sclarea*) – Geruch: einzigartig, Blätter: einzigartig!
- **Ölweide** (*Elaeagnus*) – für Laien fast eine Olive. Die ideale Pflanze für den südlichen Garten im Norden!
- **Sonnenröschen** (*Helianthemum nummularium*) – kleiner Südländer mit Charme.
- **Storchschnabel** (*Geranium malviflorum*) – einer von vielen Storchschnäbeln; Achtung, es gibt die Geraniumsucht!
- **Wermut** (*Artemisia absinthium*) – Auch wenn kein Tee gebraut wird, ist es die Pflanze wert, in den mediterranen Garten geholt zu werden.
- **Wolfsmilchgewächse** (*Euphorbia characias ssp. wulfenii* u. a.) – Die vielen Gesichter dieser Pflanzengruppe überraschen jeden! Vorsicht, der Pflanzensaft kann die Haut reizen!
- **Wollziest** (*Stachys byzantina*) – der silberne Teppich im Garten.
- **Ysop** (*Hyssopus officinalis*) – noch ein Würzkraut, das schön aussieht.

Mariendistel (*Silybum marianum*)

Kübelpflanzen überwintern

Empfindliche Mittelmeerpflanzen müssen ab dem Spätherbst geschützt werden. Ob Oleander oder Palmen, ob Zitronen oder Lorbeer, irgendwann kommt die Stunde des Einwinterns.
Generell ist ein heller kühler Raum als Winterquartier zu empfehlen, etwa ein frostfreies Gewächshaus oder ein ungeheizter Wintergarten. Oleander, Lorbeer und die meisten Palmen überstehen den Winter auch in einem weniger hellen und sehr kühlen Raum bei etwa 1–2 °C.
Nur wenn es aus Platzgründen unbedingt sein muss, sollten Kübelpflanzen vor dem Überwintern zurückgeschnitten werden, denn die Schnittstellen sind eine „offene Tür“ für viele Pilzerreger. Wenn zurückgeschnitten wird, dann auf gute Durchlüftung achten.
Bäume und Sträucher, die in Töpfen auf der Terrasse oder dem Balkon stehen, muss man nicht nur vor Frost, sondern auch vor dem Austrocknen schützen. Vor allem wintergrüne Pflanzen brauchen Wasser und den Schutz vor der Wintersonne mittels Strohmatten und Vlies. Die meisten Pflanzen erfrieren zu dieser Jahreszeit nicht, sondern gehen an Wassermangel zugrunde. Stellen Sie die Töpfe auf Hölzer, damit sie nicht anfrieren.

Fuchsien überwintern

Entlaubte Fuchsien kann man stark zurückschneiden, aus den Töpfen nehmen und in einem Frühbeet unter einer dicken Schicht aus Laub, Erde und vor Nässe geschützt überwintern. Im April werden sie dann neu gepflanzt.

Schützen Sie winterharte Kübelpflanzen mit Strohmatten und Vlies vor starker Sonneneinstrahlung.

NEUE Gartenfragen & Antworten

FÜR INTELLIGENTE FAULE

Zitruspflanzen lieben viel Dünger

Wie oft sollte man Zitruspflanzen düngen? Meine Zitronen haben gelbe Blätter, obwohl ich nur mit Regenwasser gieße.

Alle Zitruspflanzen sind Nährstofffresser. Sie sollten daher ab dem Frühjahr (bei warmem und hellem Standort auch im Winter) regelmäßig mit Dünger versorgt werden. Ich gebe jedes Jahr im Frühjahr in den Topf organischen Dauerdünger, den ich mit einer kleinen Gabel einarbeite, so gut es geht. Beginnt dann im Juni das Wachstum so richtig, wird noch zweimal (manchmal sogar dreimal) wöchentlich flüssig nachgedüngt. Die Blätter werden so kräftig grün und die Pflanzen blühen und fruchten stark.

Oleander braucht viel Wasser

Mein Oleander bekommt immer mitten im Sommer viele gelbe Blätter „im Inneren des Stocks“ – ich dünge und gieße normal. Was kann ich tun?

Der Oleander ist ursprünglich eine mediterrane Auwaldpflanze gewesen und wuchs dort, wo der Grundwasserspiegel für die Wurzeln erreichbar war. Er sollte daher im Sommer immer in einem mit Wasser gefüllten Untersetzer stehen. Gedüngt wird bis Mitte August ein- bis zweimal wöchentlich. Bei Hitzeperioden ist zuvor das Durchfeuchten des Wurzelballens wichtig, weil sonst die Pflanze durch den Dünger kein Wasser aufnehmen kann und es zu gelben Blättern kommt.

Die Bougainvillea zählt die Sonnentage und beginnt erst zu blühen, wenn sie lange genug in vollem Licht gestanden ist.

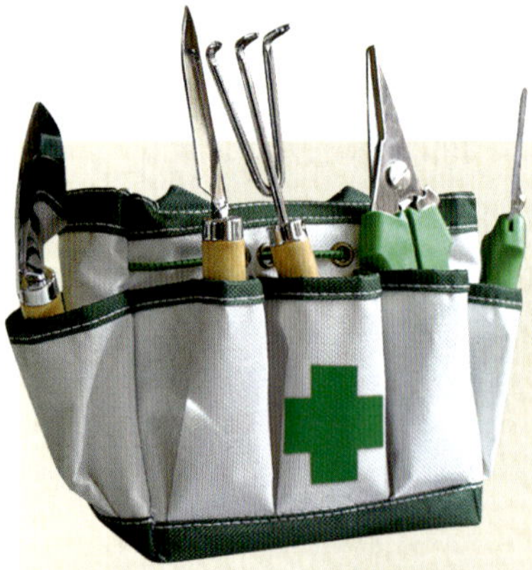

Erste Hilfe
bei Kübelpflanzen

Wie eng kann man die Pflanzen im Winterquartier aufstellen?
Sehr eng. Die Kübelpflanzen sind von November bis Februar in einer Art Ruhezustand. Selbst zusammengebundene Oleander überleben problemlos.

Wie oft muss ich im Winterquartier gießen?
Generell ist ein Gießrhythmus von 2–3 Wochen ideal. Aber: Machen Sie die Daumenprobe im Erdreich und entscheiden Sie dann, ob gegossen werden muss oder nicht. Gerade bei den Zitruspflanzen sollten Sie aufpassen: Wird zu viel gegossen, dann lässt die Pflanze die grünen Blätter fallen, weil die (faulenden) Wurzeln kein Wasser aufnehmen können.

Müssen die Pflanzen während der Überwinterung gedüngt werden?
Generell: nein. Wenn kaum Licht vorhanden ist, dann kann eine Pflanze auch keine Nährstoffe aufnehmen. Steht ein Orangen- oder Zitronenbaum aber aus Platzgründen in einem hellen und wärmeren Wintergarten, dann sollten Sie ihn alle 2–3 Wochen düngen.

Was tun gegen Schädlinge und Krankheiten?
Besonders in den ersten Wochen nach dem Einräumen muss man auf Schädlinge achten. Schild- und Wollläuse bekämpft man mit ölhaltigen Präparaten, Blattläuse mit Schmierseife (1 EL auf 1 Liter Wasser). Grauschimmel kann in einem feuchten, kühlen, schlecht belüfteten Raum zu einer großen Gefahr werden. Befallene Triebe sollten umgehend abgeschnitten werden.

Wann soll man umtopfen?
Nie vor dem Winter, denn Wurzeln, die beim Umpflanzen verletzt wurden, stellen eine große Gefahr für die Pflanze dar. Am besten kurz vor dem Start ins neue Gartenjahr, wenn das Wachstum bereits wieder begonnen hat.

Auswahl der schönsten Kübelpflanzen

Name	Blütenfarbe	Blütezeit	Standort	Überwintern
Bleiwurz (*Plumbago auriculata*)	Blau	VI–X	○	Hell, kühl und fast trocken
Bougainvillee (*Bougainvillea glabra*)	Violett, gelb, weiß	V–VI	○	Hell und kühl; sobald das Laub abfällt, nicht mehr gießen
Dattelpalme (*Phoenix canariensis*)	Blattpflanze		○	Hell und kühl um 10 °C
Engelstrompete (*Brugmansia suaveolens*)	Weiß, rosa, gelb	VII–IX	○ ◑	Hell oder dunkel, bei dunkler Überwinterung kaum gießen und im Herbst zurückschneiden
Feige (*Ficus carica*)	Früchte zieren		○	Kühl und hell (auch dunkel möglich)
Gewürzrinde (*Cassia corymbosa*)	Gelb	VII–X	○	Triebe kürzen und mit fast trockenem Ballen im dunklen, kühlen Raum bis März aufstellen, dann in hellen, temperierten Wintergarten
Granatapfel (*Punica granatum*)	Rot	VII–VIII	○	Hell und sehr kühl, alle abgefallenen Blätter regelmäßig entfernen
Lorbeer (*Laurus nobilis*)	Blattpflanze	IV–V	○ ◑	Hell und kühl
Oleander (*Nerium oleander*)	Purpur, rosa, weiß, gelb	VI–IX	○	Hell und kühl, wenig gießen
Olivenbaum, Ölbaum (*Olea europaea*)	Unscheinbar	VII–VIII	○	Hell und kühl
Orangen-, Zitronen- und Mandarinenbäumchen (*Citrus*)	Weiß	Mehrmals im Jahr	○	Hell und kühl, wenig gießen
Palmlilie (*Yucca aloifolia*)	Weiß	VIII–IX	○	Hell, kühl und kaum gießen
Roseneibisch (*Hibiscus rosa-sinensis*)	Alle Farben	VII–IX und länger	○	Hell und kühl, dann hält die Blüte bis Dezember an
Schönmalve (*Abutilon*)	Rot, orange, gelb	III – im Wintergarten X	◑	Hell und sehr kühl
Schmucklilie (*Agapanthus africanus*)	Blau, weiß	VII–VIII	○	Hell und kühl

sonnig = ○, halbschattig = ◑, schattig = ●

Pflanzen für die **schönsten Schattenseiten**

Schatten im Garten ist oft ein Bereich, mit dem viele Gartenliebhaber nichts anzufangen wissen. Und doch bieten sich gerade dort oft eindrucksvolle Gestaltungsmöglichkeiten. Vor allem in älteren Gärten, wenn Bäume und Sträucher größer werden, entstehen „Schattenseiten". Wer seinen Garten ausgewogen angelegt hat, wird mit diesen Schattenecken keine Probleme haben. Im Gegenteil: An heißen Sommertagen sind sie willkommenes Rückzugsgebiet. Im Zentrum eines Schattengartens kann sich ein Wasserbecken befinden. Wichtig sind auch hier wieder Sitzgelegenheiten, denn nur wenn dieser Gartenteil „bewundert" werden kann, wird er gefallen.
Als Wegmaterial eignet sich Rindenmulch, Holzhäcksel oder auch bloß festgestampfte, lehmige Erde. Durch die hohe Luftfeuchtigkeit und das geringe Licht vermoosen solche Wege rasch.

Die zwei Favoriten

Efeu und Farne gelten zweifellos als die Favoriten für den Schatten. Efeu ist der Bodendecker, die Farne liefern die Struktur.

Funkien (links) und Astilben (oben) gehören zu den dekorativsten Pflanzen für Halbschatten und Schatten.

Weitere Pflanzen für den Schatten

Frauenmantel (*Alchemilla mollis*)
Bergenien (*Bergenia*)
Funkien (*Hosta*)
Kissenprimeln (*Primula vulgaris*)
Kriechender Günsel (*Ajuga reptans*)
Haselwurz (*Asarum europaeum*)
Schaumblüte (*Tiarella cordifolia*)
Silberkerze (*Cimicifuga*)
Astilben (*Astilbe*)
Glockenblumen (*Campanula*)

Gräser wie
Japansegge, Schattensegge (*Carex*)

Zwiebel- und Knollengewächse wie
Herbstzeitlose (*Colchicum autumnale*)
Krokus (*Crocus*)
Schneeglöckchen (*Galanthus nivalis, G. elwesii*)
Frühlingsknotenblume (*Leucojum vernum*)
Blausternchen (*Scilla bifolia*)
Hasenglöckchen (*Hyacinthoides non-scripta*)

Nicht nur die Blätter von Funkien sind attraktiv, auch die Blüten: manche duften betörend.

Beide Pflanzenarten sind anspruchslos. Der Boden sollte humos und nicht zu trocken sein. Durch das Bedecken des Bodens mit Mulchmaterial kann beides erreicht werden.

Die Auswahl beim Efeu ist schier unendlich. Mehr als 400 Sorten sind in den letzten Jahrzehnten von Gärtnereien gezüchtet worden: ob großblättrig oder mit Minilaub, ob dunkelgrün oder mit buntlaubigem Blatt, ob stark oder ganz langsam wachsend. Efeu hat einzigartige Wachstumseigenschaften: Nur in der Jugend bildet er die rankenden Triebe; kommt er „ins Alter“ und hat er genügend Licht, beginnt er zu blühen und stoppt das Längenwachstum. Er wächst dann „in die Tiefe“ und bildet dicke Polster. Efeu, der auf Bäume klettert, stellt normalerweise kein Problem dar. Erst wenn die Triebe zu dicht den Baum umarmen und ihm das Licht nehmen, kann er absterben.

Farne sind besonders genügsam. Einmal gepflanzt machen sie keine Arbeit mehr. Im Gegenteil: Sind über den Winter die Farnwedel abgefroren, sollten sie nicht abgeschnitten, sondern an der Pflanze belassen werden. Sie schützen die jungen, noch frostempfindlichen Pflanzenteile und im Sommer, wenn sie als Mulch zu Boden fallen, vor dem Austrocknen.

TIPP FÜR FAULE

Natürliche Mulchschicht

Der Boden im schattigen Teil eines Gartens ist meist leichter mit Humus zu versorgen als andere Regionen. Blätter und herabgefallene Äste können unter Bäumen und Sträuchern liegen bleiben und bilden schon nach wenigen Monaten wie in einem Wald eine Mulchdecke, die das Bodenleben fördert.

Einige besonders dekorative Farne: Rippenfarn (*Blechnum spicant*), Wurmfarn (*Dryopteris filix-mas*), Straußenfarn (*Matteuccia struthiopteris*), Perlfarn (*Onoclea sensibilis*), Königsfarn (*Osmunda regalis*), Hirschzungenfarn (*Asplenium scolopendrium*), Tüpfelfarn (*Polypodium vulgare*) und Schildfarn (*Polystichum*)

Besonders schön sind Funkien mit panaschierten, also mehrfarbigen Blättern. Sie bringen Licht in dunklere Gartenbereiche. Hier kombiniert mit Farn.

Baumwurzeln als Wachstumsbremse

Sind in einem Garten die Bäume in den Himmel gewachsen und haben die Sträucher ein Dickicht gebildet, dann ist dies wahrscheinlich nicht nur über, sondern auch unter der Erde so. Da werden dann die Baumwurzeln zu Wachstumsbremsen, denn sie nehmen allen Pflanzen im Umkreis Wasser und Nährstoffe weg.

Daher gilt es, diese Gartenbereiche umzugestalten. Mit möglichst geringem Aufwand versteht sich. Und so wird der Faulenzergärtner die Äste im unteren Bereich herausschneiden und den Boden lockern – wenn es noch geht. Am einfachsten ist es, Humus aufzutragen, allerdings mit dem Nachteil, dass stark wurzelnde Bäume diese nahrhafte Erdschicht rasch erobern werden. Daher ist es manchmal sinnvoll, den Boden zuerst mit einem Wurzelvlies (Geovlies) zu bedecken und darauf den Humus zu schütten. In dieser Schicht können die frisch gesetzten Stauden ohne Konkurrenz der Baumwurzeln für dichten Bewuchs sorgen. Allerdings sollte man auf ausreichendes Gießen achten, da ja keine direkte Erdverbindung besteht.

Will man bloß Efeu setzen, so genügt es, größere Pflanzlöcher auszugraben. Später verschaffen sich die Wurzeln dieses robusten Bodendeckers ihren Platz.

Im dichten Wurzelgeflecht eines Baumes ist Wachstum kaum möglich: Legen Sie daher zuerst ein Wurzelvlies auf den Boden und bedecken Sie alles mit einer 10–15 cm starken Humusschicht. Direkt im Umkreis des Stammes sollte der Boden nicht aufgeschüttet werden. Bepflanzt wird dann mit Stauden, die Schatten und im Sommer auch etwas Trockenheit vertragen.

Pflanzen für den „Kinder“-Garten

Für viele Kinder sind Gärten die Erlebnisspielplätze des 21. Jahrhunderts, denn die Möglichkeiten, einen Wald als Abenteuerspielplatz in der Nähe zu finden, sind oft gering. Deshalb sollten die „Kinder"-Gärten wirklich kindgerecht gestaltet werden. Es sind doch nur einige wenige Jahre, in denen die grüne Oase für die Kinder zum Paradies werden soll.

Kindgerecht, kinderleicht

Für die intelligenten Faulen ist das eine große Chance: Sie schaffen in einer ersten Phase das Grundgerüst mit Bäumen, Sträuchern, Wegen und Sitzplätzen. Dazwischen bleibt dann viel Platz zum Spielen: ob in einer Sandgrube, in einem Wigwam oder bei einem kleinen „Kinder"-Bachlauf, bei dem der Staumauerbau nicht verboten ist.

Abenteuer pur

Das Spannendste im Garten ist vielleicht das Indianerspielen – selbst heute noch. Freilich muss dafür der Garten die passende Kulisse bieten. Und auch hier gilt wiederum: Lassen Sie den Kindern den Freiraum, auch wenn das eine oder andere Gehölz einen Ast einbüßen muss. Ideal zum Indianerspielen sind „Urwaldecken" mit Waldsträuchern. Im Unterschlupf dieser Sträucher lässt es sich hervorragend verstecken. Achten Sie nur auf eines: In den Bereichen, wo Kinder spielen, sollten keine Sträucher mit gefährlichen Dornen oder Stacheln stehen. Sanddorn, Schlehen, aber auch Rosen haben dort nichts verloren. Gefährlich kann bei kleinen Kindern auch die Eibe werden. Sie ist nämlich besonders giftig.

Sehr schön für einen solchen Indianerspielplatz ist ein Weiden-Wigwam. Im zeitigen Frühjahr werden lange Weidenruten geschnitten, die im Garten dann in die Erde gesteckt und zu einem Zelt geformt werden. Die Weiden treiben rasch aus, und in kurzer Zeit ist ein wachsendes Kinderhaus entstanden.

TIPP FÜR INTELLIGENTE

Erst Sandgrube, dann Gräsergarten

So praktisch Plastiksandkisten sind, Kinder lieben es doch mehr, wenn sie selbst gestalten können.

Und so wird eine Sandgrube errichtet: Am besten von einem Minibagger ausgegraben, wird das Erdloch zunächst mit Vlies ausgekleidet und dann mit Sand aufgefüllt. Ist nach einigen Jahren die Lust am Sandspielen vorbei, wird dieses Stück Garten entweder der Natur überlassen und es werden sich auf den Sandflächen für Sandstandorte charakteristische Pflanzen wie die Königskerzen breitmachen. Oder man wählt eine Gestaltung mit Gräsern.

Aus einer Sandgrube entsteht zuerst der Lieblingsspielplatz und dann ein Beet für speziell darauf abgestimmte Pflanzen.

Kletterpflanzen zur **Hausbegrünung**

In Städten ist „Grün" oft Mangelware. Es gibt kaum Platz für größere Bäume, daher bieten sich nur die Begrünung einer Fassade oder ein grünes Dach als Ausweg an.

Grün in der Stadt hat viele Vorteile: Es schafft ein angenehmes Kleinklima, weil dadurch im Sommer zu starke Aufheizung verhindert wird und im Winter der grüne Mantel wie ein Wärmepolster wirkt.

Manche Hausbesitzer sind in Sorge, dass der Verputz, wenn sie Kletterpflanzen setzen, nach kurzer Zeit kaputtgeht. Diese Befürchtungen sind völlig unbegründet. Eine intakte Fassade wird durch Kletterpflanzen, egal welche, nicht geschädigt. Eine Fassade, deren Verputz bereits brüchig ist, wird allerdings sicherlich in Mitleidenschaft gezogen. Efeu, Kletterhortensien und auch der Wilde Wein „kleben" sich mit Haftwurzeln oder Haftscheiben an die Wand. Entgegen einer verbreiteten Meinung holen die Pflanzen aber keine Feuchtigkeit aus der Mauer. Die „Haftwurzeln" sind nur für den Halt zuständig, die Versorgung der Pflanze erfolgt ausschließlich über Bodenwurzeln.

Der fünfblättrige Wein benötigt einen Draht oder ein Gitter, denn er hat keine Saugnäpfe, mit denen er sich festhalten kann. Wunderbar ist bei ihm die Herbstfärbung.

NEUE Gartenfragen & Antworten

FÜR INTELLIGENTE FAULE

Efeu erklimmt Baum

Mein Efeu erklimmt nicht nur die Hauswand, sondern auch den Hausbaum. Schadet das dem Baum oder muss ich den Efeu entfernen?

Efeu ist für gesunde Bäume kein Problem. Ihr Wachstum beschränkt sich ausschließlich auf den Hauptstamm und einen Teil der inneren Äste. An die Ränder mit den Blättern kommt der Efeu nicht. Der Baum sollte aber keine Faulstellen aufweisen, denn sonst wurzelt der Efeu dort und zerstört den Baum (der aber sowieso nicht überleben könnte) noch schneller.

Kletterpflanzen an der Fassade

Efeu und Wilder Wein wuchern mir zu stark. Womit kann ich mein Haus begrünen, ohne dass die Fassade beschädigt wird? Das Haus ist gut 50 Jahre alt.

An einem Drahtspalier lassen sich zum Beispiel Kletterrosen ziehen. Aber auch das Geißblatt oder die Clematis wachsen an Rankgerüsten rasch nach oben und begrünen eine Fassade. Man muss allerdings all diese Pflanzen von Zeit zu Zeit schneiden und damit vital und wuchsfreudig halten. Sollte Nutzen und Zierde in einem gewünscht werden, dann bietet sich Wein an. An der Süd-, West- und Ostseite des Hauses wächst er problemlos und fruchtet gut. Die beste weiße Traube dafür: 'Bianca', als blaue Traube empfehle ich 'Regent'.

Grüne Wände für viele Jahre

Blauregen/Glyzinie (*Wisteria*)
Schlingpflanze mit wunderschönen Blüten. Sie benötigt einen sonnigen Standort. Kaufen Sie nur veredelte Sorten, sie blühen rascher. Der Blauregen benötigt eine Kletterhilfe. Achtung: Die Äste haben enorme Kräfte und können sogar Dachrinnen zerdrücken.

Efeu (*Hedera helix*)
Der Efeu ist eine der anspruchslosesten Pflanzen. Er gedeiht in der Sonne genauso wie im Schatten. Efeu klettert mit Haftwurzeln. In den ersten Jahren eher langsam, nach einigen Jahren aber sehr kräftig. Er bleibt den Winter über grün und bietet vielen Vögeln eine Nistmöglichkeit.

Geißblatt (*Lonicera caprifolium*)
Das Geißblatt ist ein Schlinggewächs, das zur Blütezeit (Mai bis Oktober) einen betörenden, süßlichen Duft verströmt. Es benötigt einen sonnigen bis halbschattigen Platz und Spanndrähte zum Ranken. Vor allem Pergolen lassen sich mit ihm bewachsen.

Kletterhortensie
(*Hydrangea petiolaris*)
Die Kletterhortensie wächst im Halbschatten und liebt durchlässigen, humusreichen Boden. Zunächst wächst sie langsam, später aber ziemlich kräftig.
Besonders hübsch sind die großen, tellerförmigen und duftenden Blüten. Für Rankhilfen sind Kletterhortensien dankbar.

Kletterrosen (*Rosa*)
Da gibt es viele Dutzend Sorten. Sie benötigen einen sonnigen Platz mit viel humusreicher Erde. Die Triebe müssen festgebunden werden, auch ein Rückschnitt ist immer wieder erforderlich. Eine besonders wuchskräftige und robuste Sorte ist 'New Dawn'. Sie trägt kleine, duftende, weiße bis zartrosa Blüten und blüht mehrmals bis November. Diese Rose ist auch nicht allzu empfindlich, was den Rückschnitt betrifft. Selbst der Schnitt mit einer Heckenschere wird von älteren Exemplaren problemlos verkraftet. Weitere empfehlenswerte Sorten: 'Blaze Superior' – scharlachrot, 'Golden Showers' – gelb, 'White Cockade' – weiß, oder die besonders

Der Blauregen blüht immer dann besonders schön, wenn er im Juli und im Februar geschnitten wird.

wuchskräftigen Sorten wie 'Wedding Day', 'Kiftsgate' und 'Bobby James' – weiß.

Knöterich
(*Polygonum/Fallopia aubertii*)
Der Knöterich ist der eifrigste und schnellste Kletterer. Er benötigt eine Rankhilfe und ist schon nach kurzer Zeit nicht mehr zu bremsen. Innerhalb weniger Monate bildet er einen Sichtschutz oder deckt eine unschöne Wand zu.

Waldrebe (*Clematis*)
Die Waldrebe gibt es in unzähligen Sorten. Von der heimischen, die nur kleine Blüten besitzt, bis zu den zahlreichen Züchtungen, die teilweise Blüten mit bis zu 15 cm Durchmesser haben, reicht die Palette. Die Waldrebe will einen sonnigen Platz (aber nicht zu heiß) und stellt einige Ansprüche an den Boden. Er sollte humusreich, feucht und kühl sein. „Kühl" bedeutet, dass keine direkte Sonne auf den Wurzelbereich scheinen darf. Dies kann durch eine Bepflanzung durch Bodendecker erreicht werden. Auch ein Abdecken mit Mulch ist möglich.

Wilder Wein (*Parthenocissus*)
Der Wilde Wein gilt als eine der beliebtesten Kletterpflanzen. Er ist recht anspruchslos und wächst rasch und kräftig. Empfehlenswert ist die Sorte 'Veitchii', die mit selbstklimmenden Haftscheiben ohne jede Kletterhilfe auskommt. Die Art „quinquefolia" braucht in den ersten Jahren Drähte zum Ranken. Besonders schön ist beim Wilden Wein die Herbstfärbung.

Winterjasmin (*Jasminum nudiflorum*)
Er ist ein außergewöhnliches Gewächs, denn ab Dezember erscheinen an den langen dünnen Trieben gelbe Blüten. Der Winterjasmin erreicht eine Höhe von etwa 2 m und muss immer wieder angebunden werden. Als Standort sind sowohl sonnige, als auch halbschattige Plätze möglich. An den Boden stellt dieser „Winterblüher" keine besonderen Ansprüche.

Ein Rosenbogen wie aus dem Bilderbuch! Zu stark wachsende Ramblerrosen sind dafür aber ungeeignet.

NEUE Gartenfragen & Antworten

FÜR INTELLIGENTE FAULE

Rosen erobern das Haus

Eine Ramblerrose ('Bobby James') erobert Blitzableiter und Dachrinne. Zerstört die Rose das Haus und muss ich sie schneiden?

Ramblerrosen sind zum Teil extrem wuchsfreudig und erobern als sogenannte Spreizklimmer rasch auch hohe Bäume. An Hausfassaden benötigen sie aber immer eine Rankhilfe – wie hier den Blitzableiter. Wenn dieser zusammen mit der Regenrinne gut verankert ist, kann kaum etwas passieren. Dennoch wird man alle paar Jahre die Rosen kräftig zurückschneiden müssen, um einen vitalen Neuaustrieb zu fördern. Jährlicher Schnitt ist nicht notwendig.

Schnitt bei Blauregen

Mein Blauregen wächst nun seit mehr als 10 Jahren an der Pergola bei der Terrasse. Geblüht hat er in den ersten Jahren ein wenig – seither nicht mehr. Wie können wir schneiden oder düngen?

Die Glycinie – so sie unveredelt ist – benötigt bis zur ersten Blüte bis zu 15 Jahre. Meist kauft man veredelte Pflanzen, bei denen aber manchmal der Wildling durchtreibt. Daher in den ersten Jahren genau beobachten, wo die Pflanze austreibt (über oder unter der mit Wachs verschmierten Veredelung). Im August die langen neuen Triebe auf 30 cm einkürzen. Im Februar erneut auf drei Augen zurückschneiden, dann gibt es viele Blüten.

Einjährige schnelle Kletterer

Duftwicke (*Lathyrus odoratus*)
Ein warmer, sonniger Standort und ein Maschendraht als Klettergerüst genügen, und die Duftwicke wird ihre Blüten öffnen. Blütezeit: Juni bis September. Bei Vorkultur auf der Fensterbank beginnt die Duftwicke auch schon früher zu blühen.

Feuerbohne (*Phaseolus coccineus*)
Ein dankbarer und schneller Kletterer, durch seine leuchtend roten Blüten auch sehr dekorativ. Blütezeit: Juli bis September. Die Früchte sind gekocht köstlich. Die Aussaat erfolgt nach den Eisheiligen. Ein sonniger bis halbschattiger Platz ist ideal. Spanndrähte genügen als Kletterhilfe.

Japanischer Hopfen
(*Humulus scandens*)
Eigentlich ist der Hopfen gar keine „einjährige" Kletterpflanze, denn er treibt jedes Jahr aus der Wurzel aus. Die Wuchskraft ist enorm: 4–6 m hoch wachsen die Ranken bei guter Pflege. Die Blüte beginnt im August. Ein halbschattiger Platz mit humusreicher, nährstoffreicher Erde ist ideal. Als Rankhilfe genügen Spanndrähte.

Kapuzinerkresse (*Tropaeolum*)
Eine besonders leicht zu ziehende Kletterpflanze, die allerdings einige Unterstützung benötigt, damit sie „rankt". Am einfachsten ist eine Wandbegrünung mit Kapuzinerkresse, wenn zuvor ein Maschengitter gespannt wurde. Dann hält sich die dankbare und blühwillige Pflanze bis zum Oktober. Ausreichende Versorgung mit Wasser ist allerdings – besonders in einer Kübelbepflanzung – wichtig.

Prunkwinde (*Ipomoea tricolor*)
Die einjährigen Winden sind recht anspruchslos und sorgen den ganzen Sommer über mit ihren großen Trichterblüten für eine wunderschöne Wandbegrünung. Als Kletterhilfe benötigen sie entweder einen Spanndraht oder ein Maschengitter, dann wachsen sie bis zu 3 m hoch. Günstig ist es, wenn die Winden ab April auf der Fensterbank vorkultiviert werden.

Schwarzäugige Susanne
(*Thunbergia alata*)
Bis zu 2 m hoch wächst die Schwarzäugige Susanne. Ihren Namen verdankt sie ihrer besonderen, orangefarbenen Blüte, in deren Mitte sich ein schwarzer Punkt befindet. Eine Vorkultur auf der Fensterbank lohnt sich. Als Standort ist ein warmer und geschützter Platz ideal, dann hält die Blüte bis zum Oktober an.

Die Duftwicke wächst rasch, benötigt relativ viel Nährstoffe und muss immer ausgeputzt werden, sonst hört sie zu blühen auf.

Bunter Mix aus
Feuerbohne und
Duftwicken

Das grüne Dach

Wer meint, das „grüne Dach" sei eine Erfindung unserer Zeit, irrt: Schon vor fast 3.000 Jahren schufen die Griechen die „Hängenden Gärten der Semiramis". Sie waren so beeindruckend, dass man sie zu den sieben Weltwundern der Antike zählt.

Beeindruckend sind aber auch heute die Gartenlandschaften, die so manche Städter in luftiger Höhe zaubern. Wichtig ist, wie auch bei Balkon- und Terrassengärten, die Überprüfung der Bausubstanz: Reicht die Statik des Hauses aus? Ist genügend Isolierung vorhanden? Besteht durch die Bepflanzung eine Gefahr für darunterliegende Wohnungen oder gar Passanten?

Der Vorteil einer Dachbegrünung liegt auf der Hand: Die Bepflanzung hält einen Großteil des Regenwassers zurück und gibt es nur langsam an die Umgebung ab. Damit werden Höchstbelastungen von Kanälen und damit Kläranlagen verhindert und die Stadtluft durch die höhere Luftfeuchtigkeit verbessert.

Begrünte Dachflächen wirken auch wie ein Staubfilter: Der Wind streift über die Pflanzen und lässt den Staub zurück. Freilich ist ein Dach ein extremer Standort, daher eignen sich nicht alle Pflanzen dafür, es gibt aber zahlreiche Gewächse, die diese unwirtliche Umgebung verkraften. Manche von ihnen haben einen ungestümen Drang, sich auszubreiten. Wer hier intelligent beobachtet, wird bald bemerken, dass sich durch Samenflug an den Standort angepasste Pflanzengemeinschaften bilden.

TIPP FÜR INTELLIGENTE

Die richtige Erdmischung

Aus normaler Gartenerde lässt sich mit Sand und torffreier Erde eine Dachgarten-Erdmischung herstellen. Das Mischverhältnis: 4 Schaufeln Erde, 4 Schaufeln Sand und 2 Schaufeln torffreie Erde. Als Abdeckung sollte Rindenmulch oder noch besser Rindenhumus etwa 5–10 cm hoch aufgetragen werden. Damit ist sichergestellt, dass die Verdunstung verringert wird und Unkraut keine Chance hat.

Aufbau einer extensiven Dachbegrünung – bei der statischen Berechnung und der Abdichtung dürfen keine Fehler passieren!

Die Rosetten der Dachwurz und Mauerpfeffer mit seinen walzenförmigen Blättern sind extrem robust.

So wird ein „grünes Dach“ aufgebaut

Aus einem kiesbedeckten Flachdach lässt sich – nach Prüfung der Statik – ganz leicht eine grüne Oase machen. Der Kies wird entfernt (er dient nur dem Schutz vor direkter Sonnenbestrahlung auf die Dichtungsschicht) und auf die eigentliche Wasserisolierschicht eine ungefähr 1 mm starke wurzelfeste Folie aufgelegt. Sie muss verschweißt werden, damit die kräftigen Wurzeln später nicht die Isolierung durchbohren. Auf diese Wurzelfolie kommt ein Vlies (als Schutz vor scharfen Steinen), dann eine Dränageschicht. Es kann dafür Tongranulat (z. B. Blähton) verwendet werden. Darauf kommt wiederum ein Vlies, damit keine feinen Erdteilchen in die Dränageschicht gespült werden können. Nun folgt die eigentliche Erd- bzw. Substratschicht. Man kann dafür die im Handel angebotenen speziellen Mischungen verwenden oder sie selbst herstellen.

Pflanzen für grüne Dächer

Pflanzen, die auf Dächern wachsen, müssen besonders robust sein. Die Tabelle zeigt einige (wenige) Sorten, die – abgestuft nach Höhe – ein Dach für ein ganzes Jahr zu einer einzigartigen Gartenlandschaft machen. Ist ein Dach einmal (richtig) bepflanzt, so macht es kaum mehr Mühe. Denn viele dieser Gewächse sind wahre Hungerkünstler. Über viele Tage und Wochen hinweg benötigen sie keine Pflege. Sie leben nur von der dünnen Schicht Humus und der natürlichen Feuchtigkeit, sei es in Form von Regen oder auch bloß in Form von Tau.

Mauerpfeffer (*Sedum acre*) begrünt innerhalb kürzester Zeit Dächer und Kiesflächen.

NEUE Gartenfragen & Antworten

FÜR INTELLIGENTE FAULE

Dachbegrünung

Ein großes Schotterdach einer Doppelgarage soll „grün" werden. Allerdings ohne viel Umbau. Gibt es eine Pflanze, die hier wächst?

Bevor man an die Begrünung geht, sollte man dennoch die technischen Gegebenheiten prüfen (lassen). Wichtig ist, dass die Ableitung von Regenwasser nicht behindert wird. Daher die Abläufe mit Gitterkörben sichern. Als rasche Möglichkeit, Schotterflächen zu begrünen, haben sich Sedumsprossen bewährt. Sie werden bloß auf die Schotterfläche aufgestreut und wurzeln im Schotter. Robust sind auch viele Dachwurzarten (*Sempervivum*) sowie Nelken (z. B. Felsen- oder Karthäusernelke).

Vermoostes Dach

Auf unserem Ziegeldach wächst sehr viel Moos, weil wir direkt neben dem Wald wohnen. Sollen wir das Moos lassen oder mit einem Hochdruckreiniger entfernen?

Moos auf Dachziegeln, die intakt und nicht überaltert sind, bringt eher Vorteile, weil es bei starkem Hagel beispielsweise die Ziegel schützt. Beachten sollte man allerdings, dass nach längeren Trockenperioden das Moos abfällt und möglicherweise die Regenrinnen verstopfen kann. Beseitigt man das Moos, dann kann man es übrigens auf dem Komposthaufen entsorgen. Daraus wird hervorragender Humus.

Kompost

bringt Erntesegen – ganz ohne Mühe

Die (beinahe) selbsttätige **Erdfabrik**

Die beste Komposterde entsteht, wenn die organischen Abfälle möglichst bunt gemischt aufgeschichtet werden – nicht zu klein häckseln, denn sonst kommt es durch Sauerstoffmangel zu Fäulnis und Geruchsbelästigung.
Was ist nicht über das richtige Kompostieren schon gesagt und geschrieben worden! Kein Gartenvortrag, bei dem nicht möglichst kompliziert der Aufbau eines Komposthaufens und das Mikroleben darin geschildert werden. Viele geben da gleich auf und lassen die wertvollen organischen Stoffe aus Garten und Haus entweder wegbringen oder an ungeeigneter Stelle dahinfaulen.

Der richtige Platz

Dabei ist es so einfach: Für die kleine Erdfabrik ist ein halbschattiger Platz auf gewachsenem Boden ideal. Eine nicht zu kleine Fläche abseits des Hauses, aber doch in zentraler Lage, verhindert später bei der Gartenarbeit lange beschwerliche Wege.
Eine kleine Hecke oder ein nicht allzu großer Baum sind gute Nachbarn. Dort fühlen sich die Kompostwürmer und Bakterien wohl und arbeiten rasch an der Umsetzung der Stoffe. Keinesfalls darf der Komposthaufen in der prallen Sonne oder an einer Stelle aufgerichtet werden, die nicht abtrocknet.
Im Handel werden die unterschiedlichsten Arten von Kompostbehältern angeboten. Diese Kompostsilos sind vor allem in kleineren Gärten eine platzsparende Möglichkeit zur Humuserzeugung. Intelligente Faule verzichten aber darauf: Wenn nur etwas mehr Platz im Garten ist, wird der Kompost so aufgeschichtet, als entstünde ein Hochbeet – bunt gemischt, versteht sich. Denn das ist das Geheimnis der schnellen Verrottung.

TIPP FÜR INTELLIGENTE

Kürbis zur Schattierung

Setzen Sie die Pflanzen immer unten an den Rand des Komposthaufens, so werden nur die ausgewaschenen Nährstoffe von den „hungrigen" Pflanzen aufgezehrt.

Regenwürmer zeigen einen guten Boden an und sorgen für lockeren Humus.

NEUE Gartenfragen & Antworten

FÜR INTELLIGENTE FAULE

Kompost in rauen Mengen?

Kann man mit Kompost überdüngen? Welche Menge ist die richtige?

Kompost enthält zum Teil sehr große Mengen an Nährstoffen. Es hängt zwar von der Art der Kompostierung ab, dennoch kann man sagen: Nie mehr als etwa 5 Liter (also einen halben Eimer voll) pro Jahr und Quadratmeter auf die Erde aufbringen. Kompost sollte immer im Frühjahr aufgebracht werden, damit die Nährstoffe nicht ausgewaschen werden. Ich bevorzuge aber dennoch im Herbst das Ausstreuen auf den Staudenbeeten, da im Frühjahr die Zwiebelblumen zu sehr in Mitleidenschaft gezogen werden. Im Gemüsegarten wird der Kompost aber im Frühjahr oberflächlich auf die Beete gestreut und leicht eingearbeitet.

Ist eigener Kompost besser?

Was ist eigentlich der Unterschied zwischen dem „selbst gemachten" Kompost und dem der landwirtschaftlichen Kompostierer?

Bei den Profis erfolgt die Kompostierung als „Heißrotte". Dabei werden alle Samen und Krankheitserreger abgetötet und die Zersetzung erfolgt innerhalb von 6–8 Wochen. Der Nährstoffanteil ist hier am höchsten und es kommt bei Überdosierung zu Verbrennungen. Die Verrottung im Hauskompost dauert meist ein Jahr, wobei Nährstoffe verloren gehen. Der Humusanteil bleibt aber erhalten.

Ein Kressetest lässt rasch erkennen, ob der Kompost reif ist.

Es geht ganz einfach!

Sie brauchen zum Kompostieren kaum Hilfsmittel: weder Häcksler noch Kompoststarter oder Wurfgitter; auch mühsames Umgraben ist nicht nötig.

Die größten Fehler beim Aufbau eines Komposthaufens passieren, wenn das Material zu klein gehäckselt wird und daher im Kompost nicht verrottet, sondern fault. Daher wird bei mir alles (holzige) Material bis zur Stärke eines Daumens unzerkleinert auf den Kompost geworfen, bunt gemischt mit all den anderen organischen Abfällen aus Garten und Haus.

Ein Beispiel für „problematischen“ Abfall ist Rasenschnitt. Kommt er in einer Schicht von mehr als 20 cm auf den Kompost, beginnt das Material in der ersten Phase nicht zu verrotten, sondern zu gären. Gestank und Hitze sind die Zeichen dafür, dass etwas „faul“ ist.

Ein Komposthaufen, der richtig aufgeschichtet wird – mit holzigem und damit

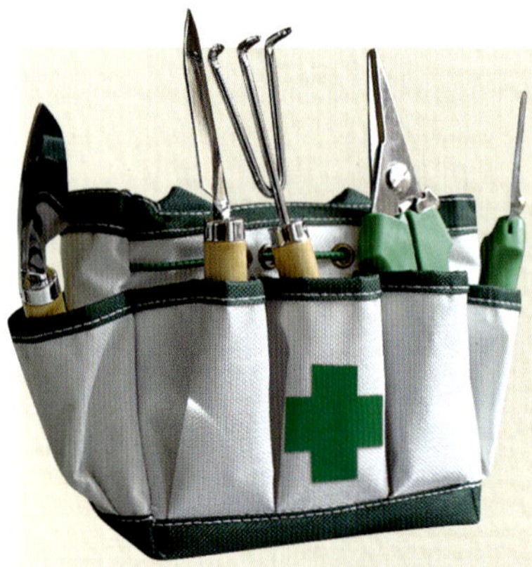

Erste Hilfe bei Kompost

Sind Kompostbehälter sinnvoll?

In kleinen Gärten ist das sicherlich der Fall. Die Kompostbereitung ist dabei aber ein wenig aufwendiger, denn man muss genau beachten, dass die Materialien immer gut gemischt werden. Ist der Anteil an Küchenabfällen zu groß, kann es zu Fäulnis, Pilzbefall und damit zu Geruchsproblemen kommen.

Bringen Kompostbeschleuniger einen Vorteil?

Bei Kompostbehältern tun sie das, denn sie liefern all jene Stoffe, die die Mikroorganismen benötigen, um aus den Abfällen Humus zu machen. Bei großen Kompostanlagen ist aber die bunte Mischung der Materialien und eventuell die Zugabe von Hornspänen völlig ausreichend.

Muss man Komposthaufen umsetzen?

Im Prinzip: nein. Wenn man das Material nicht zu klein häckselt, gut gemischt aufschichtet und dafür sorgt, dass der Komposthaufen nicht zu trocken und auch nicht zu nass ist, dann wird bei einer normalen Verrottung aus Kompost nach eineinhalb Jahren fertige Komposterde. Will man rascher ans Ziel kommen, kann man durch kleinteiligeres Häckseln und mindestens einmaliges Umschichten schon nach 8–12 Monaten zu fertigem Kompost kommen. Aufwand und Mühe sind allerdings ungleich größer.

Wie erkennt man, dass die Komposterde fertig ist?

Nach spätestens eineinhalb Jahren kann man die Komposterde verwenden. Sie sollte von der Farbe her braun bis schwarz sein, darf keinesfalls stinken, sondern muss den Geruch einer frischen Walderde haben.

Zur Sicherheit können Sie den Kressetest durchführen: Geben Sie etwas Komposterde in einen Blumenuntersetzer und säen Sie darauf Küchenkresse. Die Saat leicht angießen und ein paar Tage warten – keimt die Kresse rasch und sind die Blätter kräftig grün, ist die Erde perfekt. Keimt sie spärlich, sind die Blätter gelb oder beginnen sogar zu faulen, dann müssen Sie noch zuwarten, ehe Sie den Kompost ausbringen. Diese Komposterde darf zwar nicht zu den Wurzeln der Pflanzen, man könnte damit aber im Herbst eine dünne Schicht auf Obstbaumscheiben ausstreuen.

Muss man die Komposterde sieben?

Verwendet man Komposterde zum Aufstreuen und leichten Einarbeiten im Gemüsegarten, auf den Blumenbeeten oder im Beerengarten, dann muss sie keinesfalls gesiebt werden. Stören die unverrotteten Pflanzenteile, dann kann man diese mit dem Rechen leicht entfernen. Verwendet man die abgelagerte Komposterde (2–3 Jahre alt) als Zusatz zur Topf- und Blumenkisterlerde, ist das Sieben sinnvoll, weil man sich durch eventuelle Reste von Rosen oder Brombeeren Verletzungen zuziehen könnte.

Kompost – das schwarze Gold des Biogärtners – sorgt dafür, dass der Boden locker wird und Nährstoffe und Wasser speichern kann.

trockenem Material, gemischt mit feuchtem und meist grünem Abfall – wird nicht stinken. Vielmehr beginnt unmittelbar die Umwandlung der Stoffe in Humus.

Futter für die Komposthelfer

Das Wichtigste beim richtigen Kompostieren ist die „Fütterung“ der Mikroorganismen. Humus kann nur dann entstehen, wenn sie gut mit Nährstoffen versorgt werden. Daher ist es unbedingt nötig, dass von Zeit zu Zeit tierische, stickstoffreiche Materialien auf den Kompost kommen, sei dies als Rindermist oder bloß in Form mehrerer Handvoll Hornspäne.
Zu guter Letzt kommt von Zeit zu Zeit eine „Haut“ über den Kompost. Am besten ist dafür der meist in großen Mengen anfallende Rasenschnitt geeignet.
Im Laufe eines Gartenjahres entsteht so ein buntes Gemisch aus allen möglichen Abfällen. Im Frühjahr wird noch einmal „gedüngt“ – also der Komposthaufen mit Hornspänen oder Rindermist bedeckt –, ehe eine dicke Lage Rasenschnitt den Abschluss bildet. Nun ruht der Haufen bis September. Dann kann der dunkle, nach Walderde riechende Kompost bereits „geerntet“ werden. Die wenigen größeren Äste, die noch nicht verrottet sind, werden beim Befüllen der Schubkarren auf den zweiten Komposthaufen geworfen und sind dort gleich „Impfstoff“ für eine besonders rasche Verrottung.

TIPP FÜR INTELLIGENTE

Alles für den Kompost

Aus dem Garten
Laub, Rasenschnitt, abgeschnittene Blütenstauden, Stroh, Jätgut, Pflanzenabfälle, Äste, Rasensoden, Sägespäne, Reisig

Aus dem Haus
Alte Erde aus Blumentöpfen und Balkonkästen, Schnittblumen, Wollreste, Federn (nur in geringen Mengen), Haare, Wolle (Schaf- oder Baumwolle)
Aus der Küche Gemüse- und Obstreste (auch Orangen-, Zitronen-, Bananenschalen), Kaffee- und Teefilter.
ACHTUNG: Niemals gekochte Abfälle wie Kartoffeln, Nudeln, Reis oder Knochen und Fleischreste auf den Hauskompost geben – die Folge wäre Rattenbefall!

Zuschlagstoffe
Düngekalk, Algenmehl, Gesteinsmehle, Hornspäne

Schritt für Schritt zum Kompost: Nach etwa einem Jahr ist die Komposterde fertig.

Wofür und wann wird Komposterde verwendet?

Eine dünne Schicht Kompost wird Jahr für Jahr oberflächlich eingearbeitet – das macht den Boden in den Beeten fruchtbar und lässt das Gemüse kräftig wachsen.

Fertige Komposterde duftet nach „Walderde" und sollte so rasch wie möglich verwendet werden. Wird sie gelagert, muss sie vor Regen geschützt werden, der die Nährstoffe ausschwemmen würde. Ausgereifte Komposterde kann das ganze Jahr über zu den Pflanzen gegeben werden.

Auf Gemüsebeete kommt der Kompost entweder im Herbst, noch besser erst im Frühjahr. Niemals aber sollten mehr als 1–2 cm Kompost aufgetragen werden, denn selbst beim organischen Düngen kann man leicht zu viel des Guten tun.

Komposterde darf niemals „pur" als Substrat verwendet werden. In Blumentöpfen sollte der nahrhafte Humus nur etwa ein Viertel der Gesamtmenge ausmachen, gemischt mit Standardgartenerde aus der Packung, Sand und etwas Lehm (Gartenerde oder noch besser Maulwurfserde).

Rezept gegen Moos im Rasen

Moos im Rasen ist für manche Gartenbesitzer ein Horror – andere finden es wieder bequem, weil weniger Gras wächst. Für alle, die sich ärgern, hier ein Patentrezept: Kompost ist eine Kraftnahrung für Boden und Pflanzen. Deshalb ist er auch bestens geeignet, lästiges Moos im Rasen zu entfernen. Nach der Bearbeitung entsteht ein unerfreulicher Anblick, doch nach kurzer Zeit beginnt der Rasen kräftig zu wachsen und verdrängt das Moos. Durch den Sand wird der Boden durchlässiger, was Mooswachstum ebenfalls verhindert.

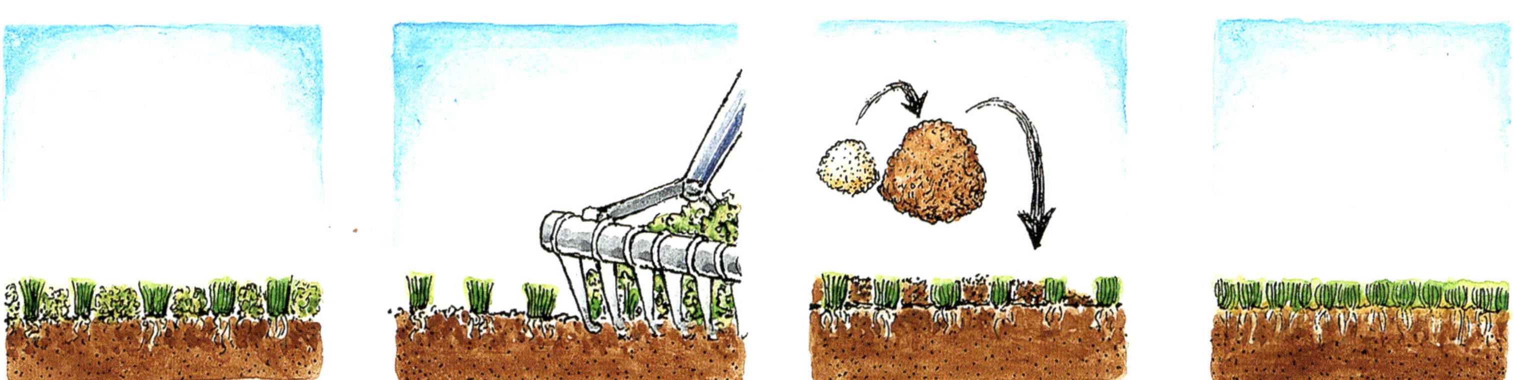

Schneiden Sie den Rasen ab etwa Mitte April sehr kurz und vertikutieren Sie anschließend möglichst tief. Dabei wird ein Großteil des Mooses entfernt. Anschließend mischen Sie gesiebte Komposterde mit Quarzsand oder scharfem Flusssand im Verhältnis 2 : 1, also zwei Teile Kompost und ein Teil Sand. Diese Mischung wird etwa 2–4 cm stark auf den Rasen aufgestreut.

TIPP FÜR INTELLIGENTE

Komposthaufen melden Probleme sofort

Ist der Inhalt grau, war das Material zu trocken und zu locker aufgeschichtet – statt Erde findet man nur staubiges Innenleben vor.

Ist der Inhalt faulig, feucht und stinkt er, wurde das Material zu stark zerkleinert. Der Häcksler war wieder einmal zu oft im Einsatz und in der Fäulnis ist alles Leben erstickt.

Abhilfe in beiden Fällen: Sofort den Haufen neu aufsetzen und je nach Problem mit viel trockenem oder viel nassem Material mischen. Die Natur bügelt die Fehler aus, es muss nichts weggeworfen werden!

Pflanzen- und
Mulchdecken

Ab jetzt
wird gemulcht!

Ist das nicht eine tolle Idee? Einfach die Erde mit Rasenschnitt, Rindenmulch oder anderem organischem Mulchmaterial bedecken, nicht mehr jäten, gießen und trotzdem besonders gesunde Pflanzen im Garten haben.
Dieser Trick ist von der Natur abgeschaut – ein kleiner Spaziergang beweist es. Der Wald liefert eine perfekte Demonstration: Auf der Erde liegen Blätter, Nadeln und Äste und „schützen" den Boden. Unter dieser Mulchschicht findet man lockere, feuchte und humusreiche Erde – als hätte ein Gärtner tagelang und mühevoll den Boden bearbeitet.
Dabei waren nur die „Haustiere" des intelligenten Faulen aktiv – die Regenwürmer: Sie lockern die Erde und produzieren Wurmhumus und damit Dünger. Genau das erreicht der Hobbygärtner auch im eigenen Garten, wenn er den Boden bedeckt, also mulcht.

Damit wird gemulcht

- Grasschnitt, Strohhäcksel, Laub unter Hecken.
- Blätter von Beinwell und Tomaten. Beim Ausgeizen fallen im Sommer große Mengen an.
- Brennnesselblätter sind eine besonders „gesunde" Bodenbedeckung. Keine blühenden und Samen tragenden Brennnesseln verwenden.
- Rindenmulch ist ideal bei Bäumen, Sträuchern, unter allen Beerensträuchern, Azaleen und Rhododendren, weil er eine saure Bodenreaktion auslöst. Nicht im Gemüsegarten verwenden!
- Rindenhumus oder Rindenkompost ist ideal bei allen flach wurzelnden Pflanzen – auch im Gemüsegarten!

TIPP FÜR INTELLIGENTE

Achtung bei Schnecken und Wühlmäusen!

Ist Ihr Garten eine Heimstätte von Schnecken und Wühlmäusen, so ist beim Mulchen Vorsicht geboten:

- Niemals zu dicke Mulchschichten aufbringen. Die Devise: Öfter, aber dünner.
- Mulchmaterial vor dem Ausbringen antrocknen lassen.
- Mulchschicht bei Bäumen nie direkt bis zum Stamm aufbringen – Wühlmäuse könnten sonst die Baumwurzeln kahl fressen.
- In Gärten mit Wühlmäusen über den Winter keine Mulchdecken liegen lassen.

Holz- und Rinde kann man im Garten als Mulchmaterial verwenden. Am besten aber nur dort, wo Gehölze gut eingewachsen sind, denn Holz bindet beim Verrotten Stickstoff – den wichtigsten Pflanzennährstoff.

NEUE Gartenfragen & Antworten

FÜR INTELLIGENTE FAULE

Sind Mulchfolien sinnvoll?

Was halten Sie von den Mulchfolien, die von Gartengestaltern oft verwendet und dann mit Rindenmulch abgedeckt werden?

Es gibt mittlerweile sehr viele unterschiedliche Mulchfolien. Solche, die langfristig verrotten, und solche, die auf ewig im Boden bleiben. Bei Flächen mit einer Dauerbepflanzung haben sich solche wasserdurchlässigen, aber für Unkraut nicht durchwachsbaren Folien bewährt. Allerdings lässt sich kein wirklich lebendiges Bodenleben aufbauen, da keine Kompostgaben möglich sind. Verrottende Mulchpapiere (auch dicker Karton) sind hier besser. Sie bieten eine begrenzte Unkrautbarriere und lassen später Humusgaben zu.

Neuanpflanzungen mulchen

Soll man beim Neuanlegen eines Staudenbeetes die Pflanzen zuerst eingießen und dann mulchen oder nach dem Mulchen gießen?

Im Prinzip ist das egal. Ich empfehle aber Folgendes: Zuerst die Töpfe mit den Stauden in Wasser tauchen, dann die Pflanzen setzen und eventuell den Wurzelballen bei starker Durchwurzelung aufreißen, gut angießen und den Mulch aufbringen. Danach noch einmal leicht überbrausen, damit der Mulch vernetzt und einen Feuchtigkeitsschutz bietet. In der ersten Phase regelmäßig gießen, später nur etwa einmal wöchentlich.

Mulch: die Unkrautbremse

Ideales Mulchmaterial in Staudenbeeten ist kompostierte Rinde. Rindenhumus ist neutral und bildet nachhaltig einen humusreichen Boden.

Mulchen spart Arbeit – vor allem bei der Unkrautbekämpfung. Damit war auch der Siegeszug für den Rindenmulch gelegt, der seit Anfang der 1980er-Jahre die Gärten füllt. An sich ein hervorragendes Mulchmaterial – wenn Qualität und Einsatzbereich stimmen. Überall dort, wo tief wurzelnde Pflanzen wie Bäume und Sträucher stehen, ist das Mulchen mit Rindenmulch perfekt. Bei flachwurzelnden Bepflanzungen hingegen, etwa im Gemüsegarten oder im Staudenbeet, hat die Rinde nichts verloren – sie bremst das Wachstum.

Rinde gegen Unkraut

Eine Schicht aus Rinde wirkt auf zweierlei Art gegen Unkraut: einerseits aufgrund der darin enthaltenen Gerbsäure, andererseits durch ihre holzigen Teile. Diese verrotten langsam, wozu die Mikroorganismen Stickstoff benötigen – der Pflanzennährstoff Nummer eins. Daher wird die oberste Bodenschicht abgemagert und das Wachstum von Pflanzen aller Art stark gebremst.

Wie oft mulchen?

Mit Rinde

Je gröber die Rinde ist, desto seltener muss gemulcht werden. Nadelholzrinde (Lärche, Kiefer oder noch besser Pinie) hält am längsten. Qualität ist hier oft eine Preisfrage. Daher sollte man gerade beim Rindenmulch nicht unbedingt zum billigsten Angebot greifen. Noch dazu besteht bei manchen (besonders billigen)

TIPP FÜR FAULE

Gewusst, wie

Lästige Wurzelunkräuter wie Giersch (Quecke) und Winden sind oft besonders schwierig zu bekämpfen. Im Faulenzergarten wird es so gemacht: Im Bereich von Bäumen und Sträuchern, z. B. bei den Johannisbeeren, kommt auf die Erde eine Lage Kompost. Darauf wird dicker Pappkarton gelegt, der mit Rindenmulch abgedeckt wird. Die wenigen Blätter, die noch die Mulchschicht durchdringen, werden abgerissen. Nach einem Jahr ist der Karton verrottet und die Unkräuter sind fast vollständig vernichtet.

Als Wegebelag kann man im Gemüsegarten Holzhäcksel verwenden. Dennoch aufpassen, dass es nicht zu viel wird, denn der Boden übersäuert leicht.

Gartenfragen & Antworten

FÜR INTELLIGENTE FAULE

Holzhäcksel für Hecken

Wir häckseln den Sommerschnitt unserer Hainbuche immer sofort. Bisher kam das auf den Kompost – kann man damit auch mulchen? Wo ist dieses Schnittgut geeignet?

Ja, damit kann man sogar sehr gut mulchen – überall dort, wo der Boden geschützt werden soll, wird das Material in einer Schicht von etwa 3–5 cm aufgetragen. Ideal ist es unter Hecken oder bei Beerengehölzen. Wurde noch wenig Humus aufgebaut, dann sollte man zuerst etwas Kompost aufstreuen bzw. eine kleine Menge organischen Dünger verteilen (Hornspäne). Im Gemüse- oder Kräutergarten darf dieser stark holzige Mulch nicht verwendet werden. Er würde zu viele Nähstoffe binden.

Mulch mit Pflanzabfällen

Bei einem Permakultur-Landwirt haben wir gesehen, dass er alle Reste vom Gemüseernten, Geiztriebe von den Tomaten und sogar ausgerissenes Unkraut zum Mulchen verwendet. Kann ich das auch im Hausgarten machen?

Mulchen mit allen organischen Materialien, die im Garten anfallen, kann man natürlich auch im Hausgarten. Beachten sollte man dabei nur, dass die Blätter und Unkräuter nicht zu dick aufgetragen werden. Es darf auch in einer Mulchschicht zu keiner Fäulnis kommen, das Material muss verrotten. Das passiert aber nur, wenn genug Luft vorhanden ist.

Produkten, die importiert werden, Gefahr durch Holzschutzmittel, wie sie manchmal in der osteuropäischen Forstwirtschaft zur Abwehr von Holzschädlingen verwendet werden.

Mit Rasenschnitt

Normalerweise genügt das Aufstreuen des Rasenschnitts alle 3–4 Wochen. Nur bei extremer Hitze sollte die Mulchschicht verstärkt werden, denn sonst kann es sein, dass Unkraut durch das vertrocknete Gras dringt.

So wird richtig gemulcht

- Zuerst Unkraut entfernen.
- Mulch nur auf gelockertem Boden verteilen.
- Bei vielen Wurzelunkräutern zuerst einen Karton auflegen und darauf mulchen.
- In den ersten Tagen nach dem Mulchen kontrollieren, ob Wildkräuter durchwachsen. Notfalls die Blätter entfernen und die Mulchdecke verstärken.

Rindenmulch versauert den Boden. Das macht ihn zum idealen Mulchmaterial unter Beerensträuchern, Azaleen und Rhododendren.

Wurzelunkräuter unter Bäumen oder Sträuchern werden mit dickem Verpackungskarton und einer Schicht Rindenmulch abgedeckt – die einfachste und bequemste Unkrautbremse.

Mulch: Der Wassersparer bringt Nährstoffe

Intelligente Faule gießen nicht gern. Mulchen schützt den Boden und hilft ihm, Feuchtigkeit länger zu speichern.

Das Bedecken des Bodens ist die beste Möglichkeit, Wasser zu sparen und gleichzeitig die lästige und langwierige Gießarbeit zu reduzieren. Von großer Bedeutung ist dabei allerdings der Zustand des Bodens: Nur humusreiche Böden sind in der Lage, Wasser auf Dauer zu speichern. Daher sollte der intelligente Faule den Boden jedes Jahr mit Kompost versorgen und erst anschließend mulchen. Damit erreicht man eine Humusstruktur, die in der Lage ist, Nährstoffe und Feuchtigkeit über viele Tage und Wochen zu speichern.

Weiches Wasser im doppelten Sinn

Kein scharfer Wasserstrahl: Für Pflanzen und Wurzeln ist es schlecht, wenn die scharfe Schlauchdüse die Erde verschlämmt oder gar die Wurzeln freilegt. Besser ist es, eine Brause zum Gießen zu verwenden. Große Flächen lassen sich auch bequem mit einem Rasenberegner wässern, der allerdings mindestens 3 Stunden eingeschaltet bleiben sollte.

Kein Kalk im Wasser: Weiches Wasser bedeutet geringen Kalkgehalt. In vielen Gegenden ist kalkhaltiges Wasser ein großes Problem. Nicht nur für die Haushaltsgeräte, sondern auch für viele Pflanzen: Alle Zitrusgewächse und Moorbeetpflanzen vertragen kalkhaltiges Wasser schlecht und reagieren mit vergilbenden Blättern.

So wird richtig gegossen

Jedes Jahr dasselbe: Zuerst wird über den Regen gejammert – und dann über die Hitze!

Häufige Gießfehler

- Das Gießen am Morgen verringert die Gefahr von Pilzkrankheiten und Schneckeninvasion.
- Niemals die Blätter „abwaschen“ – die Erde soll feucht werden.
- Regenwasser oder angewärmtes Leitungswasser verwenden – besonders für Kübelpflanzen.
- Im Garten alle 3–4 Tage kräftig gießen – mindestens 10–20 Liter/m^2.
- Dicke Mulchdecken bei großer Hitze.

Mehr Leben und Nährstoffe

Der Boden ist die „Lebensschicht“ auf der Erde. Ohne die 20 cm Humus gäbe es kein Pflanzenwachstum und damit auch keine Nahrung für uns Menschen. Daher sollten wir der obersten Erdschicht unsere besondere Aufmerksamkeit zukommen lassen. Im Großen wie im Kleinen: Ist das Bodenleben in Ordnung, ist auch im Garten viel weniger zu tun.

TIPP FÜR INTELLIGENTE

Humus – das Geheimnis

Blättert man in alten Gartenbüchern, zeigt sich, dass dem Boden eine ganz große Bedeutung beigemessen wurde (siehe auch „Umgraben – nein danke!“). Das Mulchen oder Bodenbedecken, das sich die intelligenten Gärtner von der Natur abgeschaut haben, ist eine Rückkehr zu diesem alten Wissen. Mit der Erfindung des Kunstdüngers wurde dieses Wissen in den Hintergrund gedrängt, und erst in den letzten Jahren hat man erkannt, dass früher manches bequemer war.

Die Natur als Vorbild

In der Natur gibt es kaum nackte, unbedeckte Erde. Nehmen wir doch nur ein Baugrundstück als Beispiel: Kaum sind die Erdhügel planiert, zeigen sich schon die ersten Blattspitzen – meist vom Klatschmohn. Innerhalb von ein paar Wochen ist das Stück Land begrünt und damit vor zu viel Sonne, Regen und Wind geschützt. Der intelligente Gärtner macht dies nach, indem er Brachflächen sofort bepflanzt (siehe „Bodendecken“ und „Lebende Pflanzendecken“).

Intelligentes Düngen

Die ausgewogene Versorgung der Pflanzen mit Nährstoffen ist eine der wichtigsten Aufgaben im Garten. Dabei gibt es zwei unterschiedliche Möglichkeiten: die organische und die mineralische Düngung.

Organische Düngung

Nicht die Pflanzen werden „gefüttert“, sondern das Bodenleben – mit Kompost, Hornspänen, Gründüngung etc. Der große Vorteil: Die Nährstoffe werden von den Mikroorganismen im Boden je nach Temperatur gebildet. Dabei entsteht ein krümeliges, wasserspeicherndes Substrat. Das Tolle am organischen Dünger: Er ist intelligent! Denn je nach Temperatur und Feuchtigkeit holen Milliarden von Mikroorganismen jene Stoffe aus Hornspänen & Co, die Pflanzen benötigen – immer genau in dem Ausmaß, wie sie wachsen.

TIPP FÜR INTELLIGENTE

Noch ein Trick

Wasser dringt am besten in den Boden ein, wenn der Luftdruck fällt. Beachten Sie aber die Wettervorhersage – fallender Luftdruck bringt oft auch Regen …

Mineralische Düngung

Bei der Verwendung von Kunstdünger – das ist ein mineralischer Dünger – werden die Nährstoffe den Pflanzenwurzeln in konzentrierter Form zur Verfügung gestellt. In manchen Situationen scheint dies sinnvoll. Große Mengen an Dünger gehen aber verloren und werden ungenutzt ausgewaschen. Wer mineralisch düngen will, sollte die neuen Langzeitdünger verwenden, deren Nährstoffabgabe über mehrere Monate anhält.

Beim Gießen gilt: Lieber seltener, dafür aber umso ausgiebiger.

Boden bedecken – womit?

Stroh, aber auch Flachsschäben eignen sich als Mulch im Gemüsegarten und verhindern, dass die Erde austrocknet.

Ob Rindenmulch oder Holzhäcksel, Holzfaser oder Sägespäne – alle diese Mulchmaterialen sind praktisch unbegrenzt haltbar, wenn man sie vor Regen geschützt aufbewahrt. Beim Kauf von abgepacktem Mulchmaterial sollte man daher darauf achten, dass die Säcke trocken gelagert wurden. Feucht gewordenes Mulchmaterial ist zwar nicht schädlich, es kann aber zu Geruchsbelästigung kommen. Außerdem geht die Verrottung viel rascher vor sich und die unkrauthemmende Wirkung nimmt ab.

Rindenmulch – besonders preisgünstig

Rindenmulch ist ein praktisches Mulchmaterial – es ist relativ preisgünstig und unterdrückt das Unkraut durch seinen Gerbsäureanteil. Aber auch die stickstoffbindende Wirkung des Mulchs verhindert das Wachstum von Pflanzen in seiner Umgebung. Daher beschränkt sich die Verwendung der Rinde allerdings auf Bereiche mit tief wurzelnden Pflanzen.

Verwendung: Ideales Mulchmaterial bei Hecken, Bäumen und anderen Gehölzen. Auch im Bereich von Himbeeren, Brombeeren, Heidel- und Stachelbeeren hat sich die Rinde hervorragend bewährt.

NEUE Gartenfragen & Antworten

FÜR INTELLIGENTE FAULE

Mulch im Gemüsegarten

Holzfaser als Mulchmaterial – ist die nun für den Gemüsegarten geeignet oder nicht?

Als Ersatz für Rinde, die durch die enthaltene Gerbsäure nur bei Bäumen und Sträuchern verwendet werden darf, weil das Wachstum gebremst wird, versucht man immer öfter Holzfaser (quasi ein fein geraspeltes Holz) als Mulch für Beete zu verwenden. Damit die normalerweise sofort einsetzende Verrottung nicht beginnt (die Mikroorganismen entziehen dem Boden Stickstoff), wird das Holz mit Stickstoff imprägniert. Man kann es daher verwenden, es ist allerdings durch die Stickstoffimprägnierung kein rein biologisches Mulchmaterial.

Lohnt sich Pinienmulch?

Es wird in einigen Gärtnereien Pinienmulch angeboten. Der Preis ist enorm hoch. Lohnt sich die Verwendung dieses Materials?

Bei einigen Pflanzen lohnt es sich, den teuren Pinienmulch zu verwenden, vor allem dort, wo man nicht jährlich Kompost aufbringt. Pinie hält nämlich viele Jahre lang, würde aber unter dem Humus verschwinden, unter Rhododendren beispielsweise. Pinienmulch gibt es in unterschiedlichen Größen. Ganz kleine Teilstücke finden etwa als Orchideensubstrat Verwendung, da die Pinienrinde keine Gerbsäure enthält und auch keine Probleme mit der Stickstoffbindung aufweist.

Vor dem Aufbringen von Rindenmulch sollte unbedingt Kompost und/oder ein organischer Langzeitdünger aufgestreut werden.

Rindenhumus – die kompostierte Rinde

Rindenhumus oder Rindenkompost, wie er häufig auch genannt wird, ist die praktische Ergänzung zur unverrotteten Rinde. Er ist feiner in der Struktur und frei von Stoffen, die das Wachstum bremsen. Die unkrautverdrängende Wirkung beruht also nur darauf, dass das Material relativ hoch auf den Boden aufgetragen wird.

Verwendung: Rindenhumus ist in allen Gartenbereichen einsetzbar. Durch seinen deutlich höheren Preis sollte er aber gezielt dort eingesetzt werden, wo die normale Rinde nicht verwendet werden kann: im Gemüsegarten, im Stauden- und Blumenbeet – also überall dort, wo die Pflanzen flache Wurzeln haben und durch Gerbsäure geschädigt würden.

Holzfaser – die leichte Alternative

Seit einigen Jahren sind Holzfasern („Aktivfasern“) als Mulchmaterial erhältlich. Die feinen Fasern werden aus Fichtenholz hergestellt. Sie vernetzen nach dem ersten Anfeuchten und bilden ein dichtes Gewebe, das Unkrautwachstum und zu rasches Austrocknen verhindert.

Verwendung: Holzfasern lassen sich im gesamten Gartenbereich als Mulchmaterial einsetzen, sind allerdings höher im Preis. Wie jedes Holzmaterial bindet auch diese Faser beim Verrotten Stick-

Gemulcht werden kann auch mit (samenfreiem) Flachs und Hanf. Durch die helle Farbe kommt es zu einer geringen Austrocknung.

Rasenschnitt ist das billigste und beste Mulchmaterial.
Es kann direkt vom Grasfangsack aus verwendet werden.

TIPP FÜR INTELLIGENTE

Kastanienlaub

Kastanienlaub sollte bei Befall der Kastanien-Miniermotte nicht kompostiert und schon gar nicht als Mulchmaterial verwendet werden. Die Motte überwintert nämlich im Laub und befällt die Bäume immer wieder. Am besten ist die Entsorgung über eine Müllverbrennung – Gemeinden geben diesbezüglich Auskunft.

stoff. Daher sollte auf ausgewogene Düngung geachtet werden.

Holzhäcksel – die selbst gemachte Alternative

In vielen Gärten lässt sich dieses Mulchmaterial in großen Mengen herstellen – gibt es doch genug Äste, die alljährlich entfernt werden müssen. Ein Häcksler, den man auch von einem Gartenverein leihen kann, macht aus den Holzstücken Häckselgut.

Verwendung: Holzhäcksel ist als Wegbelag hervorragend geeignet. Auch unter gut eingewurzelten Hecken und Bäumen ist dieses Mulchmaterial geeignet. Überall sonst bewirkt das Holz aber sehr starken Stickstoffabbau und damit ein deutlich gebremstes Wachstum der gemulchten Pflanzen.

Sägespäne – billig, aber problematisch

Sägespäne sind meist besonders preisgünstig erhältlich. Man muss allerdings auf gute Qualität achten, die absolute Reinheit garantiert. Aus Tischlereien kommen nämlich oft Sägespäne, die mit Lacken, Leim oder Kunststoffen verunreinigt sind.

Ehe Steine als Mulchmaterial aufgebracht werden, wird der Boden gut vorbereitet: Erde mit Kies und Sand vermischen und damit durchlässig machen.

Verwendung: Für Sägespäne gilt, was für Holzhäcksel gesagt wurde: Nur bei tief wurzelnden Pflanzen verwenden, denn der Stickstoffabbau im Boden ist hoch.

Rasenschnitt – das bequeme Mulchen

Rasenschnitt fällt in den meisten Gärten in solchen Mengen an, dass er auf dem Komposthaufen zum Problem wird. Daher ist das Mulchen mit Rasenschnitt nicht nur eine ideale Entsorgungsmöglichkeit – Rasenschnitt ist auch als Mulchmaterial für alle Bereiche geeignet.

Verwendung: Rasenschnitt kann direkt so verwendet werden, wie er im Grasfangsack des Rasenmähers anfällt. Ein Antrocknen des Rasenschnitts ist nicht notwendig, sogar nachteilig, weil das Mulchmaterial dann nicht kompakt zusammentrocknet, sondern vom Wind verblasen wird. Gerade beim Rasenschnitt sollte die Mulchschicht nicht zu dick sein, sonst kommt es zu Fäulnis. Frisch aufgetragen sind 10 cm ideal – nach dem Antrocknen werden daraus meist um die 5 cm.

Laub – das herbstliche Mulchen

Laub fällt – vor allem in älteren Gärten mit großem Baumbestand – in solchen Mengen an, dass es kaum noch zu entsorgen ist. Ein Teil davon findet sicherlich als Mulchmaterial hervorragende Verwendung.

Verwendung: Unter Hecken und Bäumen bildet es genau die natürliche Atmosphäre, die Pflanzen und auch Tiere (siehe „Die Arbeitssparer") benötigen. Beachten Sie die Art des Laubes – Laub von Buche, Ahorn, Birke und allen Obstbäumen ist dazu geeignet. Blätter von Eiche, Nussbaum und Kastanie (siehe „Tipp") eignen sich nur in geringen Mengen, und da am besten gemischt mit anderem Laub als Mulch.

Das fliegende Laub

Mit Laub lässt sich auf natürliche Weise mulchen. Probleme macht allerdings hauptsächlich der Wind. Daher wird Laub am besten mit einer dünnen Schicht Komposterde (oder auch Holzhäcksel oder Rindendekor) abgedeckt. Der Wind kann es dann nicht mehr wegtragen und eine dicke Humusschicht entsteht.

Steine – ein ganz anderes Beet

Kies und Steine als Mulchmaterial sind in unseren Breiten nicht üblich. Im Süden dagegen sind sie zur Bodenbedeckung besonders beliebt. Der Vorteil: Vor allem dunkle Steine fungieren im Frühjahr als Wärmespeicher und erlauben einen zeitigen Anbau. Kompliziert ist freilich die Bodenbearbeitung. Das Material darf nicht eingestochen, sondern muss zuvor abgerecht und dann wieder neu aufgetragen werden.

Verwendung: Überall dort, wo Beete mit südlichem Charakter angelegt wurden, ist Kies als Mulchmaterial geeignet. Alle trockenheitsliebenden Pflanzen, wie winterharte Kakteen, Dachwurz und Sedum-Polster, sind für solches Mulchmaterial dankbar. Meist ist es notwendig, ein Unkrautvlies darunter aufzulegen, um das Durchwachsen von Wildkräutern zu verhindern.

In Steingärten und bei besonders trockenheitsliebenden Pflanzen kann man mineralische Mulchmaterialen wie Splitt und Kies als Bodendecke verwenden.

Lebende Pflanzendecken

Der Storchschnabel ist ein vielseitiger Bodendecker. Es gibt kaum einen Standort, an dem er nicht gedeiht.

Nicht nur „totes“ Material ist zum Abdecken geeignet – wie in der Natur kann eine dichte Pflanzendecke ebenfalls den Boden und damit auch die Humusschicht schützen. Dabei ist aber zu beachten, welche Licht- und Bodenansprüche die Pflanzen stellen.

Efeublätter – das ewige Grün

Einer der dankbarsten Bodendecker im Schatten und Halbschatten ist der Efeu (*Hedera helix*). Innerhalb relativ kurzer Zeit wird der Boden von einem dichten Laubschirm abgedeckt. Man sollte dabei auf großblättrige Arten achten, da diese wuchsfreudiger sind. Es gibt aber Hunderte Arten – eine Fundgrube für Liebhaber.

Verwendung: Unter Hecken in kleinen „Wäldern“, in typischen Schattengärten. Besonders hübsch sind frühjahrsblühen-

Grüne Bodendecker – eine Auswahl

- **Günsel** (*Ajuga reptans*) – Einmal Günsel, immer Günsel: Die Wuchsfreude dieses Bodendeckers ist beinahe nicht zu bremsen. Im Übergang zum Rasen kann er sogar mit dem Mäher kurz gehalten werden.
- **Elfenblume** (*Epimedium*) – Die kriechenden Wurzeln nehmen rasch große Flächen ein. Es sind weniger die Blüten als das Laub, das diese Pflanzen zu einer beliebten Unterpflanzung von Gehölzen macht.
- **Storchschnabel** (*Geranium*) – Für jeden Standort gibt es den passenden Storchschnabel: ob Sonne oder Schatten, ob feucht oder trocken. Ein besonders robuster und dekorativer Bodendecker.
- **Lungenkraut** (*Pulmonaria*) – Das Frühjahr beginnt mit einem enormen Blütenreichtum. Vor allem unter Laubgehölzen ist diese Pflanze typisch.
- **Golderdbeere** (*Waldsteinia*) – Ob Trockenheit oder viele Konkurrenzwurzeln – dieser Bodendecker hält alles aus. Die kleinen gelben Blüten sind ein Lichtblick im Schatten.
- **Haselwurz** (*Asarum europaeum*) – glänzende, nierenförmige Blätter mit unscheinbaren Blüten.
- **Maiglöckchen** (*Convallaria majalis*) – bildet dichte Teppiche an nicht zu schattigen Stellen. Achtung, sehr giftig!
- **Scharbockskraut** (*Ranunculus ficaria*) – neigt zum Wuchern, ist aber nur im Frühling zu sehen. Nach dem Abblühen ziehen die Pflanzen ein.

Einpflanzen von Blumenzwiebeln bedeutet großen Aufwand. Hier ein Trick für intelligente Faule: In einem großen Kübel die Zwiebeln mischen und dann möglichst unregelmäßig auf die Pflanzfläche streuen. Anschließend mit einer etwa 10 cm starken Kompostschicht abdecken und mit Mulch bedecken. Die Zwiebeln richten sich im Laufe der Jahre in die richtige Position und blühen ohne weiteren Pflegeaufwand.

Besonders in älteren Gärten ist das Immergrün unter Bäumen und Sträuchern ein willkommener Bodendecker – vor allem im Frühling mit seinen attraktiven Blüten.

de Zwiebelblumen, die zwischen den Efeu gepflanzt werden.

Immergrün – robust und zäh

Das Immergrün (*Vinca minor*) ist eine jener Pflanzen, die selbst dort noch wachsen, wo sich bereits ein dichter Wurzelfilz von Bäumen und Sträuchern gebildet hat. Neben den bekannten blau blühenden gibt es auch weiß blühende Sorten und solche mit panaschierten Blättern.

Verwendung: An schattigen Stellen als Unterpflanzung von Gehölzen bringt das Immergrün eine saftig grüne Laubdecke. Die Pflanzen nehmen den Laubfall und das herbstliche Aufstreuen von Kompost hin und wachsen bereitwillig weiter.

Blumenzwiebeln als Frühlingsgruß

Als Unterpflanzung von Gehölzen sind alle frühjahrsblühenden Zwiebelblumen eine Augenweide. Besonders eignen sich: Winterling, Schneeglöckchen, Botanische Krokusse, Wildtulpen, Blausternchen und die aus England bekannten „Blue Bells", die Blauglöckchen. Um Wirkung zu erzielen, sollten die Mengen großzügig bemessen werden.

NEUE Gartenfragen & Antworten

FÜR INTELLIGENTE FAULE

Rückschnitt von Elfenblumen

An einigen Stellen im Garten habe ich die Elfenblumen als Bodendecker gepflanzt, wie pflege ich die im Herbst?

Das Epimedium (zum Beispiel die wunderbare Sorte 'Frohnleiten' mit gelbbraunem Laub und gelben Blüten) ist ein fantastischer Bodendecker unter Gehölzen. Es benötigt im Prinzip keine Pflege, allerdings ist gerade im Frühjahr der Neuaustrieb besonders dekorativ. Daher rate ich zum Abschneiden der Blätter im Spätherbst – knapp vor dem ersten Schnee: mit einem Rasentrimmer oder einem auf die höchste Stufe eingestellten Rasenmäher. Die Knospen dürfen dabei nicht verletzt werden, ansonsten lieber zur Gartenschere greifen. Danach ein wenig Kompost aufstreuen.

Bodendeckerrosen

Eine Bodendeckerrose als blühende Pflanzendecke – wie bequem ist das? Wie soll man die Erde abdecken?

Gerade in den letzten Jahren sind viele neue Bodendeckerrosen gezüchtet worden. Sie zeichnen sich durch große Robustheit gegen Rosenkrankheiten und eine extreme Wuchs- und Blühfreudigkeit aus. Sie sind pflegeleicht und benötigen nur einen einmaligen Rückschnitt im Frühjahr. Damit keine Unkräuter aufkommen, kann man den Boden mit Mulchvlies und Rindendekor bedecken. Dennoch im direkten Umkreis die Rosen organisch düngen.

Bunt gemischt …

ist halb gearbeitet

So wirkt die Mischkultur

Jeder kennt das schönste Mischkulturbeet der Natur: die Blumenwiese. Und sie wächst nicht so, wie ein Gärtner sie wahrscheinlich angelegt hätte. Eine Reihe Margeriten, daneben eine Reihe Glockenblumen und dann noch eine Reihe Kuckucksnelken ...

TIPP FÜR INTELLIGENTE

Lavendel und Knoblauch gegen Läuse

Ziergarten und Nutzgarten sind nicht streng getrennt: Kräuter stehen in den Blumenbeeten – z. B. im Rosengarten. Lavendel stärkt die Rosen und verringert die Gefahr einer Blattlausinvasion. Antilauswirkung zeigen auch Knoblauchzehen, die im Herbst unter Obstbäume gepflanzt werden.

Die Natur kennt eben keine Monokultur, und das nimmt sich der Faulenzergärtner zum Vorbild: Überall wird in Zukunft alles bunt gemischt gepflanzt, denn Pflanzen leben gern in Gemeinschaft, Harmonie und Vielfalt auf engstem Raum und stärken einander dabei. Vorbild ist die Blumenwiese, im Nutzgarten ebenso wie im Ziergarten.

Pflanzen nehmen nicht nur Stoffe aus dem Boden auf, sondern geben auch Stoffe ab. Denken Sie doch nur an den starken Geruch von Knoblauch. Ob nun ätherische Öle oder auch Düngestoffe, die „Nachbarn" ziehen daraus einen Nutzen. Die Abgabe ätherischer Öle einer Pflanze kann Schädlinge vertreiben: Zwiebelgeruch passt der Möhrenfliege überhaupt nicht, und so setzt der Naturgärtner neben eine Reihe Zwiebeln eine Reihe Karotten. Umgekehrt passen aber auch manche Pflanzen nicht zusammen: Karotten können z. B. Erbsen nicht ausstehen.

Bunte Mischung ohne Zutun

Es gehört schon ein wenig Erfahrung und Mut dazu: Viele Pflanzen suchen sich im Garten selbst ein angenehmes Plätzchen. Ob Königs- oder Nachtkerze, ob Akeleien oder Ringelblumen, ob Vexier- oder Felsennelke und, nicht zu vergessen, der Frauenmantel. Eingangs pflanzt der Gärtner sie an einen bestimmten Ort, doch später machen sie sich selbstständig. Im ersten Jahr tauchen sie im Umkreis von einigen Metern auf, doch nach und nach erobern sie den gesamten Garten – allerdings immer genau jene Plätze, die ihnen zusagen. Diese „automatische" Mischkultur ist wohl die bequemste Form – sie kann aber auch lästig werden. Wenn aus allen Beeten plötzlich die Nachtkerzen lachen, wird ein Eingreifen nötig sein.

Die Mischkultur ist im Gemüsegarten von großer Bedeutung.
Pflanzen helfen einander, Krankheiten und Schädlinge abzuwehren.

Bunt gemischt im Obst- und Gemüsegarten

Kopfsalat passt zu Zwiebeln und Buschbohnen und bildet rasch große Häuptel aus.

Keine Angst, bei der Mischkultur kann man nicht allzu viel falsch machen. Probieren geht über langes Studieren. Und Sie werden sehen, wie rasch man Erfahrungen sammelt.

Trotzdem einige Faustregeln: Setzen Sie tief wurzelndes Gemüse (z. B. Karotten, Schwarzwurzeln, Rettich) zu flach wurzelndem (z. B. Vogerlsalat, Zwiebeln), rasch wachsende Arten (Radieschen, Kresse, Spinat, Salat) zu langsam wachsenden (Tomaten, Kohl, Gurken). Das Hauptziel ist, Schädlinge abzulenken und Nützlinge anzulocken!

Wo viele unterschiedliche Pflanzenarten durcheinanderwachsen, haben Krankheiten und Schädlinge nur geringe Chancen, sich auszubreiten. Pflanzen Sie Kapuzinerkresse auf die Baumscheiben von Obstbäumen. Für Blattläuse ist sie nämlich viel attraktiver als die Blätter des Apfelbaumes, die so vor ihnen bewahrt bleiben.

Aus Erfahrung viel gelernt

Zwiebeln und Karotten sind für ihre gegenseitige Nachbarschaftshilfe bekannt: Zwie-

NEUE Gartenfragen & Antworten

FÜR INTELLIGENTE FAULE

Fruchtfolge beachten

Wir pflanzen immer nach der Mischkulturtabelle, aber dennoch gibt es kaum eine Karotten- und Zwiebelernte. Die Beete wechsle ich allerdings mangels Platz nur selten. Ist das der Grund?

Die Fruchtfolge ist ein ganz wesentlicher Faktor für ein erfolgreiches Gärtnern, denn die Pflanzen geben beim Wachstum immer Stoffe an die Erde ab, die dann zu einer sogenannten Bodenmüdigkeit führen. Außerdem bietet das wiederholte Setzen von Pflanzen derselben Art den Schädlingen und Krankheitserregern die Chance, sich stark zu vermehren. Daher: Unbedingt die Beete wechseln, denn ansonsten gibt es kaum eine zufriedenstellende Ernte.

Die drei Schwestern

Ich hab gelesen, dass man Mais und Bohnen zusammensetzen soll. Welche Wirkung haben die Pflanzen aufeinander?

Es ist dies eine alte, von den Mayas in Mittelamerika bereits angewandte Mischkultur. Mit dabei waren aber auch noch Kürbisse. Genannt wird das Anbaukonzept „Die drei Schwestern". Der Mais gibt den Bohnen die Rankhilfe, die Bohnen als Leguminosen liefern dem Mais den Stickstoff, die dazwischengepflanzten Kürbisse beschatten den Boden und verhindern bei starkem Regen ein Ausschwemmen der Nahrstoffe bzw. bei großer Hitze das Austrocknen der Erde.

beln halten Karotten die Möhrenfliege „vom Leib", Karotten den Zwiebeln die Zwiebelfliege. Oder probieren Sie doch folgende Kombination aus: Tomaten, Kohl und Sellerie. Das ideale Dreiecksverhältnis! Tomaten schützen den Kohl vor dem Kohlweißling; Kohl wirkt im Gegenzug vorbeugend gegen die Blattfleckenkrankheit an Tomaten, aber auch gegen Sellerierost. Sellerie bietet zusätzlich Schutz vor dem Kohlweißling.

Bohnen bleiben von der Schwarzen Bohnenblattlaus verschont, wenn sie mit Bohnenkraut kombiniert werden.

Fadenwürmer im Boden, sogenannte Nematoden, können beispielsweise Erdbeeren oder Kartoffeln zu schaffen machen. Tagetes oder Ringelblumen zwischen die Reihen gepflanzt, halten die Nematoden aus dem Boden fern. Gute Nachbarschaft funktioniert natürlich umso besser, je gesünder die Pflanzen sind und je sorgfältiger man sie anbaut und pflegt.

TIPP FÜR INTELLIGENTE

Kräuter gegen Schnecken

Schnecken machen zwar vor keiner Pflanze halt, dennoch gibt es manche Kräuter wie Thymian und Kresse, die sie weniger mögen. Wenn Sie Ihren Garten oder ein Beet mit diesen Pflanzen säumen, können Sie die Schneckeninvasion ein wenig bremsen.

Behaarte Blätter sind meist uninteressant für Schnecken: Der blaue Salbei kombiniert mit Wollziest sieht auch schön aus.

ungünstig   neutral   günstig für Nachbarschaftskulturen

Bunt gemischt im **Kräutergarten**

Längst hat die Mischkultur in allen Bereichen des Gartens Einzug gehalten. War früher noch die strikte Trennung der einzelnen Pflanzenarten gefragt, so weiß heute jedermann, dass damit der Grundstein für Krankheiten und Schädlinge gelegt wird. Die Natur kennt keine Monokultur, deshalb sollten auch die Kräuter in einer Gemeinschaft zusammenleben. Ihr kräftiges Aroma fördert das Wachstum der anderen Pflanzen, verhindert aber in vielen Fällen auch den Schädlings- oder Krankheitsbefall.

Knoblauch gegen Läuse

Unter Obstbäumen soll man schon im Herbst Knoblauchzehen pflanzen.

Ringelblumen und Karotten

Ringelblumen und Karotten sind ideale Nachbarn. Gemeinsam sehen sie nicht nur hübsch aus, die Karotten wachsen auch ganz hervorragend.

Dill als idealer Partner

Dill wächst am besten, wenn er in Nachbarschaft zu Karotten oder Zwiebeln steht.

Tomaten mit Supergeschmack

Sellerie scheint der ideale Nachbar für Tomaten zu sein, die Früchte bekommen einen viel besseren Geschmack.

Schlechte Nachbarn

Basilikum:
Weinraute
Beifuß:
andere Pflanzen,
will eine Einzelstellung
Dill:
Fenchel
Estragon:
Petersilie
Kümmel:
Dill
Petersilie:
Kopfsalat
Rauke:
Kohlgewächse
Rosmarin:
Gurke
Salbei:
Gurke
Sellerie:
Kartoffel, Kopfsalat
Schnittlauch:
Bohne, Erbse, Kohl,
Rote Rübe
Wermut:
ist generell ein schlechter
Nachbar

Gute Partner

Basilikum:
Gurke, Tomate, Zwiebel
Bohnenkraut:
Buschbohne, Kopfsalat,
Zwiebel
Borretsch:
Zucchini, Kohlrabi
Dill:
Gurke, Kohl, Karotte (Möhre),
Sellerie, Tomate, Zwiebel
Estragon:
Gurke, Liebstöckel
Kamille:
Kohl, Radieschen, Sellerie,
Zwiebel
Kapuzinerkresse:
Kartoffel, Tomate, Stangenbohne
Kerbel:
Salat (Kerbel hält Läuse und
Schnecken ab)
Kresse:
Radieschen, Kopfsalat
Kümmel:
Radieschen, Spinat, Kohlrabi
Lavendel:
Rose
Majoran:
Karotte (Möhre), Zwiebel,
Lauch
Petersilie:
Tomate, Radieschen, Zwiebel
Rainfarn:
kleine Rainfarnhecken um
den Gemüsegarten halten
generell Schädlinge ab
Salbei:
Kohl, Bohne, Karotte (Möhre)
Schnittlauch:
Tomate, Karotte (Möhre)
Thymian:
Kohl

Unkräuter:
nur lästiges Übel?

Vogelmiere – Unkraut oder Wildkraut? Der Zeiger für humosen Boden ist essbar.

Naturgärtner hören die Bezeichnung Unkraut nicht gern, sondern sprechen von Wildkraut oder Beikraut. Aber – ganz ehrlich – es gibt schon so manches Kräutlein, das uns GartlerInnen die Haare zu Berge stehen lässt.

Generell ist die Bodenpflege die wichtigste vorbeugende Maßnahme. Je lockerer die Erde ist, desto leichter können Unkräuter entfernt werden. Daher Kompost und Mulch als ersten Schritt gegen die lästigen Beikräuter verwenden.

Wurzelunkräuter – Giersch, Quecke etc. lassen sich durch die „Kartonmethode" am besten bekämpfen: Dicken Karton unter Bäumen und Sträuchern auflegen und mit Rindenmulch oder Grasschnitt abdecken. Das Unkraut erstickt, der Karton verrottet. Das funktioniert freilich nicht im Blumenbeet – dort muss immer noch händisch „gezupft" werden. Hier stelle ich Ihnen die hartnäckigsten Unkräuter vor und möchte auch erklären, warum sie gerade an manchen Standorten besonders lästig werden und warum man manche dennoch wachsen lassen sollte.

Giersch

Der Giersch, der auch als Erdholler bezeichnet wird, zählt mit Sicherheit zu den unangenehmsten Unkräutern. Er breitet sich vor allem im Schatten aus und ist auch eine Zeigerpflanze für schattige Standorte. Der Giersch (*Aegopodium podagraria*) wird aber auch im humosen, sonnigen Staudenbeet lästig, weil er sich durch unterirdische Ausläufer ausbreitet. Maßnahmen gegen den Giersch: Boden mit Kompost versorgen und gut mulchen (Rasenschnitt, Rindendekor und Holzfaser), damit wird er locker und die Wurzeln lassen sich leichter entfernen. Unter Sträuchern dicken Verpackungskarton auflegen und mit Rindendekor abdecken.

Unkraut aufessen

Als alternative Bekämpfung können die Pflanzen fallweise auch verspeist werden, z. B. die Blätter des Giersches oder der Vogelmiere.

Schachtelhalm

Verdichtete, saure Böden mit Staunässe sind die Verhältnisse, die der praktisch unbekämpfbare Acker-Schachtelhalm (*Equisetum arvense*) mag. Mit seinen Ausläufern, die bis zu 90 cm in die Tiefe gehen, ist er sogar gegen die härtesten chemischen

Geht man nicht rechtzeitig gegen den Giersch vor, dann erobert er in kurzer Zeit ganze Gartenteile.

Unkrautvernichtungsmittel resistent. Das beste Motto für Betroffene: „Lerne den Schachtelhalm zu lieben!", denn im Biogarten macht man sich den Acker-Schachtelhalm auch zunutze: 1,5 kg frisches Kraut (300 g trockenes) auf 10 Liter Wasser 24 Stunden ansetzen, danach eine ¾ Stunde köcheln lassen. Abseihen und im Verhältnis 1 : 5 verdünnt über die Pflanzen sprühen. Das beste Pilzbekämpfungsmittel, wenn man es regelmäßig wiederholt!

Zaunwinde

Es scheint verhext: Immer dort, wo sie nur unter großen Schwierigkeiten zu entfernen ist, da gedeiht die Zaunwinde (*Calystegia sepium*) bestens. Rosen gehören zu den bevorzugten Kletterobjekten. Die lästige Pflanze wächst auf praktisch allen Bodenarten, sie ist also keine typische Zeigerpflanze. Auf humosen, lockeren Böden lassen sich die endlosen Wurzeln gut entfernen. Hier hilft es ebenfalls, dicken Verpackungskarton aufzulegen, der die Pflanzen erstickt.

Vogelmiere

Prinzipiell können Sie sich durchaus freuen, wenn die Vogelmiere (*Stellaria media*) im Garten auftaucht, denn sie ist eine Zeigerpflanze für gesunden, humosen, lockeren Boden und tritt oft in Begleitung mit einer Kompostgabe auf. Man kann den „Hühnerdarm" oder „Heanadarm" – wie er landläufig genannt wird – auch zum „Fressen" gern haben, denn er ergibt einen köstlichen Salat. Wer ihn doch loswerden will: Mit einer dünnen Mulchschicht lässt er sich eindämmen, er ist also ganz leicht zu bekämpfen.

Quecke, Weißwurz

Die Quecke gehört zu den lästigen Unkräutern, vor allem dann, wenn sie sich – trickreich – im Rasen ansiedelt und von dort die Beete erobert. Sie ist dann kaum zu bekämpfen. Maßnahmen: Regelmäßiges Jäten sorgt für eine Wachstumsbremse. In Extremfällen kann auch der Karton als Mulch den Ausbreitungsdrang bremsen.

Horn-Sauerklee

In den letzten Jahren ist der rotblättrige Horn-Sauerklee (*Oxalis corniculata*) besonders lästig geworden. So hübsch die Pflanze auch ist, sie wird zur Plage, denn

So gern der Gärtner den Schachtelhalm (Zinnkraut) als Pilzbekämpfungsmittel verwendet, als „Unkraut" ist er beinahe nicht zu beseitigen, weil er bis zu 90 cm tief wurzelt.

Brennnesseln sind für Schmetterlinge attraktive Futterpflanzen, im Garten kann man sie auch als Mulch verwenden. Sie dürfen aber nicht zur Blüte kommen und Samen tragen.

nach den kleinen, entzückenden gelben Blüten bilden sich Samenstände, die bei der geringsten Berührung aufspringen und ihre Saat in der ganzen Umgebung verteilen. Auf Wegen und freien Beetflächen Karton auflegen und mulchen – das bremst den Klee.

Kriechender Hahnenfuß

Der Kriechende Hahnenfuß ist eine typische Zeigerpflanze für einen verdichteten und staunassen Boden, der eher kalkhaltig ist. Die Pflanze hat einen gewaltigen Ausbreitungsdrang, lässt sich aber bei regelmäßiger Kompostgabe und der damit verbundenen lockeren Erde relativ leicht entfernen und in Schach halten. Mulchen hilft auch hier.

Hirse

Immer wieder macht sich in Rasenflächen, aber auch in Pflasterfugen und teilweise auch in Beeten die Hirse breit. Dieses einjährige Unkraut taucht erst auf, wenn die Bodentemperatur über 15–20 °C liegt. Das händische Entfernen ist eine mühsame Angelegenheit. Vernichtet werden kann das extrem robuste Kraut allerdings sonst nur mit chemischen Bekämpfungsmitteln. Biogärtner verzichten aber auf diese Methode.

Distel

Die Distel ist so anpassungsfähig, dass sie sowohl auf ganz trockenen, als auch auf sehr humosen Böden auftaucht. Wer die Pflanzen rechtzeitig vor der Blüte und Samenreife entfernt, kann das Problem relativ leicht in den Griff bekommen.

Brennnessel

Die Brennnessel kommt auf humosen, nährstoffreichen Böden vor und sollte eigentlich gar nicht in einer Unkrautliste auftauchen, so wertvoll ist diese Pflanze: In der Küche als Spinat-Ersatz, Salat oder Suppe; im Garten als Grundlage für die Kräuterjauche – die Brennnessel lässt sich vielfältig nutzen und sollte im Biogarten gern gesehen sein. Um ihren Ausbreitungsdrang doch etwas in Grenzen zu halten, sollte man zum Mulchen klein geschnittene, nicht samentragende Brennnesseln verwenden.

NEUE Gartenfragen & Antworten

FÜR INTELLIGENTE FAULE

Hanf im Vogelfutter

Bei mir bilden sich im Garten aus dem Vogelfutter viele wild aufgegangene Pflanzen, darunter auch Hanf. Mach ich mich dadurch strafbar, wenn ich den Hanf wachsen lasse?

Nein, da machen Sie sich nicht strafbar. Dieser Hanf enthält kein THC, das als Rauschmittel wirkt. Um ganz sicher zu gehen, schneiden Sie die Blüte ab, dann gibt es garantiert kein Problem, denn erst dann wird der Hanf zum Suchtgift. Tipp: Weil im Vogelfutter viele Samen enthalten sind, die über Monate keimen – verwenden Sie geschälte Sonnenblumen und es gibt keinen Mist und kein unkontrolliertes Wachstum.

Problem mit rotem Klee

Der kleine rote Klee mit den langen Wurzeln wächst bei uns mittlerweile an allen Ecken und Enden. Was kann ich dagegen tun?

Ob Blumentopf, Gartenweg, Pflasterritze oder Beetrand – überall dort, wo der Boden unbewachsen ist, siedelt sich der rotblättrige Klee mit seiner Pfahlwurzel an. Er ist kaum zu entfernen, weil die Wurzel immer abreißt und austreibt. Er lässt sich aber halbwegs im Zaum halten. Mulchen Sie dick und lockern Sie den Boden. Im Blumentopf beim Umpflanzen die dicken Wurzeln entfernen. Bio-Unkrautspitzmittel auf Basis der Pelargonsäure helfen zwar kurzfristig, bei mehrmaliger Anwendung schwächen sie die Pflanzen aber nachhaltig.

Gartenarbeit
– die besten Tricks

Gründüngung für Bienen- und Bodenfreunde

Phacelia, auch Bienenfreund genannt, zählt zu den wichtigsten Gründüngungspflanzen.

In der Natur gibt es keine unbedeckte Erde. Wo genug Humus, Wasser und Licht ist, wird sich innerhalb kürzester Zeit Bewuchs einfinden. Man denke nur an die riesigen Erdhügel bei Baustellen. Kaum vergehen 2–3 Monate, sind sie mit einem blutroten Mohnteppich überzogen.

Der gärtnernde Mensch macht sich das zum Vorbild und sät deshalb dort, wo er gerade kein Gemüse oder keine Blumen anbaut, eine sogenannte Gründüngung. Diese hat den Vorteil, dass die Erde rasch begrünt wird, nicht so schnell austrocknet und bei starkem Regen nicht abgeschwemmt wird. Alle hier aufgelisteten Pflanzen sind einjährig und frieren ab. Im Frühjahr bleibt ein abgetrockneter Filz an Blättern zurück, die nicht (!) entfernt werden dürfen, sondern beim Neuanpflanzen bloß aufgerissen werden. Anschließend wird wieder gemulcht.

So wird gesät

Abgeerntete Beete zunächst mit einer Grabgabel lockern. Ist der Boden humos, muss nicht umgestochen werden. Es reicht dann, die Gabel in die Erde zu stecken und am Griff zu rütteln – auf diese Art und Weise wird die ganze Fläche bearbeitet. Tonige Böden muss man aber unbedingt umstechen.

Den fertig bearbeiteten Boden danach glatt rechen und die Bodendüngungssaaten ausbringen. Den Boden gilt es in den ersten Tagen gleichmäßig feucht zu halten, dann bildet sich rasch ein dichter Bewuchs und später auch ein hübscher Blütenteppich.

So wirken sie

Die Gründüngungspflanzen versorgen den Boden mit Humus, reichern Stickstoff an oder vertreiben Nematoden und andere Schädlinge. Im Winter frieren die Pflanzen ab und bilden eine schützende Decke. Die Erde ist dadurch gegen Erosion geschützt und erwärmt sich gegen Ende des Winters viel rascher. Im Frühjahr wird das organische Material nicht entfernt, sondern nur etwas aufgerissen und oberflächlich leicht eingearbeitet. Im Anschluss können Sie sofort pflanzen oder säen und haben damit gleich für eine Mulchschicht gesorgt, die vor dem Austrocknen schützt.

Ein guter Boden ist die beste Voraussetzung für üppiges Wachstum.

Die besten Gründüngungspflanzen

- **Gelbsenf**
  Dieses Gewächs aus der Familie der Kreuzblütler ist eine sehr schnellwüchsige Pflanze. Ihr feines Wurzelgeflecht bildet einen guten Boden für nachfolgende Saaten. Allerdings heißt es aufpassen: Einige Krankheiten bei Kohlgewächsen (z. B. Kohlhernie) werden begünstigt. Deshalb ist es sicherer, den Gelbsenf nur als Untersaat bei Himbeeren, Brombeeren oder auf Baumscheiben zu verwenden.

- **Ölrettich**
  Der Ölrettich ist die beste Pflanze, um schwere Böden zu lockern. Seine Wurzel reicht bis zu 80 cm in die Tiefe und lockert damit auch tonige Böden. Gerade bei Gartenneuanlagen hat sich diese Gründüngungspflanze besonders gut bewährt.

- **Bienenfreund**
  Neben den positiven Eigenschaften für den Boden bietet die *Phacelia* mit ihren blauen Blüten nicht nur eine Augenweide, sondern auch Nahrung für die nützlichen Bienen.

- **Lupine**
  Die einjährigen Lupinen-Sorten blühen gelb, weiß oder blau und sind, so wie alle Leguminosen, vor allem als Stickstoffsammler nützlich. Sie holen diesen wichtigsten Pflanzennährstoff aus der Luft und geben ihn dank spezieller Knöllchenbakterien an den Boden ab.

- **Spinat**
  Das Gemüse mit doppeltem Nutzen: Spinat liefert nicht nur im Spätherbst die letzten und im zeitigen Frühjahr wieder die ersten Vitamine aus dem Garten, sondern hat auch eine sehr positive Wirkung auf das Bodenleben. Im Frühjahr werden die Spinatpflanzen abgeschnitten und bleiben als Mulch liegen.

- **Ringelblume, Tagetes, Sommerwicke**
  Diese Pflanzen, die man meist vom Sommerblumenbeet kennt, wirken besonders gut gegen Nematoden. Allerdings sollte man (z. B. bei der Tagetes) eine mindestens dreimonatige Kulturdauer ermöglichen.

NEUE Gartenfragen & Antworten

FÜR INTELLIGENTE FAULE

Blumenwiese als Gründüngung

Ist eine Blumenwiesenmischung nicht auch eine Art Gründüngung? Ich könnte dann doch bei meinem neuen Garten einfach alles umstechen und sofort pflanzen.

In gewisser Weise haben Sie recht, doch muss man bedenken, dass einige der Pflanzen in der Blumenwiese ausdauernd sind und daher nach dem Umgraben wieder zu wachsen beginnen. Bei Gründüngungspflanzen wählt man vor allem Pflanzen, die im Winter abfrieren und im Frühjahr eine Mulchdecke bilden. Außerdem gibt's noch ein Problem: Rasen und Wiese, die umgegraben werden, sind meist voller Drahtwürmer. Daher oberste Schicht abtragen (und kompostieren), dann umgraben, Kompost aufbringen und Gründüngung säen.

Klee als Gründünger

Mit Gründüngung hatte ich einen großen Misserfolg! Ich hab mir eine Profibegrünung von einem Landwirt besorgt, nun wächst im ganzen Gemüsegarten der Klee, der kaum zu beseitigen ist. Was soll ich in Zukunft machen?

In den landwirtschaftlichen Gründüngungen sind oft auch ausdauernde Pflanzen enthalten, weil die Felder nach der Begrünung oft tief gepflügt werden und damit der Klee verschwindet. Besser ist es, Gelbsenf, Inkarnatklee, Bitterlupine oder Ölrettich zu säen – sie frieren garantiert ab und machen kein Unkrautproblem.

Umgraben?
Nein danke!

Lockere, weiche Erde – das ist der Traum vieler Gartenliebhaber. Und so wird umgegraben und umgegraben. Und nach einigen Wochen ist die Erde wieder so fest wie zuvor.

Der intelligente Faule lässt andere arbeiten. Einerseits wird der Boden konsequent mit Kompost versorgt, andererseits wird er ständig gemulcht, also mit organischem Material bedeckt. Damit daraus Humus wird, benötigt man viele Millionen kleiner Helfer – die Mikroorganismen und Bodenbakterien. Eine sehr spezielle Gruppe von Gartenbewohnern, die an ihre Umgebung gewisse Ansprüche stellen – vor allem aber: Ruhe und Ungestörtheit. Deshalb wird im Faulenzergarten nicht mehr so oft zum Spaten gegriffen wie in einem herkömmlichen Garten. Freilich, in der Anfangsphase heißt es vor allem: Boden lockern, sonst kommt es zu einer Verdichtung des Erdreichs, was für die Wurzeln von allen Pflanzen besonders schlecht ist.

Sanfte Bodenlockerung

Der Naturgärtner lockert den Boden auf folgende Weise: Er sticht eine Grabgabel in die Erde und bewegt den Stiel ruckartig vor und zurück. Etwa alle 15 cm sollte dies erfolgen. Damit wird die Erde belüftet, gleichzeitig bleiben aber alle Schichten und Bodenorganismen dort, wo sie hingehören. Nach einigen Jahren des biologischen Gärtnerns kann man ein für den Biogartenbau speziell entwickeltes Werkzeug verwenden, den Sauzahn. Er hat die Form einer Sichel, ist aber aus kräftigem Metall. Dieser Ziehhaken mit einem Gänsefüßchen wird alle 10 cm diagonal durch die Erde gezogen.

TIPP FÜR INTELLIGENTE

Kompost und Mulch

Umgestochene Erde ist im Frühjahr sehr feinkrümelig. Damit Regen und Sonne die Erde nicht wieder verkrusten, sollen die Beete sofort mit Kompost versorgt und mit Mulch bedeckt werden.

Tomaten, in kleinen Kokospresstöpfen vorgezogen, wachsen rasch weiter – wenn der Boden gut vorbereitet ist.

Kompost: die Umgrabeautomatik

Kaum zu glauben – ein paar Schaufeln Kompost und schon erspart man sich das mühsame Bodenlockern?

Ganz so ist es nicht und nach der ersten Kompostgabe ist der Boden noch nicht locker – aber ein wenig Ausdauer und Geduld genügen, um ein Ergebnis zu sehen: lockere, humusreiche und wohlriechende Erde.

Besonders schwere, tonige Erde benötigt in der Anfangsphase viel Kompost und/oder gut verrotteten Stallmist. Damit wird das Bodenleben aktiviert und der Regenwurm beginnt mit der Arbeit. Sandige, stark durchlässige Erde ist ebenfalls für die längerfristige Kultur ungeeignet – Wasser und Dünger gehen im Untergrund verloren, ehe sie von den Pflanzenwurzeln aufgenommen werden können. Daher ist hier die Zugabe von organischem Material nötig. Bewährt hat sich in solchen Böden Urgesteinsmehl. Dieses feinst geriebene Gestein ist ein Vitalstoff für den Boden. Mineralien kommen in die Erde und die Düngestoffe werden festgehalten und nicht ins Grundwasser ausgeschwemmt.

Sand – da rieselt die Erde

Lehmige, tonige Erde, die nach dem ersten Regen wie ein Schmierfilm rutscht. Erde, die im Frühjahr lange kalt und nass bleibt. Erde, die bei Trockenheit tiefe Risse bildet; die beim Umgraben am Spaten kleben bleibt. All das findet sich in Ihrem Garten?

Dann heißt es zum Telefon greifen und gleich eine Fuhre Sand bestellen: Am besten nehmen Sie Quarzsand oder scharfen Flusssand.

Etwa 5–10 cm hoch wird er aufgetragen und dann eingegraben: Ein Kleingartenverein oder Baumarkt hat sicher eine Fräse zum Verleihen, ansonsten sollte man einen Gartengestalter in der Umgebung engagieren, denn händisch Umgraben ist

Bodenbearbeitung für Anfänger

1. Im Spätherbst den Boden tiefgründig umgraben.
2. Erde grobschollig den Winter über liegen lassen, der Frost zerkleinert die Erdbrocken.
3. Im Frühjahr Kompost 5 cm stark auftragen und leicht einarbeiten; gibt es im Garten noch keinen Kompost, dann am besten bei kommunalen Anlagen besorgen.
4. Sofort dick mulchen – mit Rasenschnitt, Rindenhumus, Rindenkompost oder Holzfasern.

Wer in den Boden investiert, spart sich später viel Mühe und Ärger.

TIPP FÜR INTELLIGENTE

Ein Helfer im Garten

Das Haustier des Naturgärtners ist der Regenwurm. Er wurde in früherer Zeit als das „Eingeweide der Erde“ bezeichnet, wohl deshalb, weil er abgestorbene Substanzen verspeist und daraus wertvolle Erde erzeugt. Der Regenwurm überlebt nur, wenn er Nahrung hat: Mulchen liefert ihm die nötigen Substanzen.

Moore sind nicht nur Oasen für Tiere und Pflanzen, sie speichern auch Unmengen an Kohlendioxid, die beim Abbau von Torf freigesetzt werden.

Schwerstarbeit. Eine Arbeit allerdings, die sich später als ideal für Faulenzer erweist. Denn guter Boden ist das Fundament für einen bequemen Garten.

Und noch ein Erdverbesserer

Rindenhumus – also kompostierte Rinde – ist ebenfalls ein hervorragender Erdverbesserer. Gerade in der ersten Phase, wenn noch nicht so viel Kompost zur Verfügung steht, ist Rindenhumus ein relativ preiswertes Material zur Lockerung des Bodens.

TIPP FÜR INTELLIGENTE

Kein Torf!

Torf, in Ballen oder Säcken, ist nicht zum Bodenverbessern geeignet. Zunächst einmal steht der Naturschutzgedanke im Vordergrund, der zum Schutz der Moore aufruft, zum Zweiten hat reiner Torf zwei große Nachteile: Er übersäuert den Boden und wird durch seine feine Struktur rasch abgebaut. Die bodenlockernde Wirkung würde nur für wenige Monate erhalten bleiben.

Mit und ohne Mulchen: Wurzeln breiten sich im humusreichen Boden leichter aus – und der Regenwurm lockert den Boden.

NEUE Gartenfragen & Antworten

FÜR INTELLIGENTE FAULE

Ist Kalken sinnvoll?

Ich verwende Kalksand, wenn ich im Garten die Erde durchlässiger machen will. Der Nachbar meint aber, zu viel Kalk sei schlecht. Was meinen Sie?

In den meisten unserer Böden ist der Kalkgehalt ausreichend vorhanden. Durch fortwährendes Mulchen mit Rinde kann es aber zu einer Übersäuerung des Bodens kommen. Daher ist dann das Kalken sinnvoll. Dies sollte am besten durch langsam wirkenden Algenkalk erfolgen. Für die Lockerung des Bodens kann man sporadisch Kalksand verwenden. Gibt man ihn öfter zu, dann empfehle ich eher Quarzsand. Und noch ein Tipp: Boden von Zeit zu Zeit untersuchen lassen.

Bodenpflege unter Glas

Mein großer Stolz ist das Gewächshaus – aber wie pflege ich hier den Boden richtig?

Im Gewächshaus ist alles, was die Bodenpflege betrifft, ein wenig anders. Nach der Ernte den Boden mit der Grabgabel lockern und eine Gründüngungsmischung aussäen. Diese im November komplett abmähen und verrotten lassen. Wenn der Boden nicht gefroren ist, im Dezember umgraben und danach Kompost oberflächlich einarbeiten. Ist die Erde locker, nur mit Sauzahn oder Grabgabel (einstechen und am Griff rütteln) lockern. Nicht vergessen: Im Herbst ausgiebig wässern, damit Düngesalze ausgewaschen werden.

Hilfe bei sandigem Boden

Böden mit einem hohen Sandanteil haben Vorzüge, aber auch gravierende Nachteile. Sosehr sich manche Gartenbesitzer einen durchlässigen Boden wünschen, reine Sandböden sind eine Katastrophe. Kaum gießt man, ist das Wasser auch schon wieder weg. Genauso bei den Nährstoffen – kaum gedüngt, hungern die Pflanzen auch schon wieder. Den Boden kann man nur langsam und langfristig verbessern:

- Konsequent Lehm und Kompost einarbeiten – und das Jahr für Jahr. Nur so baut sich eine Humusschicht auf, die haltbar ist. Ansonsten würde der Humus innerhalb kürzester Zeit ausgeschwemmt werden.
- Gute Dienste leistet auch Bentonit. Das Gesteinsmehl bindet Wasser und Nährstoffe und verhindert ein Ausschwemmen – ohne die Zugabe von Humus und Lehm ist es aber wirkungslos.

Lehmiger Boden – die beste Voraussetzung

Lehmige Böden sind die besten Böden – vor allem dann, wenn sie nach und nach mit Humus angereichert werden. Diese Erde speichert Wasser und Nährstoffe und gibt sie – bei sorgsamem Umgang – wieder ab.

Staunasser Boden durch Baugeräte

Wenn beim Hausbau wochenlang schweres Baugerät über den künftigen Gartenbereich fährt, kommt es zwangsläufig zu einer Bodenverdichtung und zu Staunässe – beides mögen Pflanzen nicht. Wenn möglich, sollte man daher frühzeitig darauf achten und dies verhindern.

Sorgsamer Umgang bedeutet:

- Im Frühjahr erst dann die Erde betreten, wenn sie abgetrocknet ist.
- Im Sommer den Boden niemals unbedeckt lassen.
- Nach starkem Regen oberflächlich immer wieder lockern, wenn kein Mulch aufgebracht wurde. Damit bleibt der Boden gut durchlüftet und voller Leben.

Toniger Boden – Hilfe ein Leben lang!

Schwere Böden sind für Gärtner ein großes Problem. Sie sind kalt, staunass und das Wachstum lässt zu wünschen übrig. Tonige Böden sollten niemals mit schwerem Baugerät befahren werden, denn sie neigen zu extremen Verdichtungen, die sich dann jahrzehntelang nicht beseitigen lassen.

Die Maßnahmen zur Verbesserung toniger Böden sind:

- Den Boden mindestens zwei Spaten tief lockern und Sand und Humus einarbeiten.
- Jedes Jahr mit Kompost versorgen und im Gemüsegarten mindestens 5 – 10 Jahre lang jährlich umgraben. Nur so bleibt die Erde locker und die Wurzeln bekommen Luft zum Wachsen.

Saurer Boden für Spezialisten

Sosehr ihn sich manche wünschen – hat man einen sauren Boden, dann ist man auch unzufrieden: Rhododendren, Heidelbeeren, aber auch seltene Orchideen und die typischen Heidepflanzen gedeihen an solchen Standorten prächtig. Will man dagegen Rosen pflanzen, beginnen die Probleme.

Auch hier heißt die Devise:

- Den Boden langsam durch Gaben von Algenkalk, Kompost und natürlich kalkhaltigem Lehm verbessern. Dies vor allem dann, wenn es sich um einen torfig-sauren Boden handelt, wie er in Moorlandschaften vorkommt.
- Gärten in solchen oft naturgeschützten Gegenden sollten aber die ungeheure Vielfalt an Pflanzen für solche Böden nutzen und den Gemüsegarten in Form von Hochbeeten „künstlich“ anlegen.

Erste-Hilfe-Maßnahme bei schweren, verdichteten Böden: Umstechen, Sand, Humus und Kompost einbringen.

Kalkhaltiger Boden – meist gut geeignet

Böden mit Kalk sind die häufigsten in unseren Breiten. Sie gehören mit zu den fruchtbarsten Standorten, die es gibt. Allerdings ist – siehe „saure Böden“ – das Pflanzen von Moorbeetpflanzen, wie Rhododendren oder Hortensien, nur bei einem Bodenaustausch möglich.

- Auch hier ist es die einfachste Lösung, die Verhältnisse zu akzeptieren und die Pflanzen, die sauren Boden brauchen, in eigene Hochbeete zu setzen.

So wird umgestochen – wenn's unbedingt sein muss

Intelligente, faule und naturnahe Gärtner werden nur in der Anfangsphase zum Spaten oder zur Grabgabel greifen, um den Boden zu lockern. Später, wenn die Erde ausreichend mit Humus versorgt ist, lockern Regenwurm & Co den Boden.

Das Aus fürs Umgraben

Für intelligente Faule ist es leicht zu erkennen, wann Umgraben verzichtbar ist: Sobald im Herbst beim Umstechen die Schollen zerfallen, enthält der Boden genügend Humus und muss nicht mehr gelockert werden.

Dennoch muss das Erdreich in seiner obersten Schicht gelockert werden, denn es gibt für die Pflanzen nichts Schädlicheres als einen verdichteten und damit sauerstoffarmen Boden.

Umgraben sollte man im Spätherbst. Gibt's viele Schnecken, dann nach der ersten Frostnacht die Schollen wenden, damit werden viele Tiere vernichtet.

7 Tipps zum Umgraben

1. Wählen Sie zum Umgraben, wenn nur irgendwie möglich, den Spätherbst. Der Frost im Winter „sprengt" nämlich die Erdschollen mechanisch, und das erleichtert später auch den Bodenlebewesen, aktiv zu werden.
2. Verwenden Sie als Werkzeug eine stabile Grabgabel – am besten aus Edelstahl, sie hält Jahrzehnte!
3. In den Tagen vor dem Umgraben sollte es geregnet haben, ansonsten muss die Fläche gut gewässert werden.
4. Der Boden darf erst betreten werden, wenn sich die Feuchtigkeit so weit verteilt hat, dass keine Erde mehr an den Schuhen kleben bleibt.
5. Frisches Bauland sollte zwei Spaten tief gelockert werden.
6. Die Erdschollen verkehrt herum und unzerkleinert auf die Erde zurücklegen.
7. Nach dem Umgraben die Fläche bis zum Frühjahr nicht mehr betreten. Ist die Erde abgetrocknet, nur mit dem Rechen glätten.

Die Erde muss ausreichend feucht sein. Dann wird Reihe für Reihe der Boden gelockert. Die Schollen bis zum Frühjahr nicht betreten, denn der Frost im Winter lässt feinkrümelige Erde entstehen.

Faule rütteln und ziehen an Gabel und Sauzahn

Nur scheinbar ist in einem Garten das Erdreich völlig gleich: Hier gibt es mehr Sonne, dort mehr Staunässe und an einer anderen Stelle wurde der Boden stark verdichtet.
Mit Bodenverbesserungsstoffen wie Kompost und Gründüngung erzielt jeder nach einiger Zeit einen guten Boden. Spätestens dann heißt es für intelligente Faule, nur mehr „an der Gabel zu rütteln“.
Der Sauzahn – eine der genialsten Erfindungen! Mit so wenig Kraft so viel Arbeit zu erledigen – es könnte ein intelligenter Fauler gewesen sein, der dieses Gartenwerkzeug erfunden hat. Nur dort, wo der Boden mit Kompost versorgt und regelmäßig gemulcht wird, lässt sich dieses Werkzeug verwenden. Erst an einer Stelle mit der Grabgabel lockern, dann diagonal durchziehen. Auch mit der Gartenkralle kann der Boden vor allem in Gärten mit hohem Humusanteil perfekt gelockert werden.

Ist der Boden schon locker, dann nur noch mit der Grabgabel lockern.

7 Tipps zum Bodenlockern

1. Das Lockern des Bodens kann jederzeit im Jahr erfolgen.
2. Verwenden Sie dazu eine robuste Grabgabel mit möglichst langen Zinken. Viele Biogärtner lockern den Boden auch mit dem Sauzahn – ein sichelförmiges Grabegerät mit einem Gänsefüßchen vorn, das durch den Boden gezogen wird.
3. Beseitigen Sie eventuelle Erdrisse, indem Sie mit einem Rechen oberflächlich den Boden bearbeiten. Dies ist dann besonders wichtig, wenn es im Garten viele Schnecken gibt, die in den Erdritzen Unterschlupf finden.
4. Die Erde sollte feucht, aber nicht nass sein – es sollte möglichst geregnet haben oder der Boden gut gewässert worden sein.
5. Keinesfalls darf die Erde betreten werden, wenn sie so nass ist, dass sie noch an den Schuhsohlen kleben bleibt.
6. Stechen Sie die Grabgabel alle 10 cm vollständig in den Boden ein.
7. Rütteln Sie nun kräftig vor und zurück, sodass sich die Erde im Umkreis der Gabel hebt. Oder ziehen Sie den Sauzahn diagonal durch.

In regelmäßigen Abständen an der Gabel rütteln.
Zum Schluss beseitigen Sie die Erdrisse mit dem Rechen.

Die feuchten Beete werden mit dem Sauzahn diagonal durchfurcht.

Das wichtigste Werkzeug

Bei Gartenwerkzeug lohnt es sich, auf Qualität zu achten. Dann haben Sie auch in der nächsten Saison noch Freude daran.

Wer einen Garten neu anlegt, der wird wohl als Erstes ein Gartencenter, einen Baumarkt oder ein Fachgeschäft für Gartenzubehör aufsuchen. Und dann beginnt das große Rätselraten: Welches Werkzeug benötigt man und, vor allem, wie sieht es mit der Qualität aus?

Meist ist der Preis das Entscheidungskriterium. Dennoch: Qualitätswerkzeug kostet einfach mehr. Eine etwas größere Investition lohnt sich und spart Ärger. In großen Gärten haben sich elektrische Geräte bewährt, in kleineren reichen auch mechanische – genannt seien Rasenmäher oder Heckenschere.

Spaten und Grabgabel aus Edelstahl

Spaten und Grabgabel zählen zu den wichtigsten Geräten im Garten und sollten daher von hoher Qualität sein. Als Material empfehle ich ausschließlich Edelstahl mit einem kräftigen Holzstiel. Alle anderen Geräte – und davon hatte ich genug – sind spätestens nach einer Saison abgebrochen, vor allem, wenn das Erdreich sehr fest ist. Arbeitet eine Frau mit den Geräten, so ist die „Damenversion" zu empfehlen. Sie ist etwas kleiner und damit leichter zu handhaben.

TIPP FÜR INTELLIGENTE

Werkzeug aus Kupfer

Manche meinen, es sei Hexenspuk – doch Untersuchungen haben gezeigt, dass da wirklich etwas dran ist: Werkzeug aus Kupfer gibt bei jeder Bodenbearbeitung konstant geringste Mengen des Metalls an den Boden ab. Kupfer fördert in so geringen Mengen das Bodenleben und sorgt für gesundes Wachstum.

Wasser ist … nicht nur zum Waschen da!

Ohne Wasser kein Leben, vor allem kein Gartenleben. Daher benötigt man schon von Beginn an eine ordentliche Ausrüstung mit Bewässerungsgeräten: Gießkanne – ob Plastik oder Blech bleibt jedem überlassen. Plastik ist leichter. Verzinkte Gießkannen haben aber einfach mehr Charme. Beim Schlauch weniger auf die Optik als auf die Festigkeit schauen: Wenn nur irgendwie möglich, verwenden Sie einen 3/4-Zoll-Schlauch, der transportiert wirklich genügend Wasser – wenn die Gartenwasserleitung nicht zu klein dimensioniert wurde! Als Endgeräte können Sie die Standardsortimente verwenden, noch praktischer und langlebiger sind Profigeräte aus Messing: Kupplungen, Brausen und Düsen halten dann gleich mehrere Gärtnergenerationen.

Bequem und wassersparend sind Perlschläuche. Gleich beim ersten Einkauf sollte ein sogenannter Perlschlauch im Einkaufswagen liegen. Diese aus Altreifen hergestellten und stark porösen Schläuche sind die Arbeitssparer schlechthin. Gerade nach der ersten Bepflanzung ist das gleichmäßige Gießen wichtig. Mit den in der Mulchschicht vergrabenen Schläuchen, die alle paar Tage einige Stunden eingeschaltet werden, erspart man sich die Gießarbeit.

TIPP FÜR INTELLIGENTE

Ein Stiel – viele Geräte

Das von den Geräteherstellern erfundene Prinzip – ein Stiel für viele Geräte – ist praktisch, doch manchmal auch ärgerlich, ist es doch bei der Gartenarbeit meist so, dass nicht bloß ein Gerät verwendet wird, sondern manchmal zwei oder drei. Hat man nur einen Stiel, heißt es ständig Stielwechseln – und das kostet Zeit. Daher die wichtigsten Geräte unbedingt komplett kaufen – also mit Stiel.

Checkliste für die Grundausstattung

- Spaten und Grabgabel
- Schaufel und Mistgabel
- Sauzahn
- Hacke (Kräuel, Haue, Häunel)
- Pendelhacke
- Rechen (Harke) und Laubrechen
- Reisigbesen
- Gartenschere
- Heckenschere
- Pflanzensprüher
- Gießkanne(n)
- Schlauch mit Düsen und Kupplungen; evtl. Schlauchwagen
- Bewässerungsschläuche
- Kübel und Körbe
- Stäbe und Bindfäden
- Schubkarren
- Rasenmäher
- Unkrautflämmgerät

NEUE Gartenfragen & Antworten

FÜR INTELLIGENTE FAULE

Praktische Pendelhacke

Ich hab kürzlich eine Pendelhacke aus Kupfer gesehen. Ist die praktisch und muss sie aus Kupfer sein?

Kupferwerkzeug an sich ist für den Boden schon gut, die Pendelhacke, finde ich aber, ist eines der praktischsten Werkzeuge, das ich kenne. Ob Wege zwischen den Gemüsebeeten oder auch zwischen den Pflanzreihen, mit ihr lässt sich das Unkraut ganz leicht entfernten, ohne die Wurzeln der Gemüsepflanzen zu stören. Das abgeschabte Unkraut kann man bei trockenem Wetter einfach als Mulch liegen lassen. Bei feuchter Witterung besteht die Gefahr, dass die Pflanzen wieder anwurzeln. Da ist es günstiger zu kompostieren.

Bodenbearbeitung bei Rosen

Rosengabel – das ist eine Grabgabel mit nur zwei Zinken. Ist die wirklich notwendig oder kann ich auch mit einer normalen Grabgabel den Boden lockern?

Die sogenannte Rosengabel hat sich bei einer dichteren Bepflanzung mit Rosen sehr gut bewährt um schwere Böden zu lockern. Damit lässt sich auch der organische Rosendünger im Frühjahr ganz gut einarbeiten. Bei mir wird im Herbst mit Kompost angehäufelt und dann im März der Dünger (z. B. Hornspäne) aufgestreut und mit der Rosengabel eingearbeitet. Eine normale Grabgabel ist zu breit und würde zu viele Wurzeln beschädigen.

Schnelle Lösungen im Gartenalltag

Hier finden Sie Tipps und Ideen für schnelle, einfache und kreative Lösungen im Gartenalltag, die ich im Laufe der Jahre bei meinen vielen Gartenbesuchen im In- und Ausland und beim Garteln sammeln konnte. Fehlt das eine oder andere Material, können Sie oft den Weg ins Gartencenter vermeiden – ein Blick in den Recyclingbehälter lohnt sich meistens und spart Zeit und Geld!

Ideen für den Werkzeugschuppen

Das richtige Werkzeug bringt im Garten eine große Arbeitserleichterung. Manchmal aber findet man es nicht, es geht kaputt oder erfüllt nicht optimal die Ansprüche. Oft sind es Kleinigkeiten, die das Leben erleichtern: Wie tief zum Beispiel soll der Spaten eigentlich beim Zwiebellegen in den Boden? Guter Rat ist auch hier nicht teuer!

Spaten mit Maßband

Damit man immer weiß, wie tief man gerade gräbt, malt man mit einem Lackstift oder einem alten Nagellack ein Maßband auf das Spatenblatt. So erkennt man die richtige Tiefe mit einem Blick – zum Beispiel beim Pflanzen von Blumenzwiebeln.

Schon probiert? Markieren Sie den Spaten, um die richtige Tiefe für Blumenzwiebel zu sehen.

Werkzeug als Scherenschnitt

Im Gartengeräteschuppen herrscht immer Ordnung, wenn man das Werkzeug an Schrauben und Haken an einer Wand aufhängt. Damit immer alles an seinem Platz ist, zeichnet man bei der Erstbestückung die Umrisse aller Werkzeuge – wie bei einem Scherenschnitt – nach. Beim Aufräumen ist es so leichter, den richtigen Platz zu finden.

Griffe mit Leuchtfarbe

Kleines Werkzeug geht oft im Garten verloren, besonders dann, wenn es nostalgische Geräte mit Holzstiel sind. Die Abhilfe ist schnell geschafft: Bringen Sie an mehreren Stellen ein Klebeband in Leuchtfarbe (Orange, Gelb) an, dann finden Sie die kleinen Schaufeln, Rechen (Harken) viel schneller wieder.

Vielseitiger Gartenschlauch

Der Drahtbügel eines Kübels ist bei schwerer Last oft unangenehm, denn er schneidet regelrecht in die Hand ein. Ein Stück von einem alten Schlauch bringt Abhilfe: Den Schlauch der Länge nach aufschneiden, über den Metallbügel ziehen und mit wasserfestem Leim füllen. Der Schnitt sollte nach oben zeigen; so wird das Tragen eines schweren Kübels ganz bequem. Auch ein löchriger Gartenschlauch lässt sich noch weiterverwenden. Stechen Sie Löcher dazu und verwenden Sie ihn als Bewässerungsschlauch für die Beete.

Knickender Schlauch

Bei manchem Gartenschlauch gibt es immer wieder Stellen, die abknicken. Meist reicht es schon, diese Stellen mit einem Textilklebeband mehrmals zu umwickeln. Oder man schient die Stelle mit einem Kunststoffstück, wie es als Wildschutz bei jungen Bäumen angebracht wird.

Etiketten aus Joghurtbechern oder Eisstielen

Vor allem beim Aussäen von Gemüse und Sommerblumen sind Etiketten eine große

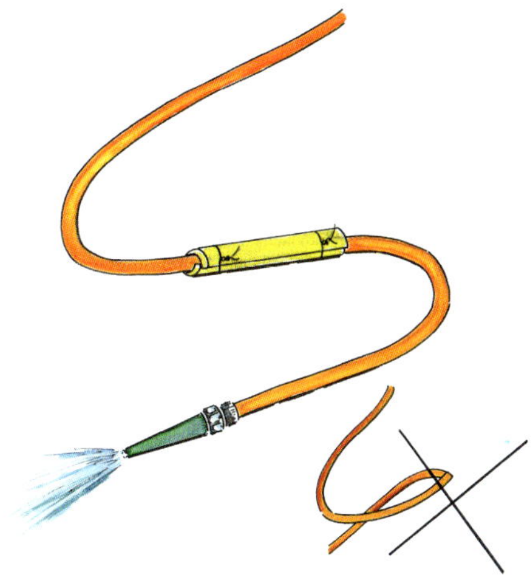

Erste Hilfe für den Gartenschlauch mittels Knickschutz.

Hilfe: Wer weiß schon nach einigen Tagen noch alle Namen oder etwa auch, wie groß eine Pflanze wird? Keine Etiketten zur Hand? Alte, gereinigte Joghurtbecher liefern perfekte Schilder! Den Becher mit einer kräftigen Schere in 1,5 cm breite Streifen schneiden. Das Ende schräg abschneiden, und schon können an der weißen Innenseite mit einem wasserfesten Filzstift Name, Farbe, Wuchshöhe und Aussaattag vermerkt werden. Die Schilder halten zwar nicht so lange wie gekaufte – es reicht aber bis zum Auspflanzen im Frühjahr.

Hübsch und praktisch sind auch Holzstäbchen als Etiketten, und der nächste Sommer kommt bestimmt. Ab nun wird kein Stiel des beliebten Schleckeises mehr entsorgt. Reinigen, trocknen und sammeln – Sie werden staunen, wie rasch Sie eine Menge beisammenhaben.

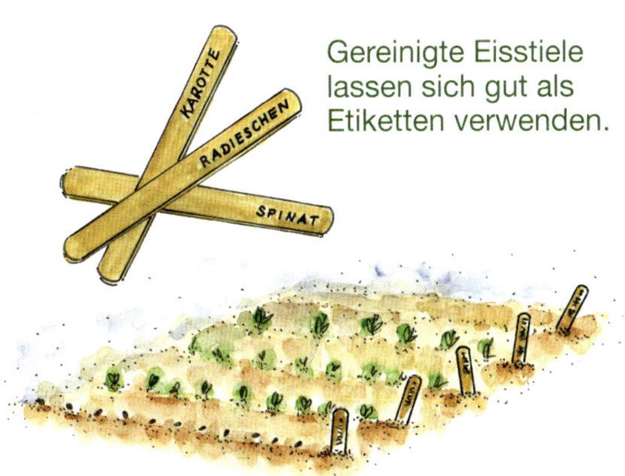

Gereinigte Eisstiele lassen sich gut als Etiketten verwenden.

Glasflaschen, in den Boden versenkt, werden zur attraktiven Beeteinfassung.

Minigewächshaus und Schneckenzaun

In erster Linie sind Plastikflaschen, in denen Mineralwasser und Softdrinks verkauft werden, eine Umweltbelastung und grundsätzlich zu meiden. Die eine oder andere Flasche verirrt sich aber doch immer wieder in den Haushalt und ist dann, ehe sie endgültig im Sammelbehälter landet, ein vielseitiger Helfer im Garten. Aus der glasklaren Variante kann im zeitigen Frühjahr ein Minigewächshaus werden. Verwenden Sie dazu den oberen Teil der Pet-Flasche (also dort, wo sich der Schraubverschluss befindet) und stülpen Sie ihn vorsichtig über die jungen Pflänzchen. Bei starkem Sonnenschein müssen Sie die Flasche aber entfernen, sonst kommt es zu Verbrennungen.

Auch ein schneller Schneckenzaun lässt sich aus den Flaschen machen: Schneiden Sie ca. 10 cm breite Ringe aus der Flasche, schneiden Sie den oberen Rand wie ein Sägeblatt ein und biegen Sie ihn nach außen. Nun wird der Ring um die Pflanze gesteckt und hält gerade bei kleinen zarten Pflänzchen die Schnecken sehr gut ab.

Pet-Flaschen-Gewächshaus

Kurios und sicherlich nicht jedermanns Sache ist ein Gewächshaus aus Kunststoffflaschen, das ich bei einer Blumenschau in England entdeckt habe: Aus Hunderten an Bambusstäben aufgefädelten Flaschen wurden Dach und Wände eines kleinen Tomatenhauses gefertigt. Ein einfacher Holzrahmen lieferte die Stabilität. Sicherlich nichts für die Ewigkeit, aber um einem kühlen Sommer ein Schnippchen zu schlagen eine einfache Lösung.

Flaschen als Beetbegrenzung

Nicht die Plastikflaschen, sondern Glasflaschen sind jetzt gefragt: Recyclingflaschen werden verkehrt herum als Beetbegrenzung etwa 15 cm tief eingegraben. Wer es besonders attraktiv will, kann die Etiketten mit einem Klarlack für einige Zeit haltbar machen: mit Bierflaschen zum Beispiel wird daraus ein „Hopfenbeet" der besonderen Art.

Kartoffelsack fürs Brennnesselkraut

Jauchen kann man im Biogarten immer brauchen. Damit das Ausbringen einfacher wird, empfehle ich Ihnen einen Trick: Die Brennnesseln (ohne Blüten und Samen) in einen großen Kartoffelsack stopfen, wie man ihn in Gemüsehandlungen findet. Das aus Plastik gewobene Material ist haltbar und wasserfest. Den gefüllten Sack in eine Regentonne drücken – eventuell zu Beginn etwas beschweren – und dann warten, bis das Wasser zu schäumen beginnt. Hat sich der Schaum gelegt, wird der Sack entfernt, der Inhalt kommt auf den Kompost, und die Brennnesseljauche kann 1:10 verdünnt direkt zu den Wurzeln gegossen werden. Damit die ganze Sache nicht zu sehr stinkt, rührt man einige Handvoll Urgesteinsmehl ein.

Blechdosen als Töpfe

Man kennt diese kreativen Pflanzgefäße aus dem Süden: Olivenöldosen und -kannen, bei denen der obere Deckel weggeschnitten wurde, werden zu dekorativen Blumentöpfen. Gerade zu einer mediterranen Gartengestaltung und auf die sommerliche Terrasse passen solche Töpfe sehr gut. Damit die Pflanzen nicht ertrinken, muss man genügend Abflusslöcher bohren und eine Kiesschicht als Dränage einfüllen. Um lästige Rostränder zu vermeiden, stellen Sie die Töpfe am besten in Untersetzer oder decken die Unterkanten mit einem Kraftklebeband ab.

Eierkarton als Kinderstube

Die Idee ist nicht neu, aber immer noch gut: einen Eierkarton mit Aussaaterde füllen und darin Pflanzen vorziehen. Diese Methode eignet sich ideal für Bohnen, Gurken, Kürbisse und Zucchini. Sie wachsen sehr rasch, können nach 2 Wochen schon ausgepflanzt werden und sind dann keine so leichte Beute mehr für Schnecken.

WC-Kartonrollen als Anzuchttöpfe

Die Kartonrollen, die als Reste einer WC-Papierrolle bleiben, sind ebenfalls ideale

Ob als Minigewächshaus oder als Schneckenzaun – Pet-Flaschen sind schnell zur Hand.

Töpfe zum Vorziehen von Pflanzen. Geeignet sind sie für Erbsen, vor allem für Zuckererbsen, denn diese können erst bei etwas milderen Temperaturen direkt im Garten gesät werden. Vorgezogen bringen sie aber viel schneller eine Ernte.

CD-Rad als Vogelscheuche

Vögel sind zwar nützliche Insektenvertilger, naschen aber leider auch sehr gern von den Früchten des Gartens mit. Durch das Glitzern und Funkeln von CDs lassen sie sich wenigstens eine Zeit lang abschrecken. Bei den Obstbäumen werden die CDs in die Kronen gehängt; auf den Beeten übernimmt eine CD-Vogelscheue die Abschreckung. Sie lässt sich schnell aus einem alten Fahrrad basteln. Ein Rad wird ohne Gummireifen so an einem Holzstab montiert, dass es sich noch frei drehen lässt. An den Speichen befestigt man dann die alten CDs. Schon beim leichtesten Lüftchen funkeln die Scheiben und halten die Vögel ab. Die CDs sind sehr robust und können immer wieder verwendet werden.

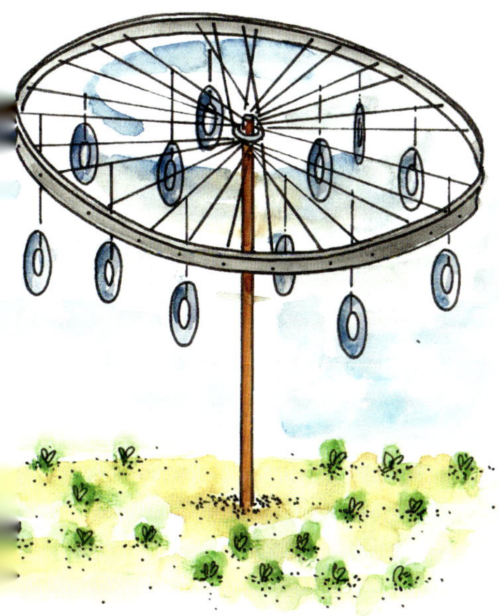

Ein wirkungsvolles Objekt: die Vogelscheuche aus einem alten Rad und ausgedienten CDs.

Mit einem Docht aus Glasfaser entsteht die automatische Bewässerung für Ihre Orchidee.

Bewässerung mit Docht

Folgende Erfindung ließ mich staunen: Orchideen im Topf werden mit 3 Litern Wasser über lange Zeit versorgt – und das ganz ohne Staunässe! Wie soll das gehen? Der Blumentopf der Orchidee schwebt dabei über dem dekorativen, wasserdichten Behälter. Durch die Abflusslöcher werden, je nach Größe der Pflanze, 1–2 Glasfaserdochte gezogen und um den Wurzelballen der Orchidee gewickelt. Das Wasser ist ganz leicht gedüngt, so wird die Pflanze nicht nur über Wochen mit Feuchtigkeit, sondern auch mit Nährstoffen versorgt. Ich habe diese Bewässerungsmethode ausprobiert und der Erfolg zeigte sich umgehend. Aus einer zuerst schönen, aber eher mickrigen Orchidee wurde ein Prachtexemplar! Übrigens: Die „Dochtbewässerung“ funktioniert auch bei vielen anderen Pflanzen, etwa beim Einblatt oder bei der Anthurie.

Verkalkte Tontöpfe reinigen

Unschöne weiße Kalkränder auf Tontöpfen lassen sich einfach entfernen: Einen Kübel mit Wasser füllen, ein Tasse Essig dazugeben und den Tontopf einige Stunden einweichen. Der Kalk wird großteils verschwinden. Anschließend die Töpfe in klarem Wasser auswässern und trocknen lassen, ehe man sie verwendet. Töpfe in den Teich gelegt werden auch wieder sauber, denn das „saure“ Teichwasser löst die Beläge. Diese Maßnahme dauert aber einige Wochen.

Kalk als Sonnenschutz

Gewächshäuser heizen sich im Sommer oft enorm auf – da hilft es nur, für Beschattung zu sorgen, solange die Sonne scheint. Während längerer Regenperioden benötigen die Pflanzen aber wieder Licht. Eine alte Gärtnermethode ist es, Kalk auf die Glasfenster zu streichen. Ist der Kalk trocken, wirkt er schattierend, wird er nass, lässt er das Licht durch. Nach heftigem Regen muss der Anstrich allerdings erneuert und im Herbst die Fenster dann gereinigt werden. Prüfen Sie bei Plexiglas aber unbedingt zuvor, ob der Kalk nicht die Oberfläche verätzt.

Desinfizieren mit Holzkohle

Ganz gewöhnliche Grillkohle ist für viele Gartenbereiche ein ideales Pilzbekämpfungsmittel: Der Staub kann zum Desinfizieren von größeren Schnittstellen verwendet werden, zum Beispiel beim Teilen von Dahlien, Afrikanischen Lilien (*Agapanthus*) oder auch Kartoffeln. Zerkleinerte Grillkohle wird ins Orchideensubstrat gemischt. Einzelne Stücke kann man ins Blumenwasser legen. Sie halten das Wasser für einige Zeit frei von Pilzerregern und verhindern damit auch den unangenehmen Geruch.

Holzkohle hilft als Desinfektionsmittel gegen Pilze.

Grüne Tomaten kann man nur bedingt in der Küche verwenden, da sie den Giftstoff Solanin enthalten. Als Rostentferner sind sie aber perfekt.

Tomaten als Rostentferner

Ist der Sommer einmal nicht so sonnig wie erhofft, bleiben viele Tomatenfrüchte grün. Einige kann man als Sauergemüse einlegen, zu viel darf man davon aber nicht essen, denn das in den Früchten enthaltene Solanin verursacht bei empfindlichen Menschen Magenbeschwerden. Viel besser ist es dagegen, die Tomaten zu zerdrücken, in Stoffsäcke zu füllen und auf Roststellen von Gartengeräten zu legen. Über Nacht lässt die Fruchtsäure die Korrosion verschwinden. Kleinere verrostete Messer kann man in Gläser mit dem pürierten Tomatenmark legen. Auch so entfernen die grünen Tomaten den Rost, und der Gärtner hat kein schlechtes Gewissen, wenn er danach die Früchte auf den Kompost wirft.

Bäume pflanzen mit halber Arbeit

Große Bäume zu pflanzen ist oft mühsam. Es ist aber nur die halbe Arbeit, wenn man die ausgegrabene Erde auf einer dicken Folie (Teichfolie) oder einem alten stabilen Teppich zwischenlagert. Dort wird sie mit Kompost und Hornspänen gemischt. Nach dem Setzen des Baumes muss man dann nur die Folie anheben und die Erde ins Loch rutschen lassen.

Dekorative Pflanzenstützen

Der Rückschnitt von Bäumen und Sträuchern gehört in einem Garten, der in die Jahre gekommen ist, zum alljährlichen herbstlichen Programm. Die großen Mengen an Gehölzschnitt sind aber nicht nur Häckselgut und Kompostmaterial, sondern auch Grundlage für so manche Gartenhilfe: Ob Bohnenstangen, Rankgerüst für Erbsen oder auch Pflanzenstützen für Pfingstrosen und Rittersporn – die Möglichkeiten sind vielfältig. Besonders die Äste von Haselnuss und anderen Wildsträuchern lassen sich gut als Staudenstütze verwenden. Etwa 80 cm sollten sie lang sein, die Seitenäste werden auf etwa 15–20 cm eingekürzt und nur die untersten 30 cm entastet. So kann man die Hölzer schon im Frühjahr bei den Stauden aufstellen – die Pflanzen wachsen dann durch die Äste und bekommen dadurch Halt. Zudem sehen sie attraktiver aus als Stützen aus Plastik.

Tunnel aus Ästen

Die langen, eher dünnen Äste der Haselnusssträucher sind für einen Tunnel der besonderen Art ideal: Kürbisse, Kalebassen, aber auch Gurken erobern dieses Bauwerk auf Zeit im Nu. Die Stangen sollten um die 4–5 m lang und etwa 3–5 cm stark sein. Ein mindestens 40 cm tiefes Loch wird ausgehoben und die Hölzer eingegraben. Das erfolgt alle 50 cm. Entweder man biegt sie gleich im Bogen oder man formt zunächst eine Hälfte und fügt einen etwas dünneren Ast als obere Bogenhälfte ein. Ideal zum Befestigen ist entweder Draht oder – noch einfacher – schwarze Kabelbinder. Zum Festigen der Gestelle

Romantische Durchgänge zaubern Sie aus den Ästen der Haselnuss. Kürbisse oder Gurken sind schnelle Kletterer.

Querriegel einbauen und über die gesamte Länge jeweils einen Ast diagonal befestigen. Dann wird gepflanzt, und schon ist der Tunnel bewachsen.

„Baumruinen" als Rosenobelisk

Gerade in alten Gärten findet man sie oft: Obstbäume, die in die Jahre gekommen sind und kaum noch Früchte tragen. Dann sollte aber nicht die Motorsäge zum Einsatz kommen, sondern – nach englischem Vorbild – eine Ramblerrose in etwa 50–80 cm Entfernung an den Stamm des Baumes gepflanzt werden. In den ersten Jahren werden die Triebe in die Baumkrone geleitet, später halten sich die Rosen, die ja Spreizklimmer sind, selbst. Zur Sicherheit sollten zu Beginn die vertrockneten Äste der Bäume herausgeschnitten werden. Bestens geeignet für das Klettern in Bäumen sind die Rosensorten 'Bobbie James', 'Kiftsgate' (besonders stark wachsend und nur für große Bäume), 'Pauls Himalayan Musk' oder auch 'Goldfinch'.

Baumstämme als Pilzbeet

Die frisch geschnittenen Stämme von Laubbäumen sind die ideale Basis, um Pilze im Garten zu kultivieren: In 3–5 cm tiefe Einschnitte oder Löcher wird die Pilzbrut abgelegt. Vorteilhaft ist es, bereits beimpftes Holz mit Folie abzudecken, um die Feuchtigkeit zu erhalten. Ist das Holz vom Myzel durchzogen, muss die Abdeckung entfernt werden. Geerntet werden nur die Hüte, da die Stiele vor allem bei Hitze häufig holzig werden. Als Pilzkultur in Holzstämmen eignen sich Austernseitling und Kulturträuschling. An einer schattigen Stelle im Garten – geschützt vor Schnecken – liefern die Laubholzstämme oft mehrere Jahre lang immer wieder frische Pilze für die Küche.

Trockenmauer aus Dachziegeln

Was tun, wenn man Bauschuttreste nicht abtransportieren, aber auch nicht einfach liegen lassen will und kann? So geschehen bei einem Freund, der nach einigen Überlegungen aus der Not eine Tugend machte: Hunderte alte Tondachziegel wanderten nicht auf die Deponie, sondern bilden das Rückgrat für einen Gehölzwall. Aufgeschichtet in künstlerischer Linienführung und bepflanzt mit allerlei trockenheitsliebenden Pflanzen wurde aus dem „Bauschutt" ein kleines Kunstwerk, das auch vielen Nützlingen Unterschlupf bietet – eine Trockenmauer der besonderen Art.

Steinreich und dekorativ

In so manchem Garten sind die Böden stark mit Steinen durchzogen. Das ist im Prinzip kein Malheur und fördert auch in Maßen die Bodenstruktur. Doch was zu viel ist, ist zu viel! Und so wird wohl bei jedem Pflanzen, Bodenlockern oder Unkrautzupfen der eine oder andere größere Stein entfernt. Aber halt! Nicht entsorgen! Mit solchen runden Flusssteinen lassen sich sehr gut Wege pflastern, die sehr dekorativ aussehen und dennoch keinen Cent kosten.

Alte Dachziegel aus Ton dürfen nicht auf der Deponie landen! Sie eignen sich bestens für den Bau einer Trockenmauer.

Schädlinge und Krankheiten

sanft bekämpfen

Schlägt die Natur zurück?

Was aussieht wie eine schmale Wespe, ist eine nützliche Schwebfliege, hier auf einer Johanniskrautblüte.

Warum sind in meinem Garten Blattläuse, Schnecken oder diese kleinen roten Käfer an den Lilien? Habe ich sie eingeschleppt? Oder schlägt die Natur zurück?
Nein. Schädlinge sind ein Teil der Natur und die Unterscheidung zwischen schädlichen und nützlichen Insekten hat erst der gärtnernde Mensch getroffen. Daher: keine Panik!
Schädlinge und Krankheiten sind jedoch ein Hilferuf der Pflanzen: Das natürliche System, eine ausgewogene Balance zwischen Freund und Feind, ist zusammengebrochen, der gesunde Lebenszyklus unterbrochen. In einer intakten Natur gibt es an sich kein Schädlings-„Problem“. Zwar sind auch hier Blattläuse ebenso zu finden wie Mehltau. Die natürliche Wuchskraft der Pflanzen sowie die zahlreichen natürlichen Feinde (wir nennen sie „Nützlinge“) sorgen aber für eine ausreichende Dezimierung.

So bekämpft der intelligente Faule Schädlinge

Nicht reagieren, sondern agieren, lautet die Devise: Gesunde Pflanzen, die am idealen Standort stehen, gleichmäßig mit Nährstoffen versorgt und regelmäßig gewässert werden, fallen den lästigen Saugern kaum zum Opfer. Marienkäfer & Co sorgen dafür.
Aber: Ob Käfer oder Raupe, nichts ist vor dem scharfen Auge des Pflanzenliebhabers sicher. „Was der Gärtner nicht kennt, das bringt er um!“ Und dabei passieren dann die größten Fehler: Die Marienkäferlarve ist beispielsweise so ein „schreckliches Getier“. Tatsächlich aber ist gerade diese Larve ein großer Blattlaustiger. Ebenso wie die Florfliege, die im Winter in Treppenhäusern und Dachböden überwintert und oft für eine „ganz gefährliche“ Motte gehalten wird.

Die lästigsten Schädlinge

Sie tauchen über Nacht wie aus dem Nichts auf. Heute sind es noch einige wenige Exemplare und morgen schon eine wahre Invasion. Da heißt es, kühlen Kopf bewahren und nicht „mit Kanonen auf Spatzen schießen“. Wer naturgemäß gärtnert, muss sich in Gelassenheit üben und dennoch sanft, aber bestimmt eingreifen.

Mithilfe eines Tontopfs können Ameisen umgesiedelt werden.

Ameisen

Es gibt Jahre, da sind im Garten an allen Ecken und Enden Ameisen zu finden. „Mein Rasen gleicht einem riesigen Ameisenhaufen“, „Im Gemüsegarten sind alle Pflanzen von den Viecherln unterwandert“ – so und ähnlich lauten dann die Hilferufe. Es gibt einige Möglichkeiten, der Ameiseninvasion auf sanfte Art Herr zu werden.

Ameisen auf Umsiedlungskurs

Einzelne Ameisenbauten in einem Beet oder auch einer Wiese lassen sich einfach umsiedeln. Man stellt einen Tontopf mit etwa 12 cm Durchmesser über den Bau. Sehr schnell werden die fleißigen Tierchen das neue „Hochhaus“ erobern. Nach einigen Tagen kann man mithilfe einer Schaufel den ganzen Bau umsiedeln – zum Beispiel unter eine Hecke oder in einen nahe gelegenen Wald.

Südfrüchte sind ungeliebt

Orangen, Zitronen und andere Südfrüchte enthalten ätherische Öle, die Ameisen nicht mögen. Der Trick: Sammeln Sie die Schalen der Früchte in einem Kübel und übergießen Sie diese mit Wasser. Mehrere Tage stehen lassen, bis die Flüssigkeit zu schäumen beginnt. Danach abseihen und unverdünnt auf die Ameisenbauten gießen. In den ersten Tagen passiert meist nichts, nach 3–4 Tagen aber verlassen die Ameisen den Bereich.

Backpulver und Honig

Noch wirksamer ist es, etwas Honig mit Backpulver zu verrühren. Damit versorgen die Ameisen die Brut, die dann abstirbt.

Backpulver gegen Ameisen

Im Haus kann man Ameisen mit Backpulver bekämpfen, indem man die Ameisenstraße dünn mit Backpulver bestäubt. Die Tiere schleppen das Backpulver in den Bau und gehen daran zugrunde, wenn sie es fressen.

Streumittel aus dem Geschäft

Mittlerweile gibt es viele biologische Streumittel, die mittels ätherischer Öle gegen Ameisen wirken. Man streut das Pulver mehrmals innerhalb von einigen Wochen auf die betroffenen Stellen (Platten, Mauerritzen oder auch Beete). Die Tiere werden nicht getötet, sondern nur vertrieben.

Blattläuse

Blattläuse sind, neben den Nacktschnecken, wohl die lästigsten Schädlinge im Garten. Ob grün, braun, grau oder gar rötlich – alle Tierchen vermehren sich enorm. Allerdings sind in einem naturnahen Garten auch ihre Feinde aktiv: Vögel, Marienkäfer, Florfliegen, Schwebfliegen und Ohrwürmer. Sie alle haben die Blattläuse zum Fressen gern. Blattläuse sind also kein wirklich großes Problem und die Erste Hilfe lautet immer, sich in Gelassenheit zu üben.

Abstreifen als Therapie

Wer sich einmal so richtig über etwas ärgert, sollte in Zukunft in den Garten gehen und Blattläuse zerdrücken, dabei macht man seinem Ärger Luft. Das Abstreifen kann man mit Einweghandschuhen oder auch mit bloßen Händen durchführen – eine vollkommen biologische Methode und obendrein sehr wirksam.

Blattläuse an Rosen – ein bekanntes Bild.

Kopfwäsche mit dem Schlauch

Wer kennt das nicht? Kübelpflanzen, die aus dem Winterquartier kommen, sind oft voll mit Läusen. Eine kräftige Dusche mit dem Gartenschlauch (am besten mit der Düse) wäscht meist einen Großteil der Tierchen ab. Wählt man einen sonnigen Tag, dann vertrocknen fast alle abgewaschenen Läuse auf dem Terrassenpflaster.

Mit Seife gegen die Blattläuse

So geht's: 1 Esslöffel Schmierseife in 1 Liter heißem Wasser auflösen, auskühlen lassen und dann direkt auf die befallenen Stellen sprühen. Nur dort, wo die Seifenlauge die Läuse wirklich erwischt, gehen sie zugrunde. So grausam es klingt: Sie zerplatzen! Allerdings überleben einige, und das ist auch gut so: Damit haben die Nützlinge etwas zu fressen und siedeln nicht ab.

Efeutee wirkt auch gegen Schorf

Kaum bekannt ist, dass der immergrüne Efeu sowohl gegen Schädlinge als auch gegen Pilzkrankheiten verwendet werden kann. Eine Handvoll Efeublätter (Achtung: Sie sind für den Menschen giftig!) auf 1 Liter Wasser geben und zu einem Tee verkochen. Auskühlen lassen und unverdünnt auf die Blattlauskolonien sprühen. Das hilft übrigens auch gegen Schorf bei Apfelbäumen.

Schildläuse

So herrlich Orangenbäumchen, Yucca-Palme & Co im Wintergarten auch anzusehen sind: Wenn der Boden unter dem Baum „zu kleben“ beginnt, ist das meist ein eindeutiges Zeichen für den Schildlausbefall.

Wer genau schaut – oft ist dazu sogar eine Lupe notwendig –, der wird an den Blattunterseiten, an den Blattstängeln oder an den Ästen die kleinen Schilder der Tierchen entdecken. Sie lassen sich einfach mit dem Fingernagel abkratzen oder zerdrücken.

Verwenden Sie Schmierseife gegen Schildläuse.

Da rutscht die Schildlaus aus

Schmierseife befreit Ihre Kübelpflanzen von den Schildläusen, am sinnvollsten ist die Anwendung bei hartlaubigen Pflanzen. Geben Sie 3 Esslöffel Schmierseife auf 1 Liter heißes Wasser und wischen Sie nach dem Auskühlen mit einem Schwamm Blätter und Äste damit ab. Die Erde im Topf zuvor mit Folie abdecken, damit nicht zu viel Seife hineingerät. Bei sehr großen Kübelpflanzen kann man die Blätter auch einsprühen, die Wirkung ist dann aber nicht so gut. Nach einigen Stunden die Pflanze gründlich abwaschen.

Öl gegen Schildläuse

Paraffin- und Rapsöl sind für den Menschen ungefährliche, für die Schildläuse aber tödliche Mittel. Im Handel erhältliche Pflanzenschutzöle (man kann kein Salatöl verwenden!) sind meist auch mit einem pyrethrumhaltigen Insektizid vermischt. Damit erreicht man auch jene Tierchen, die noch kein Schild haben. Das Öl verstopft die Atemöffnung der Schildläuse und erstickt sie so. Manchmal sterben dabei leider auch ein paar Blätter ab, die Pflanze erholt sich aber wieder.

Wichtig bei Wolllausbefall

Reinigen Sie die Übertöpfe im Geschirrspüler. Plastiktöpfe müssen gegen frische ausgetauscht und entsorgt werden, sonst verschleppt sich das Problem immer weiter.

Woll- oder Schmierläuse bilden Wachshüllen für die Eiablage.

Wollläuse

Haben sich die Wollläuse einmal auf den Pflanzen breitgemacht, sind sie kaum mehr wegzubringen. Sie sind selbst gegen stärkste Spritzmittel resistent, deshalb ist deren Anwendung auch gar nicht sinnvoll. Für Laien sind die Wollläuse sehr oft schwer zu erkennen. Große Kolonien werden manchmal sogar mit Mehltau verwechselt, wenn sie sich auf ganzen Ast- und Blattpartien ausbreiten.

Öl und Seife helfen

Sind Pflanzen – meist Kübel- und Zimmerpflanzen – mit Wollläusen befallen, gilt es vorerst einmal, die Pflanzen „optisch“ zu reinigen. Schmierseifenwasser und Schwamm eignen sich dazu. Danach aber muss man auch die vielen in den

Dickmaulrüssler (9–12 mm) mit Larve und typischem Blattfraß.

Mit Nützlingen gegen den Dickmaulrüssler

Als Bekämpfungsmöglichkeit mit den besten Erfolgsaussichten haben sich bestimmte Nematoden, also Bodennützlinge, behauptet, die man sich von Nützlingsanbietern in einem Tonpulver „verpackt“ liefern lassen kann. Das Pulver wird in Wasser aufgelöst und am Abend nach Sonnenuntergang (wegen der UV-Empfindlichkeit der Nematoden) auf die befallenen Erdbereiche gegossen. Die Fadenwürmer bringen die Larven zum Absterben.
Die Anwendungen müssen dreimal wiederholt werden. Anwendungszeitpunkte sind Ende März bis Ende Mai und August bis Oktober, wenn die Bodentemperatur mindestens 12 °C beträgt. Kälter oder sehr viel wärmer sollte es nicht sein, dann sterben die Fadenwürmer ab. Für Menschen, Haustiere oder andere Gartenbewohner sind diese Nematoden völlig ungefährlich. Sind keine Dickmaulrüsslerlarven mehr vorhanden, sterben auch sie ab.

Blattachseln und Stammritzen versteckten Tierchen beseitigen – am besten mit ölhaltigen Spritzmitteln. Da allerdings die Schildlauseier extrem robust sind und auch nach über einem Jahr noch „leben“, muss die Behandlung mehrmals wiederholt werden.

Dickmaulrüssler

Der Dickmaulrüssler gilt als einer der gefährlichsten Schädlinge – in England liegt er in der Reihung der Gartenprobleme bereits unmittelbar hinter den Schnecken auf Platz zwei. Einen Dickmaulrüssler-Befall erkennt man an den angeknabberten Blatträndern bei Rhododendren, Efeu, Kirschlorbeer, Rosen, aber auch bei vielen Stauden wie Pfingstrosen oder Alpenveilchen.

Auf der Lauer, auf der Lauer …

Die Käfer mit dem langen „Russel“ sind nachtaktiv und schwer zu fangen, da sie sich bei Gefahr sofort fallen lassen. Legt man unter die betroffenen Pflanzen weiße Tücher, ist die Jagdquote gleich um einiges höher. Dennoch bleibt die viel größere Gefahr erhalten – die Larve des Dickmaulrüsslers: Die kleinen weißen Engerlinge leben unter der Erde und fressen nicht nur die Wurzeln, sondern vor allem den Wurzelansatz bei Stamm und Knollen. Ihre Vorlieben gelten den Knollen von Cyclamen, den Wurzeln von Rhododendren, Kamelien und Pfingstrosen, aber auch Efeu, Spindelstrauch und vielen anderen mehr. Die befallenen Pflanzen können im schlimmsten Fall sogar plötzlich „über Nacht“ absterben.

Kartoffelhälften sind der beste Drahtwurmköder.

NEUE Gartenfragen & Antworten

FÜR INTELLIGENTE FAULE

Weidenbohrer

An meiner Weide habe ich fingerdicke Löcher in den Ästen entdeckt, darunter liegen Sägespäne. Wer bohrt hier und was kann ich dagegen tun?

Der sogenannte Weidenbohrer taucht in den vergangenen Jahren gebietsweise auf. Es sind nicht die Schmetterlinge, die Schäden verursachen, sondern die Raupen, deren Entwicklung bis zu 3 Jahre dauert. Der Schmetterling legt Eier rund um Weiden-, Hängebirken- und Apfelbaumstämme. Die schlüpfenden Raupen bohren sich in die Stämme. Etwa 1 cm starke Löcher mit rötlichen Holzspänen sind dann zu finden. Die Raupen bekämpft man z. B. mit einem Pyrethrum-Mittel, das ins Bohrloch gesprüht wird.

Sind Nematoden nützlich?

Was halten Sie von Nematoden als Schädlingsbekämpfung? Ich dachte immer, die sind schädlich, und habe Tagetes zur Abwehr gepflanzt.

Es gibt jene Nematoden, die Dickmaulrüssler oder die Maulwurfsgrillen vernichten und nützlich sind (siehe Kasten). Tagetes (vor allem die Sorte *Tagetes patula nana*) beseitigen tatsächlich Nematoden – z. B. jene schädlichen Arten, die den Wuchs von Karotten behindern. Ab Anfang August wird gesät, der Duft lockt die Nematoden an die Wurzeln, und das Gift in den Pflanzen vernichtet sie.

Die „Spanische Wegschnecke“ ist das größte Gartenproblem. Nach einem abendlichen Regen kann man die lästigen Tiere am besten absammeln und vernichten.

Tee gegen Schnecken

Tatsächlich: Die Kermesbeere (*Phytolacca*) ist nicht nur eine stattliche Zierpflanze, ihre getrockneten Früchte eignen sich auch zur Schneckenbekämpfung. 3 Esslöffel der Früchte auf 1 Liter Wasser geben, einige Zeit stehen lassen und damit die befallenen Bereiche gießen. Die in der Pflanze enthaltenen Saponine schädigen die Schleimhäute der Schnecken und deren Eigelege.

Drahtwürmer

Die Larve des Schnellkäfers ist es, die uns als „Drahtwurm“ so manches Salatpflänzchen wegfrisst. Aber sie hat auch eine Vorliebe für Kartoffeln, und das kann man sich zunutze machen: Halbe Kartoffelstücke werden eingegraben, mit einem Stab markiert und dann alle 2–3 Tage kontrolliert. Meist stecken einige der Drahtwürmer in den Kartoffeln und können so vernichtet werden.

Der neue Gemüsegarten – ein Drahtwurm-Eldorado!

Errichtet man „auf der grünen Wiese“ einen neuen Gemüsegarten, sollte man vorbeugend darauf achten, dass niemals Rasenflächen umgegraben und mit den Rasensoden zu Gemüsebeeten werden – hier sind dann Hunderte Drahtwürmer im Boden. Deshalb: Zuerst die Rasensoden sorgfältig abtragen und dann erst umgraben. Später muss man die Beete immer gut mulchen und frei von Unkraut halten. Der Schnellkäfer legt seine Eier gern auf Flächen, die dicht begrünt sind – eben in Rasenflächen oder verunkrautete Beete.

Nacktschnecken

Das wohl größte Problem in Hausgärten ist seit vielen Jahren die Invasion der Nacktschnecken. Ob braun, schwarz oder genetzt – sie leisten volle Arbeit. Oft verschwinden über Nacht die auf der Fensterbank oder im Gewächshaus vorgezogenen Gurken oder Studentenblumen von den Beeten. Über die Bekämpfung von Schnecken wurden schon ganze Bücher geschrieben, so sehr bewegt das Thema uns Gärtnerinnen und Gärtner! Gewusst wie, lassen sich die hartnäckigen Tiere gut in den Griff bekommen. Die wichtigsten Schritte zur Bekämpfung der Schnecken:

- Mit naturnaher Gartengestaltung einen Unterschlupf für die Gegenspieler der Schnecken schaffen: Kröten benötigen ein Biotop, Salamander eine Trockenmauer und Laufkäfer das Herbstlaub, das unter der Hecke liegen bleibt. Der Igel liebt Laubhaufen, in denen er sich verstecken kann. Alle vier genannten Tiere – und viele andere – sind hilfreiche Schneckenfresser.
- Absammeln, absammeln und noch einmal absammeln. In den Abendstunden mithilfe einer Taschenlampe ist die Beute besonders groß. Man kann aber auch Holzbretter auflegen, die den Tieren als Unterschlupf dienen, und sie dann dort „reihenweise“ absammeln.
- Riegeln Sie besonders gefährdete Beete mit Schneckenzäunen ab. Das sind etwa 40 cm hohe Metallstreifen, die an der Oberkante im Winkel von 45 ° nach außen umgebogen werden. Diese Hürde können die Schnecken nicht überwinden.
- Im Herbst bei der Bodenbearbeitung

Schnecken verkriechen sich gern unter Brettern und können dann bequem abgesammelt werden.

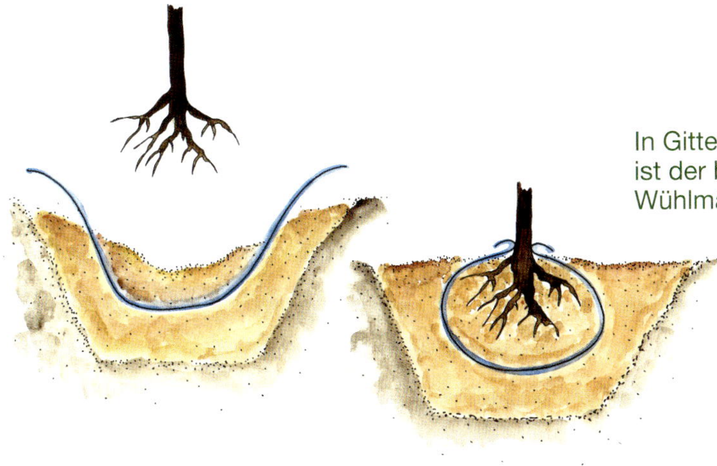

In Gitterkörben zu pflanzen, ist der beste Schutz gegen Wühlmäuse.

Tierische Gegner

Katzen und heimische, nachtaktive Raubvögel sind die wirkungsvollste Wühlmausabwehr. Für die Raubvögel sollte man im Garten Sitzstangen aufstellen, damit sie nach der Beute Ausschau halten können.

unter Steinen und Brettern nach Schneckeneiern suchen. Werden sie vernichtet, sind die Plagegeister im kommenden Jahr deutlich weniger.

- Schneckenkorn sollten Sie nur im äußersten Notfall anwenden. Es ist, trotz aller gegenteiliger Beteuerungen der Hersteller, nicht unproblematisch – aber, wenn die Schnecken einen wahren „Kahlfraß“ verursachen, eine wirksame Hilfe. Beachten Sie unbedingt die richtige Dosierung.

Schneckenkorn richtig anwenden!

Ganz neu ist es ja nicht mehr, aber noch immer eine perfekte Alternative: ein Schneckenkorn, das zwar in der Körnung dem bisherigen sehr ähnlich ist, Inhalt, Anwendung und Wirkung sich aber völlig unterscheiden: Dieses Mittel enthält den Wirkstoff Eisenphosphat – ein Stoff, der eigentlich ohnehin in jedem Gartenboden vorkommt. „Versteckt“ ist das Eisenphosphat in einem Lockmittel, das im Wesentlichen aus Kleie besteht. Bei der Anwendung zu beachten: Die Körner breitwürfig ausstreuen, am besten vor einem Regen. Bei Trockenheit sollte anschließend ausgiebig gegossen werden, denn im Unterschied zum bisherigen Schneckenkorn muss dieses zuerst aufquellen, damit es für die Schnecken attraktiver wird als die Pflanzen in der Umgebung.

Frisst nun eine Schnecke dieses Schneckenkorn, so stellt sie sofort das Fressen ein und zieht sich in die Erdritzen zurück, wo sie normalerweise den Tag verbringt. Das Eisenphosphat führt bei dem Schädling nämlich quasi zu einer Magenverstimmung. Nach wenigen Stunden verendet die Schnecke im Erdversteck. Daher sind auch keine toten Tiere mehr zu finden. Gerade diese Tatsache hat bei vielen Gärtnern zur Verunsicherung geführt, denn der „Jäger möchte doch die Beute sehen“.

Gleichzeitig haben viele Anwender des neuen Mittels einen Hinweis missachtet und das Schneckenkorn nicht ständig ergänzt. Die Hersteller empfehlen – je nach Befall und Zuwanderungsmöglichkeiten – mehrere Anwendungen über einen längeren Zeitraum. Vor allem im zeitigen Frühjahr hat sich dieses Mittel bewährt, da seine hohe Regenfestigkeit schon im April zu einer Dezimierung der Schnecken führt.

Wühlmaus

Ein Sorgenkind in Gärten, die in der Nähe von Wäldern, Wiesen oder Äckern liegen, ist die Wühlmaus. Fallen sind die sinnvollste Bekämpfungsmethode, dazu benötigt man aber viel Geschick.

Giftköder

Für Pflanzen sind Giftköder völlig ungefährlich, sie wirken aber nur bedingt und gefährden auch andere Tiere. Das große Problem: Die Tiere lagern die Köder ein – ohne sie gleich zu fressen. Nach einiger Zeit lässt die Giftwirkung nach, und man füttert damit die Wühlmäuse, anstatt sie zu bekämpfen.

Was „stinkt“ der Wühlmaus?

Wühlmäuse sind sehr geruchsempfindliche Tiere. Jauchen von Holunderblättern, Fischköpfe und mit Duftölen präparierte Lavasteine wirken im engeren Umkreis. Gleiches gilt für die Zwiebel der Kaiserkrone.

In Gitterkörbe pflanzen

Als wirksamste Vorbeugemaßnahme hat es sich bewährt, die Pflanzen in Gitterkörbe aus verzinktem Sechseckgeflecht zu setzen. Man verwendet sie besonders bei Bäumen und Sträuchern, um die Wurzeln in den ersten Jahren zu schützen.

Maulwurfsgrille

Die Werren, Zwergel oder Maulwurfsgrillen gehören zu den lästigsten Schädlingen, denn sie können in befallenen Gärten katastrophale Schäden anrichten. Die Tiere, die zwischen 4–10 cm groß werden, sehen aus wie riesige Ohrwürmer, leben meist unter der Erde und errichten ein umfangreiches Gangsystem mit Brut- und Futterkammern. Verspeist wird alles: Insekten,

Die Maulwurfsgrille (30–35 mm) lässt sich mit Fallen fangen.

Engerlinge, Würmer, aber auch Pflanzen – und das im Übermaß. Zu sehen sind die Tiere kaum, aber ganze Gemüsegärten können von den Dutzenden Maulwurfsgrillen, die in einem Bau leben, innerhalb weniger Wochen kahl gefressen werden.

Graben und „schmieren“ als Erste Hilfe

Wenn man den fingerdicken Löchern, die in den Beeten zu sehen sind, nachgräbt, dann weckt man die Maulwurfsgrillen und kann sie vernichten. Auch das Einfüllen von Speiseöl oder einer Waschlauge treibt sie aus dem Bau.

Möglichkeit zwei der Bekämpfung sind Fallen: Gläser und Blechdosen bodeneben eingraben und links und rechts davon je einen flachen Stein legen. Auf die Steine ein Holzbrett geben, sodass ein Zwischenraum von 1–2 cm bleibt.

Die Maulwurfsgrillen suchen bei ihren Beutezügen Schutz unter Holzbrettern, stürzen in die Falle und lassen sich damit entfernen. Auch winzig kleine Würmer, sogenannte Nematoden oder Bodennützlinge, bezwingen die Maulwurfsgrillen (siehe S. 217, Kasten Dickmaulrüssler).

Weiße Fliege

Die Weiße Fliege bekämpft man zum Beispiel bei Fuchsien, Tomaten oder Gurken mit „Gelbtafeln“ oder „Gelbfallen“. Die mit Leim beschichteten, völlig ungiftigen gelben Kunststofftafeln locken die Schädlinge an, die dann daran kleben bleiben.

Gelbtafeln schaffen Abhilfe gegen die winzigen Weißen Fliegen (1–2 mm).

Invasion der Weißen Fliege – was tun?

Wer nicht rechtzeitig bekämpft, muss, wenn der Befall überhandnimmt, mit biologischen Schädlingsbekämpfungsmitteln arbeiten – und das konsequent und mehrmals. Denn die Vermehrungszyklen der Weißen Fliege laufen bei sommerlichen Temperaturen im Blitztempo. Kaum geschlüpft, legen sie auch schon wieder Eier. Daher müssen diese Mittel alle 3 Tage angewandt werden, und das mindestens dreimal in Folge.

Harlekin-Marienkäfer

Bei Nützlingsversuchen in belgischen Gewächshäusern ist der Asiatische Marienkäfer, auch Harlekin-Marienkäfer genannt, entkommen und mittlerweile auch bei uns zu finden. Problematisch ist er, weil er zwar reichlich Blattläuse, aber auch viele Nützlinge und vor allem die heimischen Marienkäfer verspeist. So kann aus einem Nützling ein Schädling werden! Das Tier ist sehr vielgesichtig: schwarz mit gelben oder roten Punkten, rot mit gelben Punkten und viele andere Spielarten. Im Spätherbst sammelt er sich gern an südseitig ausgerichteten Stockhäusern, bevorzugt auf gelben Hausfassaden.

Engerlinge

Engerling ist nicht gleich Engerling – hier alle zu erwähnen, würde den Rahmen sprengen und ist auch nicht notwendig. Zwei Bereiche im Garten gibt es aber, wo Engerlinge besonders auffallen:

Engerlinge im Komposthaufen

Treten Engerlinge im Kompost auf, sind diese meist die harmlose Vorstufe zum Rosenkäfer – jenem metallisch grün glänzenden Käfer, der im Sommer an den Rosenblüten zu finden ist, dort aber nur ein wenig an den Staubgefäßen knabbert und keinerlei Schaden anrichtet. Die Larve selbst frisst nur abgestorbenes Material und bewohnt den Komposthaufen. Dennoch sammle ich sie beim Kompost-„Ernten“ und lege sie den Amseln als Futter auf den Weg.

Engerlinge im Rasen

Dabei handelt es sich meist um die Larven der Laubkäfer, zu denen der Gartenlaubkäfer und auch der Maikäfer zählen. Sie sind äußerst lästige Zeitgenossen, denn sie fressen oft die Wurzeln ganzer Rasenflächen ab. Der Rasen lässt sich dann wie ein Fertigrasen wegrollen. Hier helfen Nematoden oder Fadenwürmer („Bodennützlinge“). Sie fressen sich in die Engerlinge und bringen sie zum Absterben.

Handwerklich Geschickte können eine Maikäferfalle bauen: Grellgelbes Plastik so zusammenkleben, dass ein „halber“ Trichter entsteht. Eine wassergefüllte Flasche mit großer Öffnung aufstellen und den Landeplatz für Maikäfer in die Öffnung stecken. Die Tiere fliegen auf Gelb und rutschen in die Falle.

Die Larven (Engerlinge) des schädlichen braunen Maikäfers (20–30 mm, unten) und des etwas kleineren, harmlosen grünen Rosenkäfers (15–20 mm, oben) werden oft verwechselt.

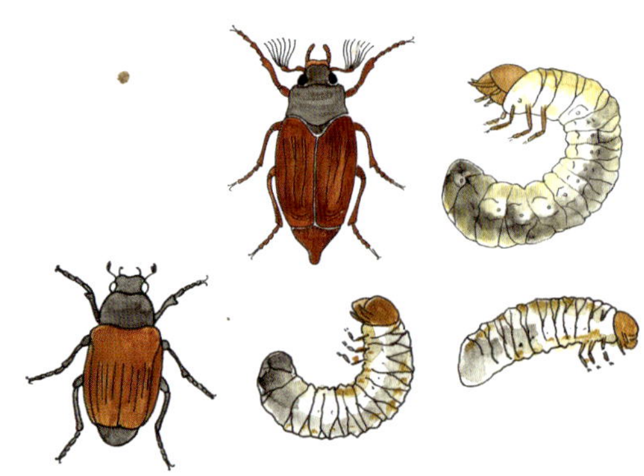

Die Larven des kleineren (8–11 mm), schädlichen Gartenlaubkäfers sind auch kleiner (etwa 15 mm) und leben bevorzugt im Rasen.

Helfer im Garten: Nützlinge

Sie arbeiten im Untergrund, sie lassen sich tagsüber kaum sehen, sie verschwinden blitzschnell unter dem Laub oder sie gleiten elegant in einen Reisighaufen. Die Rede ist von den Nützlingen im Garten. Jenen Tieren, die uns Gartenbesitzern viel Arbeit abnehmen. Und die letztlich auch „schuld daran" sind, dass dieses Buch den Beinamen „für intelligente Faule" in seinem Titel trägt. Je mehr wir nämlich die Nützlinge schonen, desto mehr macht uns der Garten Freude. Und: viel weniger Mühe. Mit den hier vorgestellten Naturgarten-Elementen geben sich die Nützlinge in Ihrem Garten bald ein Stelldichein – probieren Sie es aus!

Gutes Versteck für Einwanderer: der Totholzhaufen

Nicht bei der Eingangstür oder beim Sitzplatz, sondern am Rand des Gartens – in der Nähe des Komposthaufens oder unter ein paar Sträuchern am Rand des Teichs: Da gehört er hin, der Totholzhaufen. Dort werden all jene Holzteile aufeinandergeschichtet, die von der Natur zerkleinert werden sollen: Wurzelstöcke, Äste und als „Würze" noch Laub und Reisig. Besonders im Frühjahr und Herbst fällt beim Aufräumen viel von diesen Materialien an. Im Totholzhaufen, der gar nicht groß sein muss, stellt sich Natur pur ein: Der Igel wird ihn bald als neues Zuhause beziehen, Laufkäfer werden beginnen, das Holz zu zernagen. Blindschleichen und viele andere Reptilien finden Unterschlupf, und alle zusammen werden – als Dankeschön – der Gartlerin und dem Gartler in Zukunft viel Arbeit abnehmen. Sie alle zählen nämlich zu den „Nützlingen", den Helfern im Garten, die dafür sorgen, dass solche lästigen Schädlinge gar nicht erst überhandnehmen.

Sonnengewärmter Unterschlupf: der Steinhaufen

Steine, die aus den Beeten entfernt und am Rand des Gartens aufgeschichtet werden, haben eine ähnliche Funktion wie eine Trockenmauer – Unterschlupf für viele Nützlinge. Eidechsen, Salamander, Blindschleichen und andere Reptilien finden in den Ritzen und Löchern Verstecke und machen sich meist in der Dämmerung auf Beutezug: Schneckeneier, kleine Schnecken, Asseln und vieles andere Getier stehen auf dem Speisezettel dieser Gartenbewohner.

Das Brennnesseleck – ein Muss für Naturgärtnerinnen und Naturgärtner!

Für intelligente Faule: das Brennnesseleck

Für viele Gärtner der alten Schule ist die Brennnessel das Symbol für Unkraut schlechthin. Mittlerweile wissen wir aber: Brennnesseln sind in einem naturnahen Garten sogar sehr wichtige Pflanzen. Einerseits zeigen sie uns, dass der Boden in Ordnung ist – Brennnesseln wachsen nur dort, wo es viel Humus gibt. Andererseits liefern die Blätter Nahrung für Schmetterlingsraupen, können zum Mulchen verwendet werden und sind in Form

Der Totholzhaufen bietet vielen nützlichen Tieren Unterschlupf und Quartier.

Nur die großen Steine aussortieren

Kleinere Steine bleiben im Boden, denn in einem humusreichen Erdreich verbessern sie die Bodenstruktur.

Der Igel ist neben dem Marienkäfer wohl der charmanteste Nützling. Er wurde deshalb zum Symbol der Bewegung „Natur im Garten“.

Marienkäfer (6–8 mm), auch Siebenpunkt genannt, und dessen Larve, zählen zu den wichtigsten Nützlingen.

Der gefräßige Harlekin-Marienkäfer (6–8 mm) zählt mittlerweile zum Schädling.

einer Jauche ein Lebenselixier für viele Pflanzen. Daher dürfen diese einst ungeliebten Pflanzen im Garten des intelligenten Faulen getrost ein Stück Fläche einnehmen.

Das 5-Sterne-Hotel für Nützlinge

Marienkäfer als Blattlaustiger, Schwebfliegen mit großem Appetit auf Schädlinge und dazu noch Florfliegen, die auch die Läuse zum Fressen gern haben. Wie bringt man all die nützlichen Tiere in den Garten? Intelligente Faule machen es sich leicht – sie errichten ein Hotel! Keine Baugenehmigung, kein Antrag beim Gemeindeamt, nur ein Stück Hartholz (Buche, Eiche, Akazie etc.) ist nötig, in das mehrere Löcher im Durchmesser von 1–10 mm gebohrt werden. Die Löcher sollten mindestens 5 cm tief sein. An einer schützenden Hauswand (beispielsweise bei einem Holzschuppen) werden sich innerhalb weniger Tage die ersten Helfer im Garten einfinden und die Löcher besiedeln. Für andere Nützlinge ist eine alte, gut ausgewaschene und trockene Konservendose, in die (echte) Strohhalme gefüllt werden, ein Quartier. Und die Florfliegen wiederum wollen am liebsten einen Unterschlupf zum Überwintern: in Treppenhäusern und auf Dachböden. Also keine Panik, die zarten – manchmal als „Motten" bezeichneten – Tierchen sind extrem nützlich und haben Blattläuse zum Fressen gern.

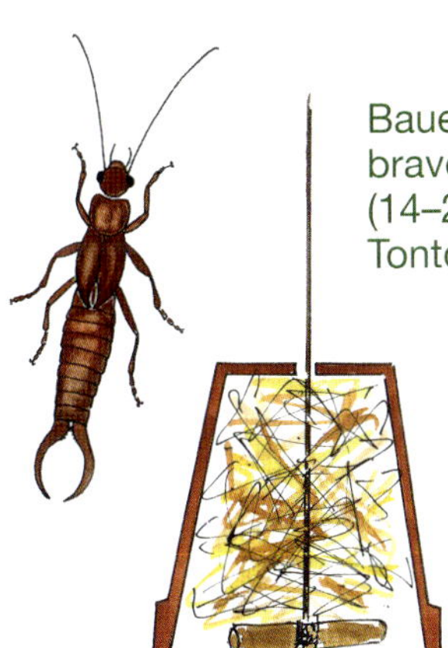

Bauen Sie dem braven Ohrwurm (14–23 mm) eine Tontopf-Behausung!

Marienkäfer

Er steht für naturgemäßes Gärtnern und kann ohne Zweifel gemeinsam mit dem Regenwurm als das Haustier des intelligenten Faulenzergärtners angesehen werden. Der Marienkäfer ist ein großer Helfer bei der Bekämpfung von Blattläusen. Mehr als 3.000 Läuse verspeist er im Laufe seines Marienkäferlebens. Freilich nicht erst als Käfer, sondern schon zuvor als Larve. Diese Larven allerdings sehen nicht so putzig aus wie der Käfer und werden deshalb leider oftmals als Schädling angesehen und vernichtet. Also Vorsicht! Marienkäfer haben viele Gesichter – von der Larve über eine gelbe Form bis zum 27-Punkt-Käfer – insgesamt vermutlich 4.000 Arten!

Ohrwürmer

Sie sind zwar manchmal lästig, insgesamt sind Ohrwürmer aber große Helfer im Garten. Auch ihnen kann man ein Quartier anbieten: Durch einen Tontopf mit einem Durchmesser von 10–12 cm wird eine Schnur durch das Abzugsloch geführt, Holzwolle in den Topf gestopft und am Schnurende ein Holzstück befestigt. Zieht man dann an der Schnur, wird die Holzwolle gut fixiert und der Topf kann verkehrt herum an den Baum gehängt werden, sodass der Rand des Topfes den Stamm berührt. Der Topf wird rasch von Ohrwürmern besiedelt, die in der Nacht ausschwärmen und die Läuse fressen.

Wenn Ohrwürmer die Dahlienblüten anfressen

Gibt es zu viele Ohrwürmer, dann kann man die Tontöpfe mit Holzwolle auch als Falle verwenden. Stellen Sie die Töpfe auf

Nützlinge unterstützen

Wenn das Frühjahr ins Land zieht, dann sind sie die lautstarken Boten des neuen Gartenjahrs: unsere Singvögel. Doch nicht nur der Gesang ist es, der uns beglückt. Singvögel sind große Schädlingsvertilger. Ob die ersten Blattläuse an den Obstbäumen oder die Raupeninvasion an den Rosen – die gefiederten Freunde halten lästige Schädlinge in Schach.
Daher helfen wir gern:

- Nistkästen – so montieren, dass Katzen sie nicht erreichen.
- Vogeltränken – so aufstellen, dass rundherum möglichst viel Freiraum herrscht, damit auch hier Katzen nicht aus dem Versteck heraus die badenden Vögel fangen können.
- Futterhäuschen im Winter ausschließlich mit Körnerfutter befüllen. Also keine Küchenabfälle, wie Nudeln, Kartoffeln, Brot oder Reis, die noch dazu gesalzen sind und den sicheren Tod der Vögel bedeuten würden.

Der Maulwurf ist im Garten zwar nicht immer gern gesehen, sollte aber trotzdem in Ruhe gelassen werden.

Holzstäben direkt zu den befallenen Pflanzen. Die Tiere suchen in der Holzwolle ein Versteck und verbringen dort den Tag, denn sie werden erst nachts aktiv. Auf diese Weise lassen sie sich ganz leicht an andere Stellen im Garten oder in der Umgebung umsiedeln.

Maulwurf

Obwohl er sich durch das Vertilgen großer Mengen an Engerlingen nützlich macht, ist der Maulwurf bei Gartenbesitzern unbeliebt – hinterlässt er bei seiner Tätigkeit doch Dutzende Erdhaufen. Im zeitigen Frühjahr sind die Wiesen oft mit den Erdhügeln übersät.

Dennoch: Sehen Sie es positiv, ich versuche es auch. Die lockere Erde der Maulwurfshügel kann als Teil der Blumenerde verwendet werden, und der Rest wird – gemischt mit Quarzsand – gleich mit einem Federbesen verteilt. Anschließend den Rasen walzen, sodass keine Unebenheiten entstehen. Solche Rasenflächen, die dann auch noch ausreichend gedüngt werden, sehen nach 3–4 Wochen wieder so aus, als wäre der Maulwurf nie da gewesen.

Laufkäfer

Sie sind scheu und kaum zu sehen; ab und zu findet man die toten Tiere im Kellerschacht, wenn sie abgestürzt sind und sich nicht mehr befreien konnten. Ansonsten leben die nachtaktiven, lichtscheuen Vielfresser (bis 4,5 cm groß!) unter dem Laubmulch. Mit ihren kräftigen Beinen können sie gut laufen. Auf dem Speisezettel stehen Insekten, die auf oder im Boden leben, etwa Schnecken, Raupen, Kartoffelkäfer, Engerlinge und Drahtwürmer.

Laufkäfer (bis 45 mm groß)

Das vertreibt den Maulwurf

Wem es trotzdem zu viel wird, hier ein paar Möglichkeiten, die Maulwürfe zu vergrämen:

- Lärm – zum Beispiel durch Windräder, Wasserleitungsrohre, die in die Erde gesteckt werden und an deren Spitze eine Schnur mit einem Metallgegenstand (Muttern, Beilagscheiben etc.) baumelt. Schlägt der Gegenstand an das Rohr, gibt es einen Ton, den der Maulwurf nicht mag.
- Geruch – zum Beispiel Holunderblattjauche, Fischköpfe oder auch alte Lederschuhe, die vergraben werden. Mit diesen Geruchsattacken trifft man gleich zwei Fliegen mit einem Schlag: Auch die Wühlmaus sucht das Weite.

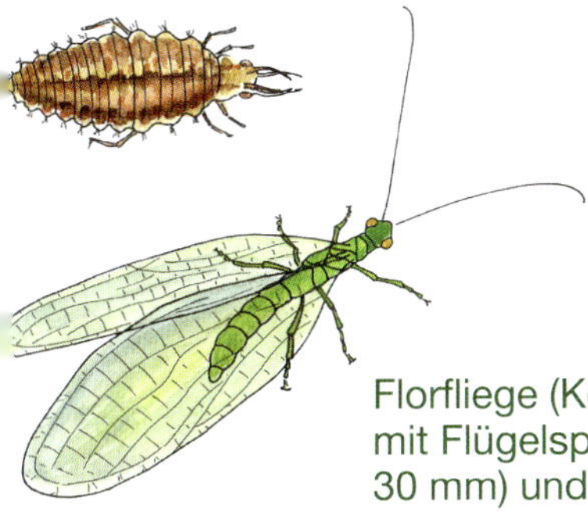

Florfliege (Körper 10 mm, mit Flügelspannweite bis 30 mm) und Larve

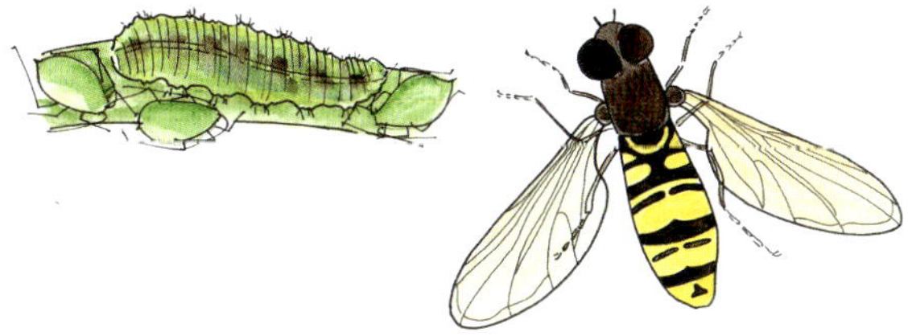

Schwebfliege (10–12 mm) und Larve

Florfliegen

Meist findet man die zarten Wesen mit den filigranen, durchscheinenden Netzflügeln in den Wintermonaten und im zeitigen Frühjahr auf Dachböden oder in Vorhäusern. Dann sitzen sie an den Fensterscheiben, weil sie ins Freie wollen. Die kleinen Larven kennt man weniger. Während sich die erwachsenen Tiere häufig nur von Nektar und Honigtau ernähren, sind die Larven räuberisch sehr aktiv. Sie haben zangenähnliche, gebogene Mundwerkzeuge, an denen man sie gut erkennen kann. Mithilfe der hohlen Kieferzangen wird die Beute angestochen, festgehalten und ausgesaugt. Bei der Nahrung sind die Florfliegenlarven nicht wählerisch. Neben Blatt- und Blutläusen, Schildläusen und Spinnmilben macht die Florfliegenlarve auch vor jungen Raupen nicht halt und ist damit ein wichtiger Nützling.

Schwebfliegen

Wespenähnlich ist die Körperzeichnung dieses Insekts, das sich aber durch sein Flugverhalten von Wespen einfach unterscheiden lässt. Mit sehr schnellen Flügelbewegungen bleibt die Schwebfliege in der Luft stehen, um dann rasch den Standort zu wechseln. Als Nahrung dienen dem erwachsenen Tier Nektar und Pollen blühender Pflanzen, während sich die Larve räuberisch ernährt. Zu den Hauptnahrungsquellen gehören Blattläuse, aber auch andere Blattsauger und Spinnmilben. Oft werden die Schwebfliegenlarven fälschlicherweise als Schädlinge bekämpft. Wer sie erkennt, sollte sie nicht töten, sondern sich besser über ihre Anwesenheit freuen.

Die Larven können in ihrem Aussehen sehr unterschiedlich sein. Ihre Farben reichen von durchsichtig Grünlich bis zu Bräunlich, während ihre Form oft mit kleinen Nacktschnecken verglichen wird. Da die Larven keine Augen besitzen, bewegen sie ihren Vorderkörper kreisförmig, um die Beute ertasten zu können.

Räuberische Wanzen

Neben den pflanzenschädigenden Wanzenarten gibt es auch solche mit räuberischer Lebensweise, die uns im Garten durchaus nützlich sind. Sie sind hauptsächlich unter den Blumenwanzen, Sichelwanzen, Weichwanzen und Baumwanzen zu finden.

Auf dem Speiseplan räuberischer Wanzen und deren Larven stehen vorzugsweise Spinnmilben, Blattläuse, Zikaden und andere kleine Insekten sowie deren Eigelege. Mithilfe eines kräftigen Rüssels werden die Opfer erdolcht und ausgesaugt. Manche Arten besitzen Stinkdrüsen, die bei Gefahr den typischen Wanzengeruch verbreiten oder als Kontaktgift andere Insekten schädigen oder töten können.

Die gefräßige Florfliegenlarve sticht ihre Beute, hier eine Blattlaus, an und saugt sie aus.

Oben links: Blumenwanze (3–5 mm), rechts: Sichelwanze (6–7 mm), darunter links: Weichwanze oder Wiesenwanze (6–7 mm), unten rechts: Baumwanze (12–14 mm)

Die lästigsten Krankheiten

Auch gegen das Auftreten verschiedener Pflanzenkrankheiten wird man am besten vorbeugend aktiv. „Die Abwehrkräfte der Pflanzen verbessern" – lautet das Motto, das sich mit pflanzenstärkenden Brühen in die Tat umsetzen lässt. Die meisten der im Handel erhältlichen biologischen Spritzmittel können aber ohnehin nur vorbeugend angewendet werden.

Pilzkrankheiten

Pilzkrankheiten, wie Grauschimmel, Mehltau, Rost und Sternrußtau, sind auf einen falschen Standort oder falsche Pflege zurückzuführen. Gerade hier ist also vorbeugender, vorausschauender Pflanzenschutz besonders wichtig. Daneben helfen auch Spritzungen mit Schachtelhalmbrühe. Sie stärken die Abwehrkräfte durch ihren hohen Kieselsäureanteil. Im Handel sind sehr viele biologische Spritzmittel erhältlich, die jedoch nur im Notfall verwendet werden sollten.

Echter und Falscher Mehltau

Zunächst heißt es schon bei der Auswahl der Pflanzen auf die Resistenz zu achten. Beschreibungen wie „minder anfällig für Mehltau" helfen gesunde Sorten auszuwählen. Ganz wichtig ist bei Mehltau die Nährstoffversorgung. Wer zu viel Stickstoff düngt, erhöht die Gefahr einer Mehltauerkrankung deutlich. Ist es passiert, dann kranke Blätter immer sofort entfernen und vernichten. Vorbeugend mit Schachtelhalmtee sprühen.

Echter (oben) und Falscher Mehltau

Grauschimmel

Ein Problem, das bei falscher Pflege auftritt, ist Grauschimmel. Wer im Gewächshaus oder Wintergarten gießt und nicht lüften kann, weil es zu kalt ist, legt die beste Grundlage für diese Pilzerkrankung. Ebenso problematisch ist stehende feuchte Luft im Frühbeet. In bewegter Luft gibt es aber kaum Grauschimmel. Daher Ventilatoren aufstellen! Hat sich die Krankheit breitgemacht: kranke Pflanzenteile sofort entfernen, Pflanzen „luftiger" stellen und nicht zu stark düngen.

Rost und Sternrußtau

Diese beiden Pilzkrankheiten befallen meist Rosenblätter. Abhängig ist die Intensität vor allem von der Witterung, der Sorte (ADR-Rosen gelten als weniger anfällig) und der Düngung. Entfernen Sie immer wieder alle kranken Pflanzenteile, im Herbst auch alle abgefallenen Blätter, damit eine Neuinfektion verhindert wird. Beim Schnitt heißt es: „Kranke" Rosen stärker schneiden, denn sie wachsen sich gesund.

Kräuselkrankheit beim Pfirsich

Ob Nektarine oder Pfirsich – beide Obstarten werden von der Kräuselkrankheit befallen. Keinesfalls stimmt die manchmal gehörte Vermutung, dass der „saure Regen" die Kräuselkrankheit verursacht. Die Pilzsporen werden lediglich durch die Wassertropfen des Regens übertragen. Deshalb hat es sich in klimatischen problematischen Gebieten bewährt, die Pfirsichbäume als Hauswandspalier unter dem Dachvorsprung zu kultivieren.

Rost und Sternrußtau

Spritzungen mit Kupfer – das auch im Biogartenbau zugelassen ist – reduzieren das Problem deutlich. Bis zum „Mausohrstadium" – das ist dann, wenn sich bei den Knospen die ersten beiden Blätter öffnen – darf Kupfer gespritzt werden. Später würde es die Blätter schädigen.

Kraut- und Braunfäule

Siehe Erste Hilfe bei Tomaten Seite 101.

Welkekrankheit

Über Nacht sind Teile der Pflanzen oder auch ganze Bäume davon befallen. Die Ursachen sind unterschiedlich – oft handelt es sich aber um Verticillium-Erreger, die über verletzte Wurzeln oder andere Pflanzenteile vom Boden ausgehend in die Saftbahnen eindringen und sie verstopfen. Häufig bemerkt man die Welkekrankheit bei Fächerahorn, Marille, Kirsche oder auch Judasbaum und Perückenstrauch.

Luft muss zu den Pflanzen

Setzen Sie die Pflanzen nicht zu eng, damit die Luft nicht stickig und feucht wird. Gießen Sie immer zu den Wurzeln und benetzen Sie dabei nicht die Blätter!

Welkekrankheit

Schrotschusskrankheit

Vorbeugen ist hier das Wichtigste: daher optimale Wachstumsbedingungen schaffen. Keine zu nassen Böden und beim Pflanzen und späteren Bodenbearbeiten die Wurzeln nicht beschädigen. Befallene Teile bis ins gesunde Holz zurückschneiden. Im schlimmsten Fall die gesamte Pflanze entsorgen.

Schrotschusskrankheit

Ob Zierkirsche, Kirschlorbeer oder die ganz normalen Kirschbäume – in manchen regenreichen Jahren werden sie von dieser Pilzkrankheit befallen. Viele meinen fälschlich, es handle sich um Schädlinge, da die Blätter wie nach einem Schrotschuss durchlöchert sind. Tatsächlich aber lässt der Pilz zunächst das Blattgewebe kreisförmig vertrocknen, später fallen diese Teile heraus. Dagegen wirkt die richtige Sortenwahl und bei kleineren Gehölzen das vorbeugende Spritzen mit Schachtelhalmtee. Ausgewogene Düngungen – unter anderem mit Kalium, das die Blattstrukturen stärkt – sind ebenfalls sinnvoll. Befallenes Laub im Herbst kann kompostiert werden – allerdings gut abgedeckt, damit es erst nach eineinhalb Jahren wieder als Erde zu den Pflanzen kommt.

Malvenrost

So herrlich die Stockrosen sind, spätestens im zweiten Jahr befällt sie der sogenannte Malvenrost mit dunklen, meist rötlichen Pusteln an der Blattunterseite.

Pfirsichblätter mit Kräuselkrankheit

Grauschimmel

TIPP FÜR INTELLIGENTE

Resistente Sorten

Die beste Abwehr von Pilzkrankheiten ist die richtige Sortenwahl. Warum sich unnötig mit empfindlichen Pflanzen plagen? Der Hinweis am Etikett, „weitgehend resistente Sorte“, hilft Ärger zu vermeiden.

NEUE Gartenfragen & Antworten

FÜR INTELLIGENTE FAULE

Ribiselsterben

Bei den Ribiseln sterben immer wieder ganze Äste ab. Was kann man dagegen machen?

Hier scheint der Befall des Glasflüglers vorzuliegen. Der Falter legt von Mai bis Juli Eier in der Nähe der Knospen ab, die Raupen bohren sich dann in die Triebe und bringen sie zuerst zum Welken und dann zum Absterben.
Bei einem Befall sofort die Äste bodeneben herausschneiden und entsorgen (nicht am Kompost). Da und dort kommt es auch bei Stachelbeeren zum Befall. Auch hier sofort die welken Äste komplett herausschneiden. Besonders wichtig ist das Vitalhalten der Sträucher – daher auch in den Stock hinein immer Kompost streuen, dann wachsen sie kräftig weiter.

Gallmilbe am Weinstock

Seit einigen Jahren beobachte ich bei meiner Weinstocklaube an den Blättern zahlreiche kleine grüne Pusteln. Was kann ich gegen diesen Pilz machen?

Sosehr die Pusteln und auch die wollige Unterseite aussehen wie eine Krankheit, es handelt sich dabei um eine Gallmilbe. Sie ist an sich nicht dramatisch und muss nicht extra bekämpft werden. Treten die Schäden an einzelnen Blättern auf, dann diese einfach abschneiden und im Restmüll entsorgen. Bei starkem Befall mit Rapsöl-Präparaten (tropfnass, auch Blattunterseite) spritzen.

Gebrühtes für gesunde Pflanzen

„Gegen alles ist ein Kraut gewachsen!" Das gilt nicht nur für uns Menschen, sondern auch für Gemüsepflanzen und Blumen, denn viele Krankheiten und Schädlinge an den Pflanzen im Garten lassen sich verhindern oder reduzieren, wenn man ihnen mit Brühen, Tees und Jauchen zu Hilfe kommt.

• Brühe aus Schachtelhalm

Im Garten ist der Acker-Schachtelhalm (*Equisetum arvense*), auch Zinnkraut genannt, ein lästiges Unkraut. Zur Pflanzenstärkung leistet er allerdings gute Dienste: 1 kg gehacktes Pflanzenmaterial auf 10 Liter Wasser geben, einen Tag einweichen und die Mischung anschließend etwa eine halbe Stunde lang köcheln lassen. Die abgekühlte Brühe durch eine Stoffwindel filtern und in fünffacher Verdünnung auf die Blätter sprühen.

Dank des Kieselsäuregehalts wirkt die Brühe vorbeugend gegen Blattkrankheiten aller Art, am besten wird sie vom Austrieb bis zum Spätsommer in regelmäßigen Abständen von etwa 2 Wochen ausgebracht. Gespritzt wird in den Morgenstunden, da die Pflanzen die Säure besser über das Blatt aufnehmen können, wenn sie assimilieren.

• Brennnesseljauche

Sie ist eine der bekanntesten Jauchen und erhöht die Widerstandskraft aller Gartenpflanzen. Für die Jauche benötigen Sie pro 10 Liter etwa 1 kg frische Brennnesseln (*Urtica dioica*). Das Ganze lässt man etwa 14 Tage „gären" und bringt es dann, sobald der Schaum verschwunden ist, 1:10 verdünnt im Wurzelbereich aus.

Der Brennnesselauszug („Brennnesselwasser") wird gegen Blattläuse angewendet. Wichtig ist, dass er nicht länger als 12 Stunden steht und anschließend sofort unverdünnt gespritzt wird.

• Beinwelljauche

Eine Jauche aus Beinwell (*Symphytum officinale*) wird wie Brennnesseljauche mit etwa 1 kg frischen Blättern pro 10 Liter Wasser angesetzt, vergoren und in zehnfacher Verdünnung im Wurzelbereich ausgebracht. Sie hat eine ähnlich pflanzenstärkende Wirkung, enthält aber mehr Kalium als Brennnesseljauche und eignet sich für kaliumbedürftige Pflanzen wie Tomaten oder Kartoffeln.

• Rainfarnbrühe

Der Rainfarn (*Tanacetum vulgare*) wird auch als Brühe verwendet. Man setzt sie aus 500 g Rainfarnblättern und 10 Litern Wasser an. Mit der doppelten Menge Regenwasser verdünnt, wird sie gleich nach der Blüte und nach der Ernte gegen Erdbeerblütenstecher, Erdbeermilben, Himbeerkäfer und Brombeermilben ausgebracht. Rainfarnjauche wirkt gegen die Eier und überwinternden Schädlinge.

• Wermutjauche

300 g der frischen oder 30 g der getrockneten Wermutblätter (*Artemisia absinthium*) pro 10 Liter Wasser ansetzen und die gefilterte Jauche im Frühling unverdünnt gegen Blattläuse, Rostpilze und Ameisen spritzen. Als Brühe kann man Wermut im Frühsommer gegen Apfelwickler und Kohlweißlingsraupen, im Herbst gegen Brombeermilben anwenden.

• Jauche aus Zwiebeln und Knoblauch

Eine Jauche aus Zwiebeln und Knoblauch hilft gegen Pilzkrankheiten. Dazu ½ kg Zwiebeln und ½ kg Knoblauch mitsamt dem Laub in 10 Liter Wasser ansetzen und 1:5 verdünnt auf Baumscheiben und Beete gießen. Gegen Kraut- und Braunfäule können Sie die gefilterte Jauche auch in zehnfacher Verdünnung direkt auf die Blätter Ihrer Tomaten und Kartoffeln spritzen.

Zu Beginn kann die Krankheit durch Entfernen der Blätter eingedämmt werden. In feuchten Jahren breitet sie sich aber extrem stark aus. Schachtelhalmtee hilft auch hier; besser ist es aber, die Pflanzen im Bereich des Hauses – am besten unter den Dachvorsprung und damit vor Regen geschützt – zu setzen. Eine ausdauernde Stockrosen-Sortenreihe unter den Namen 'Parkfrieden' (hellrosa), 'Parkrondell' (rosa) und 'Parkallee' (hellgelb) werden vom Malvenrost nicht befallen.

Feuerbrand

Der Feuerbrand ist eine der gefährlichsten Krankheiten und kommt auf den Rosengewächsen Apfel, Birne, Quitte, Eberesche, Elsbeere, Mispel, Cotoneaster, Weiß- und Rotdorn, Feuerdorn, Felsenbirne und Apfelbeere vor.

Die Krankheit wird durch ein Bakterium verursacht, gegen das bis heute noch keine geeignete Bekämpfungsmaßnahme gefunden werden konnte. Die Infektion erfolgt über den Bakterienschleim, der im Frühjahr aus infizierten Stellen der Pflanzen austritt und dann von Insekten, Wind, Hagel oder den Menschen, etwa durch Werkzeuge oder Kleidung, verbreitet wird. Das Bakterium kann über die Blüte oder junge unverholzte Triebe in gesunde Pflanzen eindringen.

Feuerbrand erkennen

Blätter und Blüten welken und verfärben sich braunschwarz. Die welkenden Blätter weisen dunkel gefärbte Hauptadern auf und bleiben auch im Winter auf den Pflanzen hängen. Erkrankte junge Triebe krümmen sich hakenförmig nach unten und verfärben sich ebenfalls braunschwarz. Das typischste Merkmal – obwohl es nur selten zu auftritt – für den Feuerbrand ist es, wenn man Schleimtropfen an den befallenen Trieben findet. Nicht jeder tote Ast ist ein Feuerbrandopfer. Abgestorbene Blütenbüschel und Triebe ohne diese Schleimtropfen sind meist auf Monilia zurückzuführen; bei der Birne kann es durch Triebwespen zu ähnlichen Symptomen kommen. Man findet jedoch beim jungen Trieb dann kleine Einstichlöcher. Frostschäden, Wassermangel, aber auch Wühlmäuse können an jungen Bäumen manchmal ähnliche Symptome hervorrufen. Ganz wichtig: Für Menschen und Tiere besteht absolut keine Gefahr!

Gefahr während der Blütezeit

Die Hauptinfektionszeit für den Feuerbrand ist während der Blüte. Wenn zusätzlich auch noch warmes, feuchtes Wetter herrscht, kommt es zu zahlreichen Neuinfektionen.

Was ist was?

Brühen: Die zerkleinerten Pflanzen für etwa 24 Stunden in Regenwasser einweichen und anschließend für ca. eine halbe Stunde köcheln lassen. Nach dem Abkühlen werden die Pflanzenreste ausgesiebt und die Brühe möglichst umgehend ausgebracht.

Jauchen sind vergorene Pflanzenbrühen. In großen Fässern (aus Holz oder Plastik, kein Metall) werden die zerkleinerten Pflanzen mit Regenwasser zumindest 2 Wochen vergoren. An einem sonnigen Platz beginnt die Brühe schnell zu gären – sichtbares Zeichen ist eine Schaumkrone; die Zugabe von etwas Steinmehl verringert den Gestank.

Kräutertees: Frische oder getrocknete Pflanzen mit kochendem Wasser übergießen und die Mischung bis zum Abkühlen in einem geschlossenen Gefäß stehen lassen.

Auszüge: Die zerkleinerten Kräuter rührt man abends in kaltes Regenwasser und lässt die Mischung über Nacht stehen. Am nächsten Morgen sollte der frische Auszug nach dem Aussieben der Kräuter direkt verwendet werden.

Gärten

Begleiter durchs Leben

Der bequeme Garten für die ganze Familie

Der Garten für die ganze Familie ist kein perfekt angelegter Garten, sondern einer, der sich Tag für Tag verändert. Ganz den Bedürfnissen der jungen Familie angepasst.
Einmal mehr Ballspielplatz, dann wieder mehr Partygelände, aber niemals: „Achtung – aufpassen, die Blumen!" Die Familie findet gemeinsam Begeisterung an der Natur: der Teich mit seinen vielen Bewohnern, die Insektenwand, wo Hunderte verschiedene Tiere auf engstem Raum ihre Häuser bauen, und natürlich die Blumenwiese – das Stück Natur, das in diesem Garten das gepflegte Blumenbeet ersetzt. Spiel und Spaß stehen im Vordergrund. Und selbstverständlich der leibliche Genuss. Im Naschgarten wachsen Erdbeeren, Himbeeren, Heidelbeeren – lauter Früchte, die sofort verspeist werden können.

Familienrat einberufen

Planen Sie den Garten wirklich mit der gesamten Familie! Ob Vater, Mutter oder Kinder – jeder darf seine Wünsche äußern. Bedenken Sie aber schon bei den ersten Skizzen, wie sich die Ansprüche verändern: Das ermöglicht eine weit vorausschauende Planung! Beispiel Bachlauf: In einem Garten mit kleinen Kindern wird das fließende Wasser gern zum Spielen verwendet. Und wachsen wird dort kaum etwas. Erst wenn die Kinder größer sind, lässt sich das Bächlein mit Pflanzen gestalten.

Die wichtigsten Elemente

- Sitzplatz für die ganze Familie
- Grill- und Partyplatz
- Blumenwiese
- Spielwiese
- Hausbaum mit Schaukel
- Obstbäume
- Wildsträucherhecken
- Erlebnisbereiche unter Büschen
- Sandspielgrube
- Bachlauf – zuerst zum Spielen, später zum Gestalten
- Naschbeete mit Himbeeren, Erdbeeren
- Heidelbeeren im Hochbeet
- Flacher Miniteich
- Insektenwand
- Kinderspielhaus

Die besten Pflanzen

Blumen, die im Familiengarten nicht fehlen dürfen
Sonnenblumen, Ringelblumen, Kapuzinerkresse

Blumenwiese
mit vielen Blumen zum Pflücken (Margeriten, Glockenblumen, Wiesenschaumkraut und natürlich Gänseblümchen und fürs Frühjahr viele Blumenzwiebeln)

Hausbaum
z. B. Kirschbaum, Apfelbaum: Pflanzen Sie gleich ein größeres Solitärgehölz in einer Sorte, die Ihnen ein örtlicher Baumschulist empfiehlt (robust, krankheitsresistent, gut fruchtend).

Hecken
Vermeiden Sie Schlehe, Sanddorn (gefährliche Dornen) und Goldregen (giftig!). Aber: Kornelkirsche, Haselnuss, Holunder, Flieder, Forsythie, Pfeifenstrauch sind als frei wachsende Hecke gut geeignet. Für geschnittene Hecken: Hainbuche. Liguster ist nur bedingt empfehlenswert, da die Früchte ebenfalls giftig sind.

Naschgarten
Himbeere ('Autumn Bliss'), Johannisbeere (frühe und späte Sorten; z. B.: 'Jonkher van Tets' – sehr früh, 'Rosetta', sehr spät), Erdbeeren ('Monatserdbeeren' und „immer tragende", z.B. 'Ostara' oder die köstliche 'Mieze Nova', abstammend von 'Mieze Schindler'), Heidelbeeren ('Blue Crop'), Brombeeren ('Navaho' – die wüchsigste mit köstlichen Früchten)

Obstbäume
Aprikose ('Ungarische Beste' – unbedingt als Spalier an Hauswand pflanzen), Kirsche ('Prinzessinkirsche'), Äpfel ('Klarapfel' – sehr früh!, 'Topaz'), Birne ('Gute Luise')

Rosen
Rosa rugosa – gut duftend, leicht zu pflegen, robust, „überlebt" sogar Fußballspiele!

Keine Verbote – ein Garten zum Spielen! Für die Kleinen der Sandspielplatz, für die Größeren der Bachlauf; für die Mutti ein Ruheplatz unter dem Hausbaum und für den Papa ein Grill – Familienidyll pur.

Mit den Bereichen: Sitzplatz, Grillplatz, Spielwiese, Sandspielgrube, Bachlauf, Spielen, Naschbeete, Hausbaum mit Schaukel, Miniteich, Miniblumenwiese, Insektenwand.

Eigentlich steht das „Garteln“ für Singles am Ende der Hitparade. Bei allen? Nein, alle wollen doch nicht ganz darauf verzichten. Aber dann sollte es zumindest so einfach wie nur möglich sein. Viel Grün und wenig Mühe, lautet die Devise. Und viel Platz, wenn das Singleleben doch einmal zu Ende geht …

Ein typischer Terrassengarten – bequem, einfach, robust und dennoch romantisch – für so manche gemeinsame Stunde: Tomaten, Kräuter …

Der bequeme Garten für Singles

Heute joggen, morgen golfen – und übermorgen? Den Garten genießen. Alle, die im stressigen Berufsleben stehen, die Jahr für Jahr auf der Karriereleiter hochklettern, werden bald erleben, wie erholsam ein Stück Grün sein kann. Immerhin tut's jeder Dritte – einmal pro Woche, sagt die Statistik: „Garteln". Daher können sich auch die Singles nicht davor drücken. Es entsteht ein Stück Grün ums Haus, das kaum Aufwand macht. Viele robuste Bäume und Sträucher, eine große Rasenfläche, die einmal pro Woche anstelle des Joggens gemäht wird, und als Einstiegsdroge ein kleines Gemüsegärtchen – für die italienischen Salate à la „Abnehmen leicht gemacht".

Auch Singles garteln gern – ein kleines Gewächshaus macht Lust darauf.

Chillen, mit und ohne Gäste

Sommerzeit ist freilich die Zeit zum Feiern, und deshalb fehlt auch in diesem Garten der Grillplatz nicht. Der Pavillon ist so gestaltet, dass er gut 15 Gästen Platz bietet, im Normalbetrieb aber nicht leer wirkt. Eine Hängematte wird dann zwischen die Holzpfähle gespannt – so bleibt auch an heißen Sommertagen der Garten das zweite Wohnzimmer. Während Familien meist wenig Zeit bleibt, können Singles ausgiebig faulenzen.

Im Singlegarten lässt sich – je nach individueller Vorliebe – jede Menge Natur integrieren: Blumenwiese, Wildstrauchhecke und in späterer Phase vielleicht sogar ein kleiner Gartenteich. Aber: Der ungelernte Singlegärtner sollte mit seinem Garten unbedingt langsam wachsen. Nur dann macht das Garteln auch wirklich Spaß.

Zuerst planen

Singles sind oft spontan. Heute dies, morgen das! Der Garten gibt allerdings einen anderen Takt an. Begehen Sie nicht den Fehler, den viele machen: Das Anlegen des Gartens beginnt nicht im Gartencenter, sondern mit der Planung daheim. Überlegen Sie genau, wie viel Zeit Sie wirklich erübrigen können. Und dann wird eingekauft.

Die wichtigsten Elemente

- Große Rasen- oder Blumenwiesenflächen
- Viele Bäume und Sträucher
- Sitzplatz für Sommerpartys
- Grillplatz
- Kleiner Gemüsegarten
- Frei wachsende Hecken

Die besten Pflanzen

Duftende Kletterpflanzen
zum Begrünen des Pavillons: Rose ('New Dawn'), Geißblatt (*Lonicera heckrottii*), Blauregen, nur veredelte Sorten (z. B.: *Wisteria floribunda* 'Prolific')

Gemüsegarten
Kräuter (Schnittlauch, Petersilie, Basilikum – nur im milden Klima, sonst lieber im Topf), Salate (unbedingt Rucola, Eichblattsalat und andere Pflücksalate – gibt es auch als fertige Saatgutmischung)

Frei wachsende Hecke
Flieder, Traubenkirsche, Haselnuss, Eberesche, Pfaffenhütchen, Pfeifenstrauch, Schlehe, Goldregen, Forsythie und andere (siehe Wildsträucherhecke)

Der bequeme Garten für Senioren

Gärten für Senioren müssen nicht langweilig sein, ganz im Gegenteil: Hier kommt es wirklich auf die Grundlagen der Gestaltung an. Gemüsegärten werden beispielsweise von vielen älteren Menschen gemieden – das Bücken macht nun mal Probleme. Hochbeete sind da die praktische Alternative. Wer einmal diese etwa 1 m hohen Beetumrandungen im Garten ausprobiert hat, wird nicht mehr auf sie verzichten wollen. Im Vorbeigehen wird „gegartelt" – ohne Kreuzschmerzen!

Oder die Blütensträucher anstelle des Blumenbeetes: Früher waren Stauden und Sommerblumen der ganze Stolz – täglich gehegt und gepflegt. Nun stehen dort einige alte Strauchrosen (mit traumhaftem Duft), Zwergflieder, klein bleibender Sommerflieder, Forsythien, die nicht zu groß werden, und einige „Winterblüher": Zaubernuss und Duftschneeball zum Beispiel.

Beliebt ist im Hochsommer der Sitzplatz unter dem inzwischen groß gewordenen Hausbaum und am Gartenteich – immer wieder mit einer neuen Überraschung und fast ohne Arbeit.

Die wichtigsten Elemente

- Blumenwiese im Frühjahr mit vielen Blumenzwiebeln (Krokusse, Schneeglöckchen, Blausternchen u. a.)
- Gartenteich, eventuell mit kleinem Bachlauf
- Gemüsegarten mit Hochbeeten
- Sitzplätze (auf der Terrasse und unter dem Hausbaum)
- Klein bleibende Hecke vor dem Haus
- Strauchrosenpfad
- Schattenbeete unter Bäumen

TIPP FÜR INTELLIGENTE

Im Schatten unter Bäumen

So wie wir Menschen kommen auch Gärten ins Alter. Auch ein „alter" Garten kann durchaus seine Reize haben. Meist sind Bäume und Sträucher schon so groß geworden, dass darunter viele Schattenflächen entstehen. Diese sind weniger Problem als Herausforderung: Farne, Funkien und im Frühjahr viele Zwiebelblumen machen solche Gärten zu einer wahren Oase der Natur und in Folge keine Arbeit mehr!

Die rot blühende Zaubernuss *Hamamelis × intermedia* 'Diane' bringt im Winter Farbe in den Garten.

Die besten Pflanzen

Kleine Blütensträucher

- Goldglöckchen (*Forsythia × intermedia* 'Marée d'Or' – nur 50 cm hoch werdender Strauch mit üppiger Blüte)
- Sternmagnolie (*Magnolia stellata* – langsam wachsend, Blüte im zeitigen Frühjahr)
- Sommerflieder (*Buddleja* 'Dart's Ornamental White' – kompakt, dichter Wuchs, weiß)
- Zaubernuss (*Hamamelis × intermedia* 'Diane' – rote Blüten im Winter!)
- Winterduftschneeball (*Viburnum bodnantense* – rosa blühend, von November bis April)

Große Korkenzieher-Haselnuss

(*Corylus avellana* 'Contorta' – wunderschöner Solitärstrauch, anspruchslos und pflegefrei)

Hausbaum

Falls genug Platz vorhanden ist, empfiehlt sich ein Walnussbaum. Dieser hält Mücken ab und wächst sehr schnell.

Rosengarten

- Alte Strauchrosen: ('Suaveolens' – weiß, 'Frühlingsgold' – goldgelb, 'Constance Spry' – hellrosa, alle einmal blühend)
- Moderne Strauchrosen ('Westerland' – gelborange – der Favorit, 'Schneewittchen' – weiß, 'Mme. Pierre Oger' – silbrig rosa)
- Kartoffelrose (*Rosa rugosa*) – duftende Blüten, dekorative Früchte (Hagebutten)

Für den Schatten

Funkien (*Hosta*), Farne, viele Blumenzwiebeln, Leberblümchen, Veilchen

Hochbeete – und die Pflanzen kommen zum Gärtner! Wenn Menschen ins Alter kommen, dann müssen die Gärten mitziehen. Oft erfolgt der Übergang fließend und kaum erkennbar: Da wird ein Beet aufgelassen, dort wird der Rasen zur Blumenwiese – und aus der geschnittenen Hecke wird eine frei wachsende …

Hochbeete, Dauerblüher, Blumenwiese statt Rasen, großer Teich, Bachlauf.

Ein Paradies entsteht vor der Haustür. Gleich vorweg – der Garten für diese Menschen ist immer zu klein. Kein Baum, kein Strauch, keine Blume dürfen in der Sammlung fehlen. Und so wird aus dem Garten allmählich ein kleiner Urwald – mit Lebensräumen für viele Tiere und einer ungeheuren Vielfalt an Pflanzen.

Viel Natur, kaum Wege, viele Verstecke für Tiere, Teich, Wildsträucherhecke, Bäume …

Der bequeme Garten für Naturliebhaber

Gärten von Naturliebhabern können eigentlich nicht auf dem Papier entstehen. Sie können auch nicht wirklich geplant werden – denn für diese Menschen gilt: Die Natur ist der Bauherr. Und so wird nur das Grundgerüst festgelegt. Ein Teich, ein Bachlauf, eine Blumenwiese, eine bunte Hecke und große Blumenbeete.

Zuerst schneeweiße Blüten, dann saftige Früchte – ein Apfelbaum ist ein Muss im Naturgarten.

Dazu natürlich ein Gemüse-, Beeren- und Obstgarten, denn das Genießen erfolgt auch über den Magen – und was schmeckt schon köstlicher als süße Himbeeren, frisch gepflückt?
In den ersten Jahren wird der Garten vielleicht noch etwas leer aussehen, aber schon nach der dritten oder vierten Gartensaison beginnt die Wanderschaft der Pflanzen – und die wird hier nicht unterbunden. Am Rand des Weges wächst eine Königskerze, das Wiesenschaumkraut breitet sich im Rasen aus und unter der Wildsträucherhecke machen sich Veilchen und Leberblümchen breit. Schon bald wird der Besitzer eines solchen Gartens bemerken, dass sich sehr unterschiedliche Klimazonen im Garten ergeben – ganz von selbst. Einmal ist der Boden trockener, anderswo bleibt bei Regen das Wasser stehen. Dort ist immer Schatten und vor der Terrasse Sonne, fast so wie im Süden. Keine Angst – für jedes Stück Land gibt es auch die passenden Pflanzen. Und so wird das „Garteln" zur Herausforderung. Trotzdem bleibt es bequem.

Die Natur als Vorbild

Ein naturnaher Garten sollte sich stark der lokalen Vegetation anpassen. Beginnen Sie daher die Gestaltung des Gartens mit einem intensiven Erkunden der Umgebung. Dabei sollten nicht nur die Naturlandschaft und ihre typischen Gewächse beachtet werden, sondern auch die Nachbargärten. Viele Unkrauter sind nämlich Zeigerpflanzen, die helfen, für den eigenen Garten die passenden Pflanzen zu finden.

Die wichtigsten Elemente

- Gartenteich – eine Oase der Natur, die langsam zum Paradies wird
- Bachlauf – sieht erst nach 2–3 Jahren perfekt eingewachsen aus
- Wildsträucherhecke
- Blumenrasen, Blumenwiese
- Gemüse-, Beeren- und Obstgarten
- Plattenwege mit begrünten Fugen
- Trampelpfade zum Entdecken
- Hausbaum
- Kletterpflanzen am Haus

Die besten Pflanzen

Bachlauf
Streuen Sie Brunnenkressesamen ins Bachbett, das schafft eine erste natürliche Vegetation

Beerensträucher
Himbeere ('Autumn Bliss'), Johannisbeere, Gartenheidelbeere

Besondere Gehölze
Judasbaum (*Cercis siliquastrum*), Lebkuchenbaum (*Cercidiphyllum japonicum*), Weiden – beim Teich, Korkenzieherhasel, Kletterrosen in die Hecke hinein ('Bobbie James', 'Kiftsgate')

Blumenzwiebeln
Narzissen, Krokus, Schneeglöckchen, Blausternchen als Unterpflanzung unter der Hecke

Felsennelke
(*Petrorhargia saxifraga*) – die schönste Fugenpflanze für Wege

Obstgehölze
Apfel, Kirsche, Marille (Aprikose)

Teich- und Sumpfpflanzen

Wildsträucherhecke
Wilder Flieder, Sanddorn, Schlehe, Traubenkirsche, Eberesche, Haselnuss

Garteln im Takt der Natur

Der phänologische Kalender

Jeder von uns hat es schon beobachtet. Es gibt Jahre, da sitzt man schon im März im T-Shirt auf der Terrasse, und dann gibt es wieder Zeiten, wo man im Juni noch einheizen muss. Wir Gartenliebhaber müssen uns diesem Takt der Natur anpassen. Die besten Arbeitskalender bringen nichts, wenn Temperatur, Feuchtigkeit oder Sonnenschein nicht passen. Hier zählt einerseits die Erfahrung, andererseits setzt die Natur aber auch bestimmte Zeichen, die es zu erkennen gilt.

Garteln im Takt der Natur ist oft ganz logisch, immer wieder hilfreich und bringt überraschende Erfolgsergebnisse. Sind die Bohnen zum richtigen Zeitpunkt gepflanzt worden, dann keimen sie problemlos, ist man zu früh dran, dann wird nichts aus der erhofften Ernte.

Beim Garteln im Takt der Natur benötigen wir keinen Kalender mehr, wir müssen nur noch genau beobachten, und schon gibt es keine vier, sondern plötzlich zehn Jahreszeiten. Allein das ist spannend.

TIPP FÜR INTELLIGENTE

Auf den Zeitpunkt kommt es an

Gartelt man zur richtigen Zeit, wird vieles einfacher – getreu dem Motto dieses Buches: „… für intelligente Faule". Damit sind wir dem biologischen Gärtnern einen Schritt näher, denn wer im Takt der Natur gartelt, der gartelt mit der Natur.

Das sind die 10 Jahreszeiten für intelligente, faule Gärtner

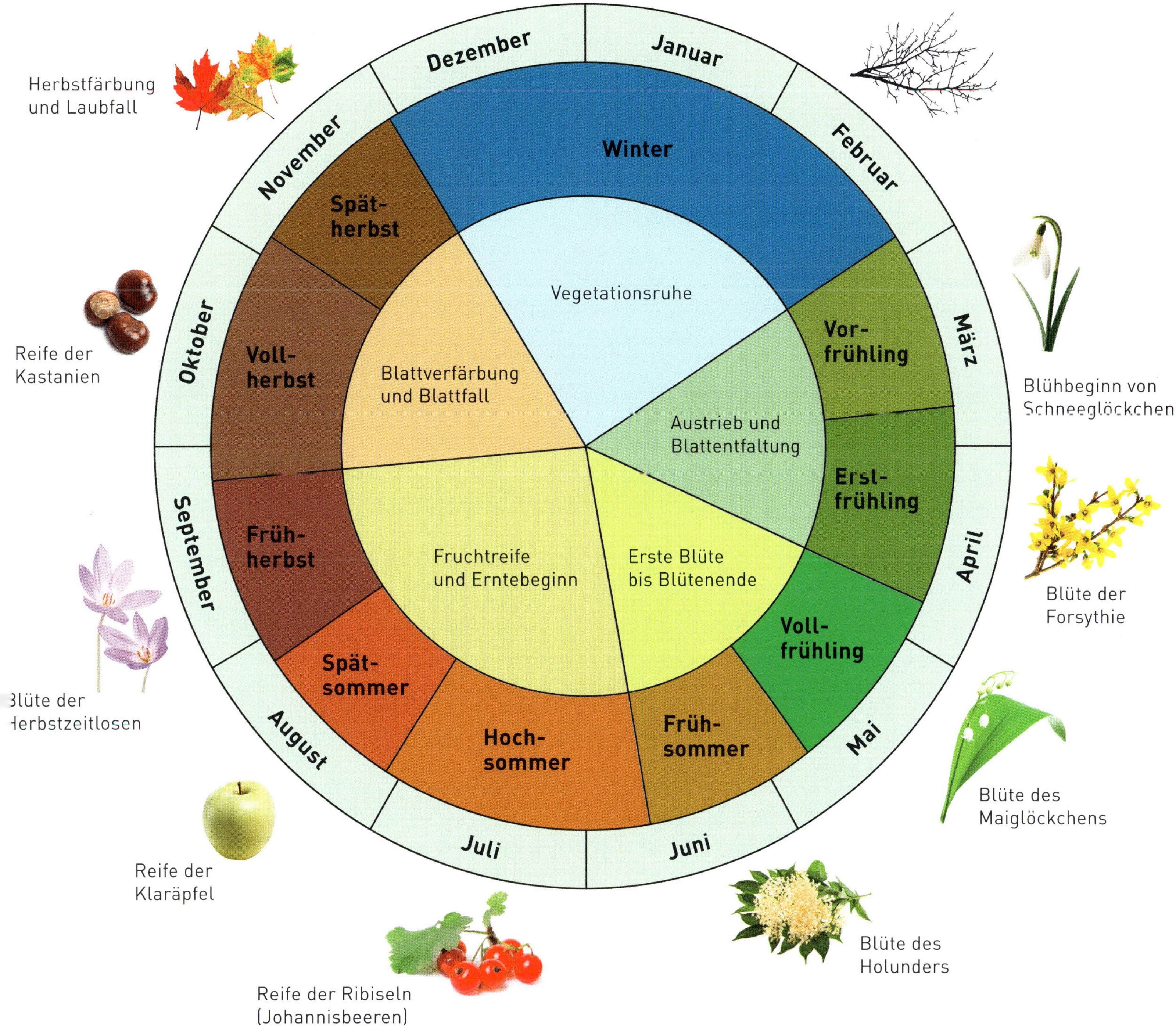

Vorfrühling: Zeit des Neubeginns

Alles im Garten wirkt braun und abgestorben. An vielen Stellen des Gartens liegen noch Schneereste. Und doch bemerkt man als aufmerksamer Gartenliebhaber eine Veränderung. Knospen schwellen, die ersten Sonnenstrahlen wärmen bereits und „es duftet nach Frühling". Jeder kennt diese Momente – man kommt aus dem Haus und alles ist anders. Bei Temperaturen jenseits der 10 °C beginnt sich wieder reges Treiben im Garten einzustellen.

Jetzt ist die Zeit, um erste Vorbereitungen zu treffen, damit das neue Gartenjahr ein Erfolg wird. Freilich: Nichts übereilen, denn noch kann es zu gefährlichen Wetterrückschlägen mit kräftigem Frost kommen. Mit vorsichtigem Aufräumen und Abschneiden kann aber schon begonnen werden.

Gartenerwachen – Schneeglöckchen blühen auf

Das Schneeglöckchen (*Galanthus nivalis*) zählt zu den Frühlingsboten schlechthin. Im Kalender der Natur steht es am Beginn und eröffnet die Gartensaison. Im Vorfrühling beginnt auch die Blüte der Salweide (*Salix caprea*) – die erste Nahrung für die Bienen. Und wenn die „Würstel" der Haselnüsse (*Corylus avellana*) zu stäuben beginnen und die Kornelkirsche (*Cornus mas*) blüht, dann ist das neue Gartenjahr offiziell eröffnet. Dabei hat im Verborgenen oft das Blühen schon viel früher begonnen: Christ- oder Schneerosen (*Helleborus niger*) öffnen schon an milden Wintertagen ihre Blüten, und auch der gelb blühende Winterjasmin (*Jasminum nudiflorum*) schmückt sonnige Wintertage mit einem ersten Blütenreigen.

Im Vorfrühling passiert dies alles nicht nur optisch, sondern auch mit einem wohltuenden Klang. Der Gesang der Vögel beginnt. Emsig wird von unseren gefiederten Freunden nun auch mit dem Nestbau begonnen – die richtige Zeit, um neue Nistkästen aufzuhängen und eventuell bestehende Kästen zu reinigen, so das noch nicht geschehen ist. Und wer einen Teich im Garten hat, der kann auch schon an sonnigen milden Tagen die ersten Kröten beobachten. Mein erklärter Vorfrühlingsbote ist der Winterling (*Eranthis hyemalis*): Einmal im Garten – überall im Garten. Er sät sich bereitwillig aus und bildet dichte gelbe Blütenteppiche. Dann ist der Start ins Gartenjahr vollzogen.

Das Schneeglöckchen läutet die erste der 10 phänologischen Jahreszeiten ein: den Vorfrühling.

Bequemer Vorfrühling

Die wichtigste Maßnahme in diesen ersten Frühlingstagen ist die Schneckenbekämpfung. Wer jetzt vorsorgt, hat das ganze Jahr über viel weniger Probleme. Die seit einigen Jahren im Handel erhältlichen umweltfreundlichen Schneckenmittel auf Eisen-III-Phosphat-Basis werden breitwürfig im Garten gestreut – auch beim Komposthaufen und in der Blumenwiese, denn dort verstecken sich die kleinen Schnecken, die in den ersten milden Tagen aus dem Winterquartier kriechen und nach Nahrung suchen. In meinem 2.500 m^2 großen Garten streue ich um diese Zeit etwa 3 kg dieses Schneckenkorns. Später muss ich dann nur noch punktuell nachstreuen.

Im Ziergarten

- Rosen werden zwar noch nicht endgültig geschnitten (das erfolgt erst, wenn die Forsythie blüht, denn dann gibt es kaum noch starke Nachtfröste), aber das Reisig kann schon entfernt werden, auch die angehäufelte Erde kann man nun verteilen.
- Eine erste stärkende Spritzung mit Schachtelhalmextrakt (gibt es fertig im Handel) beugt schon jetzt Pilzkrankheiten vor.
- Wer Rosen pflanzen will – im Vorfrühling kann man wurzelnackte Pflanzen besonders preiswert kaufen, meist jedoch nur noch im Versandhandel. In den Gärtnereien und Gartencentern

werden sie fast ausschließlich im Topf angeboten.

- Viele im Frühjahr blühende Blumenzwiebeln wie Narzissen und Zierlauch treiben nun schon aus. Sind die Blätter etwa 10 cm groß, dann muss bereits fürs kommende Jahr gedüngt werden, nur dann gibt es genug Energie, damit die Zwiebeln nach der Blüte auch wieder Knospen für das nächste Jahr bilden. Gerade bei den Narzissen wird das oft übersehen, und über die Jahre hinweg bilden sich nur noch Blätter anstelle von Blüten.
- Blühfaule und zu stark wuchernde Stauden jetzt teilen, verkleinern und umpflanzen. Lücken im Staudenbeet füllen.
- Gehölze, die im Frühsommer blühen, können nun ausgelichtet werden. Auch die Kletterhortensien schneiden.

Im Gemüse- und Obstgarten

- Gemüsebeete erst dann vorbereiten, wenn die Erde wirklich abgetrocknet ist. Hier kann man sich nur an eine der besten Bauernregeln halten: „Erst wenn keine Erde mehr an den Stiefeln kleben bleibt, darf man die Beete bearbeiten." Die Gefahr der Bodenverdichtung wäre sonst zu groß.
- Obstbäume können nach wie vor geschnitten werden. Die besonders stark wachsenden Sorten möglichst spät schneiden, das bremst das Wachstum. Auch die Weinreben jetzt einkürzen.
- Obstbäume können nun mit einer Austriebsspritzung vor allzu starkem Schädlingsbefall im Sommer bewahrt werden. Die ölhaltigen Substanzen werden an milden trockenen Tagen tropfnass über alle Äste gesprüht und vernichten – ohne giftige Substanzen – viele der lästigsten Schädlinge und Eier, die sich in Rindenritzen oder an Knospen verstecken.

Im Zimmer, auf Balkon und Terrasse

- Kübelpflanzen pflegen! Das Wichtigste in diesen Tagen ist die Schädlingsbekämpfung. Im Überwinterungsquartier machen sich nun Blatt-, Schild- und Wollläuse breit. Mit ölhaltigen Präparaten bekämpfen.
- Vorsicht beim Oleanderschneiden – viele Pflanzen blühen dann nicht mehr. Lieber nur die Hälfte der Äste bodeneben herausschneiden. Dort verjüngt sich die Pflanze, die alten Triebe blühen noch. Im kommenden Jahr den Rest abschneiden.
- Im Gewächshaus oder auf der Fensterbank werden nun Chilis, Paprika und Tomaten gesät. Auch die Duftwicken sollten möglichst früh in die Erde, damit sie kräftig wachsen.
- Beginnen Sie jetzt, die Sommerblumen auszusäen. Dann haben Sie nach den Eisheiligen kräftige Jungpflanzen.

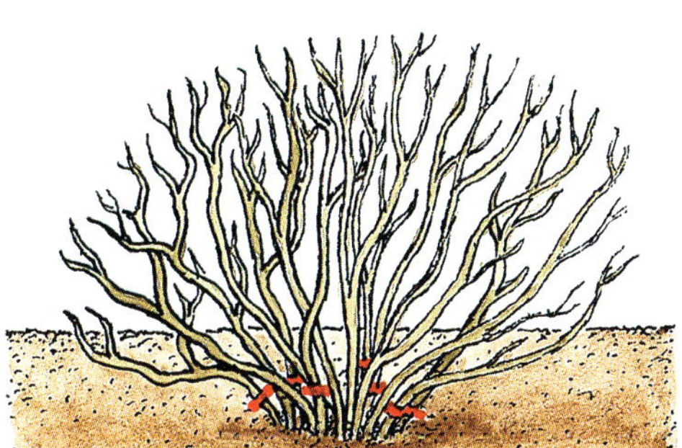

Gehölzschnitt – unbedingt an frostfreien Tagen schneiden. Aus den anfallenden Zweigen lässt sich ein Totholzhaufen anlegen.

NEUE Gartenfragen & Antworten

FÜR INTELLIGENTE FAULE

Christrose auspflanzen

Meine Christrose, die ich für Weihnachten gekauft habe, hat im Jänner viele Läuse bekommen. Wann kann ich sie hinaussetzen?

Die Schneerose (*Helleborus niger*) ist extrem frostfest und wächst bei uns im Garten problemlos. Allerdings ist sie vom Zimmer so sehr verweichlicht, dass sie in der ersten Phase selbst bei −1 °C schon kaputtgehen kann. Daher sollte man die Pflanze möglichst kühl (Garagenfenster) platzieren und erst nach einigen Wochen an den endgültigen Platz setzen. Ideal ist ein Standort unter Gehölzen mit einer dicken Mulchschicht aus Laub. Ist der Boden kalkfrei, Eierschalen ins Pflanzloch geben.

Schneeglöckchen verpflanzen

Erst wenn sie blühen, soll man Schneeglöckchen verpflanzen. Ist das nicht für die Pflanzen ein großer Stress?

Das Verpflanzen der Schneeglöckchen „in the green", kommt aus England. Dort hat es sich deshalb eingebürgert, weil man dabei die Schneeglöckchennester findet und besser teilen kann. Das Verpflanzen erfolgt unmittelbar nach der Blüte. Wer die Zwiebeln im Sommer ausgräbt und umpflanzt, macht aber auch nichts falsch. Stehen Schneeglöckchen übrigens zu dicht in einem Klumpen, lässt die Blühfreudigkeit deutlich nach. Daher ist das Verpflanzen von großer Bedeutung.

Erstfrühling: Die Natur legt los

„Wenn die Forsythie blüht ...“ Für viele ist dieses Aufblühen die erste Bekanntschaft mit dem phänologischen Kalender – da weiß man gleich, dass die Rosen geschnitten werden müssen. Der Erstfrühling ist die Zeit der großen und kleinen Zwiebelblumen, der blühenden Kirschbäume und des ersten saftigen Grüns. Meist noch zart als erste Knospen, gegen Ende aber dann schon flächendeckend mit dem „wiedererwachten“ Rasen und dem nun kräftigen Vogelgesang. Die Tage werden länger und es wird zunehmend milder – dennoch, Schlechtwettereinbrüche sind in dieser Zeit oft gewaltig.

Ein erstes Feuerwerk an Blüten

Es ist wohl der Duft, der diese phänologische Jahreszeit begleitet. Wer im Takt der Natur gartelt, der ist nun viel draußen unterwegs – ob im Garten oder in der Natur, überall breiten sich jetzt die zarten Gerüche aus, vom Bärlauch im Wald, den Duftveilchen oder den Schlüsselblumen. Das Potpourri aus diesen und noch viel mehr Düften macht den Erstfrühling zu einer ganz besonderen Zeit. Für mich ist die Blüte der Duftheckenkirsche (*Lonicera × purpusii*) ein typischer Zeiger in diesen Tagen; auch wenn der Strauch sehr oft schon einzelne Blüten im Winter öffnet, die Hauptblüte findet jetzt statt.

Die Forsythie gehört zu den beliebtesten Frühlingsboten und hat demnach auch liebevollerweise gleich mehrere Namen erhalten: Osterstrauch, Goldglöckchen oder manchmal sogar Goldregen (obwohl das eine ganz andere Pflanze ist).

In den Gärten dominiert die Farbe Gelb: Die ersten Narzissen – vor allem die großkronigen – sind in voller Blüte. ‘Golden Harvest’ ist eine der robustesten. Oder die etwas später im Freiland blühende ‘Tête à Tête’ – die Mininarzisse, die wohl zu den meistverkauften Topffrühlingspflanzen gehört. Nicht zu vergessen natürlich die Traubenhyazinthen, Blausternchen und den Schneeglanz.

An den Bäumen erkennt man den Erstfrühling anhand der Bildung der Blütenknospen der Rosskastanie (wenn sich die Blüten öffnen, sind wir schon im Vollfrühling!) oder dem Blühbeginn der Zierjohannisbeere. Und wenn dann die Wiesen voll sind mit Löwenzahn, dann endet der Erstfrühling und der Vollfrühling steht vor der Tür.

Im Erstfrühling – ein wenig mehr zu tun als sonst!

Auch der intelligente, faule Gärtner wird es in dieser phänologischen Jahreszeit bemerken: Nun ist etwas mehr zu tun, denn der Garten ist voll erwacht, und an allen Ecken und Enden beginnt das kräftige Wachstum. Das aber nützen wir aus, damit wir es später wieder bequemer haben. Wer die Schnecken noch nicht bekämpft hat – jetzt ist es höchste Zeit. An einem Tag vor einem kräftigen Frühlingsregen ist der ideale Zeitpunkt für das Ausstreuen des umweltfreundlichen Schneckenkorns. Noch sind die Schnecken klein und auf der Suche nach Nahrung. Daher nehmen sie das Korn, vor allem wenn es feucht geworden ist, schnell auf und gehen in den Erdritzen zugrunde.

Im Ziergarten

- Ein Schädling, der vor allem in den letzten Jahren viele Probleme bereitet hat, ist der Dickmaulrüssler. Der Käfer lebt zunächst als Larve (kleiner weißer Engerling) im Boden und frisst dort die Wurzeln an. Oft so stark, dass uralte Rhododendren, Kamelien, Kirschlorbeer oder auch Efeu und Pfingstrosen eingehen. Jetzt sollte man mit Nematoden den lästigen Schädling bekämpfen. Sie sind die natürlichen Feinde der Dickmaulrüssler.
- Der Rosenschnitt ist nun die Hauptaufgabe: Alle Beetrosen werden stark geschnitten; bei Kletterrosen und Strauchrosen nur abgefrorene und abgestorbene Äste ausschneiden. Alte, historische Rosen und vor allem auch die Wildrosen, ebenso wie die Ramblerrosen (stark wachsende Kletterrosen)

Blüht die Forsythie, beginnt der Erstfrühling und die Rosen werden geschnitten.

nicht schneiden. Sie blühen nur auf den vorjährigen Trieben.
- Die Knollen und Zwiebeln von Dahlien, Gladiolen, Lilien oder Montbretien pflanzen. Ihre wunderbaren Blüten schmücken jeden Sommergarten!
- Den Rasen pflegen – ausrechen, biologisch düngen und erst nach dem ersten Mähen vertikutieren. Wer keinen belastbaren Spielrasen benötigt, darf fauler sein – rasch entsteht dann ein blühender Kräuterrasen.
- Frühjahrsputz im Gartenteich – allerdings sanft; besser ist die Pflege im Herbst.
- Kompost auf allen Beeten verteilen und sofort dick mulchen – Holzfaser, Rindenhumus oder bei Sträuchern auch mit heimischer Lärchenrinde.
- Alte Äste von Sanddorn, Haselnuss oder anderen Gehölzen als Stütze zwischen die Pfingstrosen und andere Stauden stecken. Die Pflanzen wachsen dann durch diese Stützen und sind stabil.
- Wenn nicht schon im Vorjahr nach der Blüte geschehen: Lavendel jetzt zurückschneiden.

Im Gemüse- und Obstgarten

- Viele Kräuter können nun schon ins Freie gesetzt werden: Schnittlauch, Petersilie, Rosmarin, aber auch alle Minzen sind äußerst robust. Bei Basilikum gilt Vorsicht – dieses wärmebedürftige Kräutlein muss auf der Fensterbank stehen – aber im Zimmer!
- Beete ausreichend mit Kompost versorgen und mit erstem Rasenschnitt mulchen. Gut vorbereitete Gemüsebeete sind das Geheimnis des Erfolgs!
- Auspflanzen von Pflücksalaten, Rettich und Radieschen, Karotten, Petersilie, Spinat, Steckzwiebeln. Vorziehen von Gurken, Zucchini und Zuckermais.
- Gründungung: Phacelia und Kapuzinerkresse beispielsweise lockern verdichteten Boden – Phacelia mithilfe ihrer kräftigen Wurzeln und Kapuzinerkresse durch Beschattung und somit Förderung des Bodenlebens.

Im Zimmer, auf Balkon und Terrasse

- Die ersten Kübelpflanzen können nun schon ins Freie: Oleander, Lorbeer und Olive sind frostfester, als man denkt. Dennoch vorsichtig sein: Ist das Winterquartier zu warm gewesen, dann erst abhärten. Auch vor Sonnenbrand schützen – die grünen Blätter sind nun empfindlich, so wie unsere Haut nach dem langen Winter.
- Pelargonien und Fuchsien zurückschneiden und Zimmerpflanzen umtopfen.

Wenn noch nicht geschehen – jetzt Kompost aufbringen!

NEUE Gartenfragen & Antworten

FÜR INTELLIGENTE FAULE

Geißblatt richtig schneiden

Mein Geißblatt (*Lonicera*) überwuchert alles. Ist es ratsam, die Pflanze bis zum Boden zurückzuschneiden? Wann?

Das Geißblatt – auch liebevoll Je-länger-je-lieber genannt – blüht immer auf den vorjährigen Trieben; daher sollte man es nie komplett zurückschneiden, weil es sonst keine Blüte gibt. Entfernen Sie zunächst alle abgestorbenen Teile, dann jene, die im Vorjahr geblüht haben, und zuletzt die dünnen schwachen Triebe. Von den übrig gebliebenen belassen Sie etwa die Hälfte, die nicht eingekürzt, sondern aufgebunden werden. Diese Triebe schmücken sich dann über und über mit den duftenden Blüten.

Schnittzeitpunkt bei Forsythien

Wann muss ich die Forsythie erstmals schneiden? Ich hab sie vor 5 Jahren gepflanzt.

Damit die Forsythie vital und blühwillig bleibt, sollten die drei- bis fünfjährigen Äste bodeneben herausgeschnitten werden. Das fördert den Neuaustrieb, der dann im übernächsten Jahr Blüten ansetzt. Niemals Forsythien als Formgehölz schneiden (Kugelform). In der ersten Phase wird der Strauch noch blühen, später aber zunehmend vergreisen und nur noch ganz wenige Blüten ansetzen. Nicht vergessen: nach dem Schneiden mit Kompost und organischem Dünger versorgen und danach mulchen.

Vollfrühling – und mit ihm der Wonnemonat Mai

Wenn sich im Garten die Apfelblüte zeigt, der Flieder (*Syringa vulgaris*) seine Blüten öffnet und Akeleien und Blumenwiesen in ihrem ersten herrlichen Blütenkleid stecken, dann ist für viele Menschen die schönste Jahreszeit – der Vollfrühling. Meist ist der Start in den letzten Apriltagen; um Mitte Mai erreicht dann diese Jahreszeit der Natur ihren Höhepunkt. Einmal mehr duftet nun die Natur in den verführerischsten Varianten. Für mich ist nicht zuletzt die Blüte des Maiglöckchens (*Convallaria majalis*) ein Symbol für den Vollfrühling.

Ein ganzes Land blüht auf

Wer nun durch die Landschaft spaziert oder auch mit dem Auto auf Landstraßen unterwegs ist, erlebt es hautnah – die Obstbaumblüte ist in diesen Tagen das sichtbare Zeichen für den Vollfrühling. Waren es zunächst im Erstfrühling noch die Kirsch- und wenig später die Birnbäume, so stehen nun die Apfelbäume in voller Blüte. Aber nicht nur diese: In den Städten sind die Alleen mit ihren Kastanienbäumen eine Pracht und in den Hausgärten liefern sich Flieder und Magnolien einen Wettstreit, wer üppiger blüht.

In diesen Maitagen erreicht auch die Blüte der Blumenwiesen ihren ersten Höhepunkt. Wer im Garten Teile der Blumenwiese mit späten Dichternarzissen und Zierlauch bepflanzt hat, kann eines der schönsten Riesenblumenbeete bewundern, das es gibt. In Grünlandgegenden beginnt nun auch schon die erste Heumahd. Der Duft ist einprägsam und auch ein typischer Begleiter dieser phänologischen Jahreszeit.

Eine der schönsten Zeiten im Garten: Blüht der Apfelbaum, beginnt der Vollfrühling.

Hochzeit für alle Tiere

Im Garten ist nun Hochbetrieb – nicht nur was Gärtnerin und Gärtner betrifft, auch die vielen Tiere sind im Hochzeits- und Hausbaufieber. Viele nützliche Insekten suchen in Holzritzen Plätze für ihre Larven (jetzt wäre die ideale Zeit für ein neues Insektenhotel), und auch Igel, Ringelnattern und Blindschleichen begeben sich auf Futter- und Quartiersuche. Gartenteiche für Ringelnattern und Totholzhaufen für Igel und Blindschleichen werden Objekte der Begierden. All diese nützlichen Tiere danken uns mit dem Beseitigen von Schnecken und anderen lästigen Schädlingen. Es beginnt die Zeit des kräftigen Wachstums – daher heißt es düngen! Vor allem jene Pflanzen, die noch keinen Kompost bekommen haben. Vor allem aber alle Topf- und Kübelpflanzen.

Der schönste Frühling im Garten

Noch wuchert nichts, die vielen Blüten werden vom zarten Grün umrankt. Was jetzt gepflanzt wird, wächst rasch und kräftig. Immerhin gilt der alte Spruch noch immer: „Im April kommt's, wann's will; im Mai kommt's glei(ch)." Jetzt heißt es: Pflanzen und Vorbereiten des Gartensommers.

Umtopfzeit! Bei großen Pflanzen Wurzelballen verkleinern.

Im Ziergarten

- Die Zeit der frühjahrsblühenden Gehölze ist zu Ende: Nun kann, falls notwendig, die Forsythie geschnitten werden. Am besten immer die älteren Äste bodeneben herausschneiden, so verjüngt sie sich und bleibt kräftig im Wachstum und damit voller Blüten im kommenden Jahr.
- Mandelbäumchen müssen radikal (auf 10 cm) zurückgeschnitten werden. Sie blühen nur auf den neu gebildeten Trieben.
- Weidenkätzchen (vor allem das Hängeweidenkätzchen) werden ebenfalls kräftig zurückgeschnitten. Auch hier gibt es nur auf den neuen Trieben die schönen Kätzchen.
- Abgeblühte Rhododendrenblüten ausbrechen – bei großen älteren Exemplaren kann man das aber vernachlässigen. Ausreichend düngen, am besten zweimal – im Erst- und Vollfrühling. Braune Knospen an Rhododendren

entfernen – hier hat die Rhododendronzikade Eier abgelegt.
- Balkonblumenkästen und Hanging Baskets jetzt bepflanzen.
- Kübelpflanzen in frische Erde umtopfen, Hochstämmchen behutsam stutzen.
- Tulpen erst dann aus der Erde holen, wenn die Blätter ganz eingezogen sind – an Stellen, wo es im Sommer trocken ist (unter Bäumen, an der Hauswand), kann die Tulpenzwiebel auch im Boden bleiben. Sie blüht dann auch im kommenden Jahr; in feuchter Erde gibt's aber keine Blüte.
- Narzissenlaub ebenfalls einziehen lassen und die Samenstände entfernen – gegen Ende des Vollfrühlings kann man die Blätter um ein Drittel einkürzen.

Im Obst- und Gemüsegarten

- Den Boden zwischen den Saatreihen immer wieder mulchen, das hält ihn locker. Je größer die Pflanzen, desto mehr kann gemulcht werden.
- Als Alternative zum Mulchen eignen sich für Zwischensaaten Kresse, Spinat, Radieschen und Rettich sowie einjährige Kräuter.
- Die „Unkrautzeit" hat begonnen. Aus den meisten Unkrautpflanzen lässt sich guter Kompost herstellen. Achtung! Keine Unkräuter, die schon Samen angesetzt haben, auf den Kompost.
- Im Glashaus wollen Gurken und Melonen hohe Luftfeuchtigkeit, Paprika, Tomaten und Auberginen eher trockenere Luft. Auf jeden Fall sollte sie durch einen kleinen Ventilator immer bewegt sein.
- Auspflanzen von Kohl, Kohlrabi, Porree, Salaten und Sellerie. Gurken, Tomaten und Paprika werden nach den Eisheiligen gepflanzt. Decken Sie die empfindlichen Pflänzchen mit Vlies ab. Sellerie bekommt keine Knollen, wenn er der Kälte ausgesetzt war.
- Pflanzzeit ist nun auch für alle einjährigen Kräuter.
- Ribisel- (Johannisbeer-) und Stachelbeersträucher blühen und benötigen ausreichend Feuchtigkeit. Vorsichtig gießen und gut mulchen – mit Rasenschnitt oder Rindenhumus.
- Spindel- und Spalierobstbäume sollten mit Vlies vor den letzten Frösten geschützt werden. Auch blühende Erdbeeren sind gefährdet. Alternative bei leichtem Frost: Am Abend mit Wasser besprühen schützt vor Minusgraden.
- Am Spalier Jungtriebe entspitzen. Pfirsichtriebe können notfalls noch reguliert werden.

Pflanzenschutz

- Zwiebelfliege, Möhrenfliege, Lauchmotte, Kohlfliege etc. können gut mit Schutzfolien von den Pflanzen ferngehalten werden (keine gelochten oder geschlitzten Wachstumsfolien). Helles Vlies, das Wasser und Sonnenlicht gut zu den Pflanzen transportiert, etwa 2–3 Wochen auf den Kulturen belassen. So kann die Eiablage der Schädlinge verhindert werden.
- Die Kirschfruchtfliege legt ihre Eier in die reifenden Kirschen. Hängen Sie rechtzeitig Gelbtafeln in die Bäume!
- Dürre Äste bei Marillen (Aprikosen) und Weichseln abschneiden und bei Moniliabefall verbrennen.
- Ohrwurmhäuschen gegen Blattläuse in Obstbäumen aufhängen.

NEUE Gartenfragen & Antworten

FÜR INTELLIGENTE FAULE

Fliederschnitt nach der Blüte

Nach dem Abblühen des Flieders stellt sich die Frage: Soll ich schneiden oder soll ich nicht schneiden?

Flieder muss man nicht schneiden. Selbst das Abgeblühte, das man stehen lässt, hat keinen Einfluss auf den künftigen Blütenansatz. Wenn man den Flieder schneidet, dann immer unmittelbar nach der Blüte. Wie bei allen Blütengehölzen wird durch den Rückschnitt aber die Blüte im kommenden Jahr ausbleiben. Daher immer nur die Hälfte der Triebe schneiden, damit ein Teil zur Blüte kommt. Aufpassen sollte man bei einem veredelten Flieder, damit nicht alle Edeltriebe verloren gehen.

Schnitt der Rosskastanie

Kann man Kastanien auch schneiden, wenn sie schon blühen? Der Baum ist einfach zu groß für unseren Garten.

Der richtige Zeitpunkt für den Schnitt der Kastanie ist der Spätwinter bis knapp vorm Austrieb. Der Baum verträgt auch einen kräftigen Rückschnitt, dennoch sollten dicke Hauptäste nicht abgeschnitten werden, weil es an diesen Stellen zu Fäulnis kommen kann. Das Wichtigste beim Kastanienbaum ist aber das Entfernen und Entsorgen des Laubs im Herbst, da darin die Miniermotte überwintert und den Baum im Frühjahr wieder befällt. Damit nicht zum (kaum vermeidbaren) Schädlingsbefall auch noch Stress kommt, sollte dann mit Kompost gedüngt werden.

Frühsommer: Holunder und Rosen blühen

Duft begleitet uns durchs ganze Gartenjahr – aber nun ist die Zeit gekommen, die selbst die Nichtgärtner zum Schwärmen bringt: die Rosenblüte. Zwar ist die „offizielle" Zeigerpflanze des Frühsommers der Holunder (*Sambucus nigra*), doch wirklich dominieren nun im Garten und in den Parks die Rosen. Aber dennoch sollte auch der Holler im Garten nicht fehlen. „Man müsste den Hut bei diesem Gehölz ziehen", heißt es in alten Büchern immer. Nicht nur wegen den wohlgesinnten Hausgeistern, die angeblich dort leben, sondern vor allem wegen des großen Nutzens – vom Tee aus den Blüten für uns Menschen bis hin zur Jauche aus den Blättern gegen die Wühlmäuse und den vitaminreichen Beeren im Herbst.

Das Leben im Garten

Lange Tage, kurze Nächte – jetzt beginnt die Zeit, in der unsere Gärten zum grünen Wohnzimmer werden. Passt das Wetter, startet der Gartentag bereits mit einem gemütlichen Frühstück auf der Ostseite der Terrasse des Hauses und endet erst in den späten Abendstunden beim Sonnenuntergang an seiner Westseite.

Auch die Nützlinge verbringen viel Zeit in unseren Hausgärten: Marienkäferlarven sind auf Beutezug, die Laufkäfer machen sich über die Schnecken her und unsere Singvögel vertilgen Unmengen an Käfern und Raupen.

Roter Mohn und falscher Jasmin

Dort, wo es sie noch in unverfälschter Form gibt, da sind sie nun in voller Blüte, und Brachflächen schmücken sich mit dem roten Klatschmohn (*Papaver rhoeas*). Ein Gehölz, das in den Gärten besonders in Erscheinung tritt, ist der Jasmin – eigentlich der „Falsche Jasmin", auch Pfeifenstrauch (*Philadelphus sp.*) genannt. Der Duft betört und die Blütenkaskaden sind Blickpunkte im Garten. Eine Sorte ist für mich immer mit kulinarischen Gefühlen begleitet: 'Silberregen' – oder treffender „Walderdbeerjasmin". Sein Duft hüllt die Umgebung in schier unglaubliche Wolken aus Erdbeerduft. Und ein paar Meter weiter reifen dann auch schon die ersten Früchte dieses Gartenjahrs. Mit dem Frühsommer beginnt die Erdbeerernte – nicht nur der kleinen köstlichen Wald- oder Monatserdbeeren, sondern auch der saftigen Ananas-Erdbeeren.

Der Frühsommer sorgt für kräftiges Wachstum

Aufbinden und Abschneiden, das sind nun allmählich die Hauptaufgaben der Gärtnerinnen und Gärtner. Richtiger Rückschnitt sorgt nämlich in vielen Fällen für häufigeren Blütenflor – zum Beispiel bei den Rosen. Dies funktioniert allerdings nur bei den mehrmals blühenden Arten. Wildrosen werden nicht geschnitten. Ihr großer, zweiter Auftritt kommt im Herbst.

Im Ziergarten

- Rosen: Verblühtes nur mit etwa „zwei Augen" abschneiden, damit der Rosenstrauch nicht zu viele Blätter verliert. Faustregel: Über dem ersten voll ausgebildeten Blatt – das ist eines mit fünf Teilblättern – sollte geschnitten werden. Niemals Wildrosen und die (meisten) alten und historischen Rosen schneiden – sie blühen nur einmal, schmücken sich aber dann mit Hagebutten.
- Rosen gleich nach der Blüte kräftig düngen. Organische Dünger wirken zwar langsam, sorgen aber für ein ausgeglichenes Wachstum. Rosenkrankheiten wie Mehltau und Rosenrost

Mit der Holunderblüte startet der Frühsommer – die Rosen beginnen nun zu blühen.

treten dann seltener auf. Vorbeugend Schachtelhalmtee spritzen.

- Frisch gepflanzte Rosen lieben es, jeden Abend richtig mit Wasser eingeschlämmt zu werden. Nicht auf die Blätter gießen! Eingewachsene Rosen müssen kaum mehr gegossen werden.
- Zur Sommersonnenwende werden die Laubhecken geschnitten. Sie haben die erste Wachstumsphase beinahe abgeschlossen. Achtung: Warten Sie, falls die Hecke „bewohnt" ist, mit dem Schneiden, bis alle Vögel flügge sind.
- Der Rasen wird nun wöchentlich gemäht und ausreichend gegossen.
- Rittersporn ist eine remontierende Staude, das heißt, er blüht nach der Hauptblüte ein zweites Mal, allerdings nur, wenn die alten Triebe bis zum Boden entfernt werden.
- Sommerblumen benötigen viel Wasser und Dünger. Abgeblühtes sollte immer entfernt werden, denn so besitzen die Pflanzen mehr Kraft für weitere Blütenbildung. Einjährige kann man den ganzen Sommer nachpflanzen – es ist sogar von Vorteil, gestaffelt zu pflanzen, da so der Blütenflor im Herbst länger anhält.
- Iris werden mit der Zeit oft blühfaul. Hier hilft eine Verjüngungskur durch Teilung. Nach der Blüte werden die Pflanzen ausgegraben, die Rhizome in Teilstücke geschnitten und wieder in den gut vorbereiteten, sandigen Gartenboden gepflanzt.

Im Gemüse- und Obstgarten

- Aussäen: Buschbohnen, Erbsen, Fenchel, Radieschen, Rettich, Rote Rüben, Gurken, Kohlrabi, Kopfsalat, Kürbis, Mangold, Stangenbohnen.
- Kräuteraussaat ist noch möglich: Dill (eignet sich zum Einlegen von Gurken), Kresse, Kerbel und Petersilie.
- Tomaten sollte man regelmäßig ausgeizen und die untersten Blätter entfernen.
- Stark zehrendes Gemüse (z. B. Gurken oder Tomaten) sollte fallweise mit Biodünger und Brennnesseljauche gedüngt werden.
- Der Boden wird geharkt und gleich gut gemulcht, um die Kapillarwirkung zu unterbrechen, den Boden locker zu halten und Unkrautwuchs zu verhindern.
- Erdbeeren nach der Ernte zurückschneiden.
- Himbeeren benötigen gegen Ende der Blüte eine zweite Düngung.
- Fallobst sofort wegräumen, um Pilzerkrankungen zu verhindern.
- Wassertriebe bei Obstbäumen entfernen.
- Mulchen Sie die Baumscheiben mit anfallendem Grasschnitt, die Feuchtigkeit wird so im Boden besser gespeichert. Ab Juni beginnt die Zeit der Eiablage des Apfelwicklers. Wenn Sie eine Pheromonfalle in einen Ihrer Apfelbäume gehängt haben, wird die Eiablage deutlich verringert. Jetzt können Sie die geschlüpften Larven abfangen.
- Ernte von Süßkirschen und Weichseln (Sauerkirschen), Marillen (Aprikosen) sowie diversen Beeren. Pfirsiche erntet man besser in mehreren Schritten, da sie nach und nach reifen. Bei Himbeeren sammeln Sie gezielt die großen Früchte, da die unansehnlichen meist wurmig sind.
- Bei Himbeeren und Brombeeren sollte man die Neutriebe am Gerüst befestigen.
- Tritt die Himbeerruten-Krankheit auf, alle Triebe bodengleich abschneiden. Sehr bewährt hat sich die herbsttragende Himbeersorte 'Autumn Bliss', die krankheitsresistent ist.
- Kiwis: Einkürzen von langen Trieben auf drei bis vier Blätter.

Im Zimmer, auf Balkon und Terrasse

- Ausputzen, Wässern und Düngen der Balkon- und Kübelpflanzen – am besten mit Biodünger.
- Spätestens jetzt sollten viele Zimmer- und alle Kübelpflanzen auf Sommerfrische ins Freie gestellt werden.

NEUE Gartenfragen & Antworten

FÜR INTELLIGENTE FAULE

Läuse am Holunder

Mein Holunder ist voller Läuse! Ich schneide immer alles ab, aber dann sind die Viecherln an einer anderen Stelle wieder da.

Die Monate Mai und Juni sind die typischen Zeiten für einen starken Lausbefall, weil zu dieser Zeit die Gegner noch in zu geringer Menge vorhanden sind. Bei kleinen Sträuchern kann man die Läuse abwischen, mit dem Schlauch abwaschen oder mit einem Schmierseifenwasser beseitigen. Abschneiden der Triebe ist nicht ideal, weil man dem schon gestressten Baum damit noch mehr Kraft nimmt. Langfristig hat sich das Aufhängen eines Ohrwurmhäuschens (wie bei allen Obstbäumen) bewährt.

Rosen nach der Blüte düngen

Muss man alle Rosen nach der Blüte wieder düngen? Meine alten Rosen und einige der Ramblerrosen blühen ja kein zweites Mal, ist also dann auch ein Dünger notwendig?

Gut eingewachsene alte Rosenstöcke muss man nicht unbedingt düngen. Die Rosen bilden eine Pfahlwurzel, die bis in große Tiefe reicht. Vor allem Rambler- und Kletterrosen sind nach einigen Jahren so verwurzelt, dass sie sich die Nährstoffe suchen, die sie benötigen. Ich gebe dennoch im Frühjahr Kompost und Hornspäne, das reicht dann fürs ganze Jahr. Meine Faustregel: Rosen, die man nach der Blüte schneidet, werden gedüngt, alle anderen nicht.

Hochsommer: Zeit zum Erholen

Wenn glühend heiß die Sonne vom Himmel strahlt, wenn in den frühen Nachmittagsstunden das Leben beinahe zum Erliegen kommt, wenn in den südlichen Ländern Siesta gehalten wird – dann ist der Hochsommer ins Land gezogen. Typisch für diese Zeit im Jahr – wer rechtzeitig vorgesorgt hat, der muss nun wenig tun. Gießen, Aufbinden und Ernten – das ist für die Urlauber im Garten nun die Hauptbeschäftigung. Spielt das Wetter mit, dann kann man die herrlichsten Tage im Garten verbringen. Die erfrischende Kühle kommt aus dem Gartenschlauch und die Terrasse wird zur begehrten Sonnenbank.

Wenn die Sommerlinde blüht

Die Zeigerpflanze für diese phänologische Jahreszeit ist die Sommerlinde (*Tilia platyphyllos*). Dabei gehört für mich eine ganz andere Pflanze zu dieser Zeit des Gartenjahres: die Sonnenblume (*Helianthus*). Bei Umfragen liegt sie immer an der Spitze der Beliebtheit und gehört damit in jeden Garten – ob als Zufallssämling in der Nähe des Standorts des winterlichen Futterhäuschens oder bewusst als Blickpunkt im Zier- oder Gemüsegarten gepflanzt.

Dabei ist die Sonnenblume nur eine unter vielen, die an Hochsommertagen ihre Blüten öffnen: Der Lavendel verströmt den Duft der Provence. Der Phlox lässt uns von Bauerngärten träumen, und Ribiseln (Johannisbeeren), Stachelbeeren und Himbeeren locken mit ihren Früchten. In diesen Tagen beginnt auch die Ernte der Gartenheidelbeere.

Richtig gießen: Nicht die Blätter, sondern der Boden muss ausgiebig gewässert werden.

Die Sonnenblume leuchtet mit ihren Blüten – es ist Hochsommer und die Zeit zum Gießen.

Die Wespe – gefährlich und nützlich

In diesen Tagen beginnt sich aber auch ein Störenfried im Garten breitzumachen: die Wespe. So lästig sie vom Frühstücks- über den Mittags- bis zum Abendtisch „mitnascht“ und mit ihren Stichen gefährliche Allergien auslösen kann, so aktiv sind die Tierchen bei der Schädlingsjagd.

Pflanzenschutz

Ohrwürmer, die im Baum angesiedelt werden, tragen zur Verminderung des Befalls bei. Hängen Sie einen Tontopf verkehrt herum an einer Schnur so auf, dass der Rand des Topfes den Stamm berührt. In den Topf stopfen Sie Holzwolle oder Heu, und schon nach kurzer Zeit wird dieses „Ohrwurmhaus“ bewohnt sein.

Mücken, Läuse, ja sogar kleine Raupen werden von den eifrigen Jägern in den Bau zur Aufzucht der Jungen gebracht. Wirklich gefährlich ist aber ein Nest einer Erdwespe, wenn man beim Rasenmähen irrtümlich in die Nähe kommt.

In der Hitze des Sommers – ist wenig zu tun

Es geht oft heiß her in diesen Tagen – glühende Hitze auf der einen Seite und gewaltige Gewitter mit Unmengen an Wasser auf der anderen Seite. Der Gärtner sollte hier ausgleichen – Beete nicht zu oft gießen, dafür aber durchdringend. Ideal sind 30 Liter/m^2. Und damit der sintflutartige Regen keine größeren Schäden anrichtet, sollte der Boden gemulcht sein. Der Rasenschnitt bremst so das Ausschwemmen von Erde. Und noch etwas Bequemes: Bei großer Hitze den Rasen nicht zu kurz schneiden.

Im Ziergarten

- Verblühte Rosen ausschneiden. Schnei den Sie unter dem ersten voll entwickelten Blattpaar, das ist in den meisten Fällen ein Blatt mit fünf Teilblättern.
- Weiterhin Ausputzen und Düngen der Balkonpflanzen.
- Noch immer können Hecken geschnitten werden.
- Für nächstes Jahr Vergissmeinnicht, Stiefmütterchen und Goldlack aussäen. Saatschalen nicht in die Hitze stellen.

Im Gemüse- und Obstgarten

- Gurken unbedingt ausreichend gießen, sonst gibt's einen bitteren Geschmack.
- Jetzt ist der ideale Zeitpunkt für die Aussaat von Gründüngung wie Perserklee oder Gelbsenf. Ölrettich ist gut bei verdichteten Böden, da er lange Pfahlwurzeln bildet.
- Pflanzen von Kohlrabi, Karfiol (Blumenkohl), Brokkoli und Salaten.
- Aussäen von Endivien, Radicchio, Frühlingszwiebeln, Brokkoli, Buschbohnen, Radieschen, Rettich, Chinakohl. In den heißen Monaten nur in den Abendstunden säen.
- Ernte von Gurken, Karfiol, Kohlrabi, Brokkoli, Kohl und Bohnen, Erbsen, Fenchel, aber auch Salaten, Karotten, Radieschen, Zucchini und Zwiebeln, je nachdem, wann die Aussaat erfolgte.
- Die meisten Kräuter werden im Hochsommer geerntet.
- Sommerschnitt bei Obstbäumen bringt Licht ins Kroneninnere.
- Nach der Ernte von Süßkirschen und Weichseln (Sauerkirschen) die Bäume schneiden.
- Ernten von Marillen (Aprikosen) sowie diversen Beeren.
- Bei Himbeeren und Brombeeren sollte man die Neutriebe am Gerüst befestigen.
- Alle Beerensträucher nach der Ernte auslichten.
- Tritt die Himbeerruten-Krankheit auf, alle Triebe bodengleich abschneiden.

Gründüngung bildet dichtes Blattwerk, das im Winter abfriert.

NEUE Gartenfragen & Antworten

FÜR INTELLIGENTE FAULE

Wespen-Attrappen

Stimmt es, dass sich Wespen durch zusammengeknülltes graues Packpapier abschrecken lassen?

Diese Abwehrmaßnahme gilt als nicht ganz unumstritten. Der Hintergrund ist aber ein durchaus plausibler. Die einzigen wirklichen Gegner der Wespen sind Hornissen und deren Bauten sehen wie graue Papierkugeln aus. Daher vermutet man, dass sich Wespen weniger gern im Umfeld solcher Nester (oder Attrappen) aufhalten. Eine 100%ige Abwehr erreicht man damit aber sicherlich nicht.

Viel oder wenig gießen?

Profitomatengärtner empfehlen beim Tomatengießen nicht mehr als 1 (!) Liter Wasser pro Pflanze und Woche! Ich denke, da verdursten meine Paradeiser. Was meinen Sie?

Beim Gießen der Tomaten gibt es viele unterschiedliche Tipps. Allerdings ist klar: Im Topf muss ausgiebig und täglich (oft mehrmals) gegossen werden. Ausgepflanzte Paradeiser können aber von Beginn an zu einem Tiefwurzler erzogen werden, wenn man sie zunächst wenig gießt. Solche Tomaten wird man auch im Sommer weniger oft gießen müssen, weil sich die Pflanze selbst aus den tiefen Erdschichten versorgt. Eine Umstellung mitten im Sommer auf weniger Gießen ist aber nicht sinnvoll.

Spätsommer: Früchte in Hülle und Fülle

Noch dominieren die heißen Tage, doch in den Morgen- und Abendstunden lässt sich die Veränderung bereits spüren – kürzere Tage und die eine oder andere Nebelschwade künden die Wende an. So ist die Ernte der köstlich erfrischenden Kláräpfel immer auch schon ein klein wenig Abschiednehmen vom Sommer. Doch der Garten bietet Trost in Hülle und Fülle – frisches Gemüse macht jedes Essen zum vegetarischen Festmahl. Und arbeitsmäßig hält sich diese Zeit des Gartenjahrs in Grenzen.

Frühe Äpfel im späten Sommer

Die Zeigerpflanze für diese phänologische Jahreszeit gehörte früher in jeden Garten: der Frühapfel. Meist handelte es sich um den Klarapfel, der rasch verarbeitet werden muss. Kaum fällt der erste vom Baum, geht auch die Ernte und Verwertung schon los. Ob Apfelstrudel, Apfelkompott oder ein köstlicher frisch gepresster Apfelsaft – das erfrischend fruchtige Obst bringt den Gusto auf noch mehr. Und mehr kommt bestimmt, denn der Spätsommer ist die Zeit der Ernte. Typisch für den Spätsommer sind auch die Herbstanemonen (*Anemone hupehensis*), die jetzt blühen.

Die große Ernte kann beginnen

Nun beginnt an allen Ecken und Enden das große Ernten. Die Brombeeren liefern Früchte in Hülle und Fülle, die letzten Heidelbeeren sind noch an den Sträuchern, und wer im Gemüsegarten Tomaten, Gurken und Zucchini angepflanzt hat, der kann nun ernten. Noch ist wenig im Garten zu tun – Zeit zum Genießen im doppelten Sinn. Rein physisch, indem man sich hinlegt und die Sonne genießt, aber auch kulinarisch, indem man die Früchte des Gartens verspeist.

Reifen die Klaräpfel, dann beginnt im Kalender der Natur bereits der Spätsommer.

Pflanzenschutz

- Abgefallene Rosenblätter, die mit Sternrußtau und Rosenrost (Pilzkrankheiten) infiziert sind, sollten entfernt werden.
- Wiederholt alle Pflanzen auf Blattlausbefall kontrollieren und nützlingsschonend bekämpfen (z. B. mit Schmierseifenwasser).
- Schnecken laufend absammeln.

Igel und Wühlmaus sorgen vor

Die Stimmen der Natur sind schon wieder ein wenig leiser geworden. An besonders heißen Tagen verstummen die Vögel meist ganz. Da und dort hört man noch eine Krähe, aber das überschwängliche Tirilieren der gefiederten Sänger ist vorbei. Igel & Co sind bereits fleißig unterwegs auf Beutejagd, um Speck für den Winter anzusetzen. Den Schnecken und Käfern geht es nun an den Kragen. Auch die Wühlmaus ist leider wieder aktiv – sie beginnt mit dem Einlagern, und so manche saftige Karotte wird „von der Erde verschluckt“.

Langsamer Abschied – die Gartenwende

Im Spätsommer kann die Witterung unterschiedlicher nicht sein. In milden Gegenden sind diese Tage oft noch ausgesprochen sommerlich, an raueren Orten kann es aber zu dieser Zeit schon Kälteeinbrüche geben. Daher ist das Spektrum der im Garten fälligen Arbeiten weit gestreut. Da und dort werden bereits Beete frei, andernorts ist das Wachstum aber noch ungebrochen.

Im Ziergarten

- Bei großer Hitze niemals tagsüber, sondern in den frühen Morgen- oder Abendstunden gießen.
- Balkonblumen verlangen an heißen Tagen bis zu zwei Wassergaben täglich. Regelmäßiges Düngen hilft, den Blütenflor bis spät in den Herbst zu verlängern.
- Das Rosenbeet im Spätsommer nicht mehr düngen. Die Triebe sollen ausreifen, um frostfest in den Winter zu gehen. Verblühtes schneiden. Kletter- und Strauchrosen bleiben aber weitgehend verschont.
- Auch bei Kübelpflanzen, die überwintert werden, das Düngen einstellen, damit die Triebe abschließen.
- Im Staudenbeet alle hoch wachsenden Pflanzen wie Dahlien aufbinden. Verblühte Stauden ausschneiden und Mohn, Akeleien und Lupinen zurückschneiden.
- Der beanspruchte Rasen dankt eine letzte ausgiebige Pflege. Entfilzen (Vertikutieren) und Belüften sind das Geheimnis. Im Frühherbst wird dann gedüngt.
- Eiben lassen sich zu dieser Jahreszeit gut schneiden.
- Sommerschnitt am Blauregen: Jetzt Seitentriebe einkürzen.
- Lilien können aus Brutzwiebeln vermehrt werden.

Im Gemüse- und Obstgarten

- Aussäen von Spinat, Zwiebeln, Radieschen, Rettich, Radicchio, Vogerlsalat und Chinakohl ist noch möglich.
- Für Aussaaten nur die Morgenstunden nutzen. Niemals die auflaufende Saat austrocknen lassen.
- Abgeerntete Beete lockern, mit Kompost versorgen und Gründüngungspflanzen aussäen. Gelbsenf, Ölrettich (bei schweren Böden) und Bienenfreund keimen rasch und bleiben bis zum Frühjahr stehen.
- Porree, Winterkopfsalat und Knoblauch pflanzen.
- Tomaten weiterhin laufend ausgeizen und die untersten Blätter bzw. kranke Pflanzenteile entfernen. Kommt der große Regen, tritt an Tomaten Krautfäule auf. Befallene Pflanzenteile entfernen und den Stauden ein „Dach" aus Folie bauen. Stäuben mit Urgesteinsmehl hält diese gefürchtete Krankheit etwas zurück.
- Wenn man die Sellerieknollen freilegt, wachsen sie besser. Die Wurzeln dürfen dabei nicht beschädigt werden.
- Karotten (Möhren), die von der Möhrenfliege befallen wurden, nicht auf den Kompost geben.
- Alle Kräuter, die sich zum Trocknen eignen, an sonnigen Tagen in den heißen Vormittagsstunden ernten.
- Jetzt ist die beste Pflanzzeit für Erdbeeren. Wer bestehende Pflanzungen noch nicht gedüngt und das alte Laub entfernt hat: Dafür ist es nun höchste Zeit.
- Ernte von Pfirsichen, Zwetschken, Pflaumen, frühen Birnen und Äpfeln. Nach der Ernte können alle Kernobstarten ausgelichtet werden.
- Wenn nicht schon geschehen, werden auch die Beerensträucher nach der Ernte geschnitten. Bei Johannisbeeren und Stachelbeeren werden zwei oder drei alte Triebe entfernt, damit sich der Strauch verjüngt.
- Besonders wuchskräftige Obstbäume kann man jetzt schneiden. Das bremst das Wachstum und fördert das Abheilen der Schnittwunden. Große Nussbäume können auch jetzt geschnitten werden. Ein Schnitt im Winter führt nämlich meist zum „Verbluten", weil die Schnittstellen nicht abheilen.
- Lagerräume rechtzeitig herrichten und gründlich säubern. Obst und Gemüse möglichst nicht gemeinsam lagern.

NEUE Gartenfragen & Antworten

FÜR INTELLIGENTE FAULE

Nochmals düngen

Seit ich meine Balkonblumen ab Ende Juli kräftig dünge, sehen sie bis in den Spätherbst fantastisch aus. Ich frage mich nun, ob ich auch die Sommerblumen im Beet flüssig düngen soll?

Das Düngen im Spätsommer hat große Vorteile, denn dann bleiben die Pflanzen vital und werden auch kaum von Krankheiten und Schädlingen befallen. Besonders betroffen sind von Nährstoffmangel die Surfinien, die ab Ende August bei zu wenig Dünger von Mehltau befallen werden. Ähnlich ist es mit den Sommerblumen im Beet. Allerdings sollte man hier nur dort flüssig düngen, wo Pflanzen stehen, die nicht überwintern. Bei Stauden kann die Zusatzdüngung zu einer geringeren Frosthärte führen.

Früchte der Andenbeere

Meine Andenbeere bekommt so spät ihre Früchte, dass viele gar nicht mehr reif werden. Kann ich das für die kommenden Jahre ein wenig beschleunigen?

Ja, das kann man tatsächlich machen. Von den Triebspitzen der Andenbeeren sollte man Stecklinge (etwa 20 cm lang) schneiden und im Wasser oder einer sandigen Erde bewurzeln. Die Pflanzen werden dann im Zimmer an einem kühlen, aber hellen Standort überwintert. Im Frühjahr hell und wärmer aufstellen. Diese Pflanzen beginnen schon bald zu blühen und bilden weniger neue grüne Triebe.

Frühherbst: Schwarze Holunderbeeren reifen

Auch wer keinen Holunder (*Sambucus nigra*) im Garten hat – man merkt es an den Hinterlassenschaften der Amseln auf Gartengarnitur und Terrassenboden. Dunkle Flecken sind es, die zeigen, dass der Frühherbst ins Land gezogen ist. Nun kann es schon die ersten zähen Nebelfelder am Morgen geben, die Nächte werden länger und kühler. Aber in der Sonne ist es tagsüber nach wie vor angenehm. Ja sogar gemütlicher als im Hochsommer.

Warmes Licht und der Duft von Ernte

Wer sich durch das Gartenjahr schnuppert, der wird den Frühherbst sofort erriechen, denn es duftet plötzlich ganz anders. In den Wäldern ist längst die Zeit zum Schwammerln-Sammeln gekommen, aber auch im Garten riecht alles ein wenig anders. War es regnerisch, beginnen Pflanzenteile bereits zu verrotten, da und dort fallen erste Blätter ab – vor allem in einem trockenen Herbst. Dann beginnen die Bäume Kraft zu sparen und Nährstoffe aus dem Laub abzubauen, wenn sie wegen des fehlenden Niederschlags keine aus dem Boden holen können.

Der Frühherbst beginnt im phänologischen Kalender, wenn der Holunder reif wird.

Sitzen unterm Hollerbusch

Zwetschken werden reif und mit ihnen zur gleichen Zeit auch die wichtigste Zeigerpflanze des Frühherbstes – der Holler. Ihn sollte man aber nicht nur in der traditionellen Fruchtvariante im Garten kultivieren – die Sorte 'Haschberg' gilt nach wie vor als die beste. Auch die buntlaubigen Arten mit dunkelrotem, gelbem oder grün-weiß panaschiertem Laub liefern ein paar Früchte, vor allem aber sind sie ein Blickpunkt im Garten.
Jetzt kann man diese Sträucher im Topf meist besonders preisgünstig kaufen und sofort pflanzen.
Eines zeigt sich aber in diesen Tagen – die Farben werden kräftiger. Das Himmelsblau dunkler, die Wiesen saftiger und die Früchte an den Bäumen leuchten noch intensiver. Viele Pflanzen starten in dieser Phase des Jahres noch einmal durch. Besonders wenn nun die Niederschläge wieder mehr werden. Das nützt der Gärtner aus, indem er gezielt düngt – den Rasen mit Herbstdünger, der verstärkt Kalium enthält und damit die Gräser winterfester macht. Auch so manches Gehölz kann durch eine solche Kalidüngung frostfester gemacht werden.

Jetzt den Frühling pflanzen!

Wenn die Holunderbeeren reif werden, beginnt die Zeit der Vorbereitung des neuen Gartenjahrs, denn jetzt ist die Pflanzzeit der Blumenzwiebeln, die im Frühjahr blühen sollen. Narzissen, Tulpen, Krokusse, Schneeglöckchen, aber auch mein geliebter Zierlauch kommen nun in die Erde. Vor allem Narzissen und alle Zierlaucharten bilden sofort Wurzeln und sind daher im kommenden Jahr noch viel kräftiger bei Blüte und Wachstum.

Pflanzenschutz

Im Frühherbst legt die gefürchtete und oft gehasste Braune Wegschnecke ihre Eier. Sie ist eine der ersten, und wenn die Witterung passt, schlüpfen noch im Spätherbst die jungen Schnecken. Schnecken legen ihre Gelege in Erdlöcher und Ritzen, unter morsches Holz und Laubdecken.
Halten Sie Ihren Gartenboden locker bzw. trachten Sie danach, schweren Boden zu lockern, um solche Ablagestellen zu verhindern. Bodenbearbeitung ist also eine wichtige Maßnahme, um Schnecken zu vermindern. Sammeln Sie so viele Schnecken wie möglich vor der Eiablage ab, zerstören Sie sichtbare Eigelege.

Im Ziergarten

- Zwiebeln von Tulpen, Narzissen und anderen Frühjahrsblühern kommen jetzt in die Erde. Wenn der Sommerflor besonders schön ist, warten Sie noch zu. Tulpen können bis in den November hinein gepflanzt werden.
- Umpflanzen von immergrünen Gehölzen, damit sie nach der Wurzelbildung noch ausreichend Wasser aufnehmen können.

- Dahlien sollten mit Vlies vor den ersten Frösten geschützt werden. Oft gibt es nach einem ersten Frost noch viele schöne Herbsttage. Blüten für die Vase abschneiden!
- Von Zeit zu Zeit das Laub vom Gartenteich abfischen oder Laubschutznetze spannen.
- Gegen Ende des Frühherbstes beginnt das Teilen von Stauden wie Astilben und Tränendem Herz.
- Herbstzeitlose pflanzen – und bis zum ersten Frost: Pflanzzeit für Pfingstrosen.
- Lücken im Rasen ausbessern und, wenn noch nicht geschehen, düngen.

Im Gemüse- und Obstgarten

- Beete nicht brach liegen lassen. Noch immer besteht die Möglichkeit, Gründüngungspflanzen auszusäen. Eine Gründüngung schützt und bringt dem Boden im Frühling Nährstoffe.
- Auch ein Mulchen der abgeernteten Flächen tut dem Boden gut. Gemulchte Flächen alle paar Tage auf Schneckeneier kontrollieren – so kann man die Belastung deutlich reduzieren.
- Empfindliche Fruchtgemüse in kalten (Vollmond-)Nächten mit einem Vlies schützen. In manchen Regionen beginnen jetzt die Einwinterungsarbeiten.
- Die Zeit für Aussaaten ist vorüber. Nur in warmen und sonnigen Jahren lassen sich noch Radieschen, Vogerlsalat (Feldsalat), Spinat oder Kresse aussäen.
- Bei Tomaten die obersten Blüten abzwicken, die Früchte reifen mit Sicherheit nicht mehr aus.
- Rhabarber und Schnittlauch können jetzt gepflanzt werden.
- Letztes Gemüse immer am Vormittag nach dem Abtrocknen des Morgentaus ernten.
- Apfelernte: Wenn sich der Apfel mit einem Dreh vom Trieb löst, ist der richtige Zeitpunkt. Äpfel mit Druckstellen essen Sie lieber rasch oder verarbeiten Sie, denn bei der Lagerung halten nur die unbeschädigten Exemplare. Fallobst trotzdem auflesen, da sonst Krankheiten (z. B. Monilia) verbreitet werden.
- Holunderbeeren eignen sich zur Verarbeitung, wenn sie richtig ausgereift sind. Bei der Sorte 'Haschberg' reifen übrigens alle Beeren gleichzeitig.
- Haselnüsse kann man ernten, wenn sie sich aus den Fruchthüllen lösen lassen. Haselnuss- und Beerensträucher pflanzen.
- Brombeeren sollten jetzt geschnitten werden.

Im Zimmer, auf Balkon und Terrasse

- Auf dem Balkon die mehrjährigen Balkonblumen nicht mehr düngen, sie sollen nicht mit zu viel „Schwung" ins Winterquartier.
- Empfindliche Kübelpflanzen räumt man lieber früher als zu spät ins Winterquartier.
- Zimmerpflanzen, die auf „Sommerfrische" im Garten waren, nun wieder einräumen. Auf Schädlinge achten.

Blumenzwiebeln unter Bäumen und Sträuchern lassen sich besonders schnell pflanzen – einfach ausstreuen und mit Erde abdecken.

NEUE Gartenfragen & Antworten

FÜR INTELLIGENTE FAULE

Immergrüne Hecken pflanzen

Unser Gärtner rät, die Kirschlorbeerhecke erst im Frühjahr zu setzen, weil es bei uns zu wenig Schnee gibt. Es wird doch immer empfohlen, Immergrüne im Frühherbst zu pflanzen?

Dieser Tipp ist in schneearmen Regionen absolut richtig und sollte unbedingt beachtet werden: Alle Immergrünen wurzeln zwar um diese Jahreszeit noch gut ein, doch können die Pflanzen bei starken Kahlfrösten dennoch nicht gut mit Wasser versorgt werden. Es kommt daher zu braunen Blättern und zum Teil zum Absterben von Ästen. Das sind keine Frostschaden, sondern Trockenschäden. Ähnliche Probleme treten auch bei Eiben, Buchs oder bei Bambus auf.

Sellerie richtig pflegen

Die Sellerieknollen einer Freundin sind eine Wucht! Sie sagt: Gießen und viel düngen, dann wachsen sie! Wie lange soll man düngen?

Alle Wurzelgemüse sind sogenannte „Spätheimkehrer", denn gerade im Herbst lagern diese Früchte viele Nährstoffe ein, daher sollten jetzt die Pflanzen mit Flüssigdünger (Brennnesseljauche) versorgt werden. Gleiches gilt übrigens für Petersilie und Karotte. Bei den Sellerieknollen die untersten Blätter entfernen und freilegen, dann entwickeln sie sich noch besser. Nicht vor Ende Oktober ernten, dann werden die Knollen besonders groß sein.

Vollherbst: Eicheln und Rosskastanien

Alles geht nun ein wenig langsamer und ruhiger – der Vollherbst hat begonnen. Noch sind nur vereinzelt die Blätter gefärbt, aber Rosskastanien und Eicheln sind schon reif, – die Zeigerpflanzen für diese Jahreszeit. Im Ziergarten werden die Rasenflächen nach dem trockenen Sommer nun wieder saftig grün und die mehrmals blühenden Rosen schmücken sich mit Blüten, als ob es kein Morgen gäbe. Der Vollherbst ist eine der phänologischen Jahreszeiten des Zuendegehens, aber auch der Vorfreude auf einen Neubeginn.
Spaziergänge von Familien mit Kindern erfolgen am besten mit Korb; jetzt wird in Parks und Natur gesammelt, denn der Vollherbst ist die Zeit, in der mit Kastanien und Eicheln gebastelt wird. Diese vorletzte Jahreszeit im Gartenjahreslauf bringt noch einmal herrliche Sonnentage, oft sogar wochenlange trockene Perioden. Einzig die Nebelfelder werden immer dichter und beständiger.

Im Vollherbst werden die Eicheln reif.

Letzte Blüten vor Frost schützen

Gerade diese Witterung fördert aber das Ausreifen der Gehölze: Nach einem regenreichen Sommer muss nun das Wachstum gebremst werden, denn die Fröste können gegen Ende des Vollherbstes buchstäblich über Nacht hereinbrechen. So schön auch die Dahlien blühen, einmal Minusgrade und alles ist vorbei. Daher wiederholt sich nun die Vorsorge des Gärtners vom Frühling: Das Vlies liegt bereit, denn oft kommen nach nur einer Frostnacht wieder viele sonnige und milde Tage. Hat man die Dahlien geschützt, gibt es noch wochenlang farbenfrohe Blüten.

Gefüllte Vorratskammer

Die Tiere im Garten sind emsig. Was schon im Frühherbst begonnen hat, das wird nun zur scheinbar einzigen Beschäftigung: Vorräte anlegen. Ob das Eichkätzchen, das die Nüsse vom Nussbaum vergräbt, oder der Igel, der sich noch immer schnüffelnd durch den Garten bewegt, um Schneckeneier und kleine Schnecken zu suchen. Die Singvögel sind weitgehend verstummt, sie warten aber bereits auf die herbstliche Festtafel: auf die Hagebutten bei den Wild- und Ramblerrosen. Sind die roten, orangefarbenen oder gelben Früchte einmal gefroren, werden sie zur Köstlichkeit. Nicht nur für unsere gefiederten Freunde!

Nicht alles wird abgeschnitten

Abschneiden und kompostieren – das ist jetzt die Hauptaufgabe des Gärtners. Aber halt! Nicht den radikalen Herbstputz starten, denn einerseits sind viele Samenstande von Pflanzen eine bequeme und natürliche Nahrungsquelle für unsere Nützlinge, andererseits sind gerade diese vertrockneten Pflanzenreste auch ein Schmuck im Garten, wenn sie von Raureif oder ersten Schneeflocken überzogen werden.

Pflanzenschutz

Im Vollherbst sollte man gegen den Frostspanner Leimringe an den Obstbäumen anbringen.
Baumstämme abkratzen und mit Baumanstrich versehen, damit die Sonne die Rinde nicht erwärmt und Frostrisse verursacht. Außerdem werden Schädlinge vernichtet. Ein südseitig angelehntes Brett schützt auch vor Sonneneinstrahlung.

Im Ziergarten

- Nach wie vor können die Frühlingsblumenzwiebeln gepflanzt werden. Großflächig setzen, dann ist die Wirkung am größten.
- Einjährige Sommerblumen (zum Teil) abräumen und auf den Kompost bringen. Sonnenblumen sollten stehen bleiben.
- Gräser stehen lassen.
- Die Pflanzzeit beginnt erst nach dem Laubfall – jetzt sollte man aber die Planung für Neuanlagen vornehmen.
- Chrysanthemen und Dahlien mit Vlies schützen und so über den ersten Frost retten.
- Dahlien erst nach Minusnächten abräumen, Knollen im Schatten abtrocknen lassen und dann in Holzspäne oder groben Sand gehüllt einwintern. Auch Gladiolen, Blumenrohr (*Canna*) und Knollen-Begonien sollten jetzt ins Haus gebracht werden. Vergessen Sie nicht die Beschriftung!

- Der Rasen wird ein letztes Mal gemäht.
- Nicht winterharte Wasserpflanzen, die nicht in mindestens 80 cm Tiefe stehen, kommen in den Keller.
- Unter Bäumen und Sträuchern bietet liegen gebliebenes Laub guten Winterschutz und dient als Mulchschicht. Es ist auch Unterschlupf für viele nützliche Insekten wie Laufkäfer.
- Entleeren Sie rechtzeitig alle Wasserleitungen und Wasserbecken. Auch Gartenschläuche dürfen nicht „frieren" – sie würden spröde und brüchig werden.
- Kübelpflanzen unterstellen und nur die empfindlicheren einräumen. Oleander & Co länger im Freien lassen, da so die Triebe besser abschließen und fester in den Winter gehen. An besonders kritischen Tagen mit Vlies schützen.

Im Gemüse- und Obstgarten

- Wenig genutzte Böden für das nächste Jahr vorbereiten. Umstechen und die groben Schollen liegen lassen, um im Fruhjahr mithilfe der Winterfröste feinkrümelige Erde zu erhalten.
- Gründüngungspflanzen auf den Beeten stehen lassen, da deren Wurzeln die Bodenstruktur verbessern und bei Leguminosen (Hülsenfrüchten) der Stickstoff im Boden den Pflanzen im Frühjahr zu einem guten Start verhilft.
- Vogerlsalat mit Vlies abdecken.
- Wintersteckzwiebeln können noch gepflanzt werden.
- Ernten von Chinakohl, Zucchini, Karotten, Rettich, Endivien, Kohlarten und Fenchel.
- Rhabarber teilen und wieder auspflanzen. Eine Faustregel besagt, dass alte Stöcke nach 8 Jahren geteilt werden sollten.
- Empfindliche, noch nicht erntereife Gemüse gegen Kälte schützen. Kohl, Karfiol, Lauch und Mangold hingegen trotzen dem Frost.
- Wurzelgemüse kann noch eine Zeit lang im Boden bleiben.
- Ernten von Äpfeln, Birnen, Nüssen und Herbsthimbeeren. Gut einlagern und einkochen.
- Angefaultes Obst aufsammeln, aber nicht auf den Kompost geben.
- Beerensträucher pflanzen. Brombeeren schneiden. Geschnittenes in den Sträuchern als Frostschutz belassen.

Baumstämme mit weißem Anstrich versehen. Das schützt vor Frostschäden an der Rinde.

NEUE Gartenfragen & Antworten

FÜR INTELLIGENTE FAULE

Funktioniert eine Lärchenhecke?

Ein Bekannter hat eine Hecke mit Lärchen gepflanzt. Sie sieht eigentlich fantastisch aus – doch wie lange wird sie überleben?

Im Gegensatz zu einer Nadelholzhecke aus Fichte sind die nadelabwerfenden Lärchenhecken langlebig. Sie sind allerdings nicht sehr häufig zu finden. Wichtig ist der rechtzeitige Rückschnitt von Beginn an, dann wird eine solche Hecke sehr dicht wachsen. Besonders schön sind diese Hecken im Frühjahr mit dem frischen Nadelaustrieb und im Herbst mit der intensiven gelben Färbung der Nadeln. Dankbar sind Lärchenhecken für eine jährliche Mulchschicht, da sie gern frische Böden mögen, die nicht austrocknen.

Rückschnitt im Herbst

Was genau soll ich im Herbst abschneiden? Gräser können ja auffrieren, wenn sich Wasser in den abgeschnittenen Gräserschäften sammelt.

Abschneiden und kompostieren – das ist jetzt die Hauptaufgabe des Gärtners. Aber halt! Nicht den radikalen Herbstputz starten, denn einerseits sind viele Samenstände von Pflanzen eine bequeme und natürliche Nahrungsquelle für unsere Nützlinge, andererseits sind gerade diese vertrockneten Pflanzenreste auch ein Winterschutz und Schmuck im Garten, wenn sie von Raureif oder ersten Schneeflocken überzogen werden.

Spätherbst: Abschied mit bunten Blättern

Jetzt beginnt das große Recycling – der Laubfall läutet den Spätherbst ein. Im phänologischen Kalender sind es die Stieleichen, auf die der Naturgärtner schaut. Färben sich deren Blätter, dann hat der Spätherbst begonnen. Freilich: Nicht nur die Stieleichen färben nun die Blätter – ein buntes Feuerwerk an Farben erreicht seinen Höhepunkt. Ein Abschiednehmen mit vollem Programm – da kommt keine Trauer auf, im Gegenteil, schon jetzt wächst wieder die Freude über den Neubeginn in wenigen Monaten.

Kurze Tage – mit Nebel und Sonne

Man glaubt es ja nicht: Am Morgen nasse, trübe, neblige Stimmung – und kaum kommt die Sonne, hüllt sich der Garten noch einmal in kräftige orange-rote Farbtöne. Ein letzter Kaffee auf der Terrasse, ehe auch diese Garnitur weggeräumt wird. Die Spätherbsttage sind der Treibstoff für den Traumtank, mit dem man lange kalte Wintertage übersteht. Im Garten ist nun das Ende gekommen – alles Laub fällt zu Boden. Blätter sind aber kein „Abfall", sondern der wertvollste Rohstoff, den die Natur uns zu bieten hat. Daher gilt es, das Laub im Garten zu nutzen. Unter Hecken und Wildsträuchern bleibt es liegen, auf den Staudenbeeten und im Gemüsegarten wird es dünn verteilt. Nur von den Wegen und Rasenflächen kommt es direkt auf den Kompost. Entweder gemischt mit anderen Abfällen oder als eigener Laubkomposthaufen, der dann nach 2–3 Jahren besonders gute Erde wird, die als Torfersatz dient.

Spätherbst ist Pflanzzeit

Jetzt ist auch die Zeit, in der seit Jahrhunderten gepflanzt wird: Bäume, Sträucher, Rosen – alles kommt jetzt in die Erde und wird im nächsten Jahr mit einem deutlichen Vorsprung ins Gartenjahr starten. Wer sie noch irgendwo bekommt – die wurzelnackten Rosen: Sie sind die billigsten, aber leider von denen im Topf (und deutlich teureren Pflanzen) verdrängt worden. Im Versandhandel gibt es sie aus Gewichtsgründen meist aber noch. Schöne, trockene Tage sollte man immer fürs Garteln nutzen – sie bringen einen Vorsprung fürs kommende Gartenjahr. Denn wer jetzt schon Kompost verteilt, Beetkanten zieht oder auch nach dem Laubfall bereits dünn Mulch ausbreitet, der wird im kommenden Jahr viel geruhsamer starten können.

Pflanzenschutz

Nach Beendigung des Laubfalls können Sie bei vielen Obstarten vorbeugend mit Kupfer spritzen – z. B. gegen die Kräuselkrankheit des Pfirsichs, gegen Monilia bei Kern- und Steinobst sowie bei Ziersträuchern. Kupfer ist ein biologisches Spritzmittel und wird von den Pflanzen in geringen Mengen sogar benötigt. Mit der Spritzlösung werden vorwiegend die Kronen der Bäume, aber auch das darunterliegende Erdreich oder die Wiese gespritzt.

Geht der Laubfall allmählich zu Ende, beginnt der Spätherbst und der Winter steht vor der Tür.

Laub, das Gold des Biogärtners

Laub, Laub, nichts als Laub – in den Parks und Gärten ist nun für viele der letzte Großputz im Garten angesagt. Zum Teil ist er auch nötig, zum Teil aber völlig überflüssig. Dass Rasen und Wege vom Laub befreit werden müssen, ist klar – entweder besteht große Rutschgefahr oder der Rasen verfault darunter. Die beste Methode, Laub zu entfernen, ist übrigens der Rasenmäher: Laub auf die Rasenfläche streuen und drübermähen. Im Grasfangsack hat man dann gehäckseltes Laub, das sich gut zum Abdecken der Beete eignet.

Im Ziergarten

- Solange der Boden offen bleibt, kann noch gepflanzt werden.
- Damit der Frühling nicht ohne Blüten beginnt, stecken Sie noch schnell die Zwiebeln von Narzissen, Tulpen, Krokussen und Schneeglöckchen in die Erde.
- Wurzelnackte Rosen sollten jetzt gepflanzt werden, alle Rosen anhäufeln und mit Reisig abdecken. Hochstammrosen werden herabgebogen und mit Erde bedeckt.
- Immergrüne Pflanzen und Rhododendren besonders gut wässern.
- Schneiden der Ziergehölze möglich, außer frühjahrsblühende Sträucher wie Forsythie oder Flieder.
- Hohe Gräser und auch Säulenkoniferen sollten Sie zusammenbinden, damit sie durch Schneelast keinen Schaden nehmen.

Im Gemüse- und Obstgarten

- Umgraben, muss das sein? Nein, wenn der Boden humusreich ist, also schon beim Wenden im Herbst krümelig bleibt. Sind die Erdschollen aber „speckig“, dann grobschollig umstechen. In schneckenreichen Gärten möglichst nach dem ersten Frost, denn wer erst dann umgräbt, der macht es richtig – zu dieser Zeit besteht keine Gefahr mehr, dass Schnecken ihre Eier in die Erdritzen legen.
- Ernten von Kohl, Karfiol, Endivien, Vogerlsalat und Winterlauch.
- Wurzelgemüse kann in feuchten Sand eingeschlagen werden.
- Frostempfindliche Kräuter entweder ins Haus räumen oder mit Reisig abdecken.
- Obstbäume pflanzen. Gegen Wühlmäuse vorzubeugen ist jetzt besonders wichtig. In gefährdeten Gärten Bäume nur in großen Gitterkörben pflanzen, Baumscheiben nicht dick mulchen.
- Beerensträucher können leicht durch Absenker vermehrt werden.
- Krebs an Obstbäumen ausschneiden und Wunden verschließen.

Im Zimmer, auf Balkon und Terrasse

- Alle Kübelpflanzen werden eingeräumt. Achtung auf verschiedene Ansprüche!
- Im Winterquartier Balkonblumen und Kübelpflanzen ganz genau auf Schädlinge überprüfen.
- Winterbepflanzung am Balkon mit Chrysanthemen, Erika, Gräsern, kleinen Gehölzen, Koniferen.

Setzen der Rose

Anhäufeln

Wurzeln anschneiden, vertrocknete Äste abschneiden, Veredlung unter die Erde. Gut anhäufeln und mit Reisig abdecken.

NEUE Gartenfragen & Antworten

FÜR INTELLIGENTE FAULE

Schwer verpflanzbar

Kann ich eine Kletterrose, die schon mehr als 10 Jahre im Garten steht, umpflanzen? Sie muss einem Carport weichen.

Gut eingewurzelte Rosen lassen sich nur mit geringer Erfolgschance verpflanzen. Dennoch sollte man es versuchen, wenn es sich um eine sehr schöne Rose handelt. Die Rose kräftig auf ca. 80 cm zurückschneiden und mit so viel Wurzeln wie nur möglich ausgraben. Alle abgerissenen Wurzeln anschneiden und die Rose umgehend an den neuen Standort setzen. Das Wichtigste aber: gut anhäufeln mit Kompost oder Humus und im Frühjahr die Erde erst dann entfernen, wenn die neuen Triebe herauswachsen. Die Chancen bei einer Herbstverpflanzung sind 50 : 50.

Oleander ins Winterquartier

Überlebt ein Oleander, der gut eingepackt wird, auf der Terrasse? Wir leben auf 300 m Seehöhe und haben sehr milde Winter!

So mild der Winter auch ist, der Oleander wird kaum im Freien überleben. Er hält zwar einige Tage Frost aus, doch eine länger anhaltende Frostperiode bei der die Erde im Topf durchfriert, wird er nicht überleben, weil die Pflanze dann vertrocknet. Ähnliches gilt übrigens auch für die extrem robuste Hanfpalme. Auch sie übersteht im Topf kaum einen normalen Winter bei uns.

Winter: Ruhe- und Planungszeit

Nun ist die Natur und mit ihr auch der Garten in einer Ruhephase. Der Apfelbaum zeigt sich laublos – und ist die Zeigerpflanze im phänologischen Kalender für den Winter. Allerdings ist es genau mit diesem Baum oft gar nicht so klar. Kommt nämlich ein erster kräftiger, länger anhaltender Frost sehr früh, dann „friert" das Laub an den Ästen fest und wird erst im Frühjahr abgeworfen. Dennoch zeigt sich deutlich, wann der Winter einkehrt – durch längere Frostperioden und letztlich in vielen Teilen des Landes durch Schnee, den wohl besten Schutz für den Boden.

Niemals zu genau aufräumen, denn viele Pflanzen bieten im Raureif eine herrliche Dekoration, wie hier die Früchte der Hagebutte – das macht auch den Winter im Garten attraktiv.

Ausruhen, planen und Ideen sammeln

Wenn es heißt, der Garten ist in einer Ruhephase, so stimmt das nur bedingt, denn beispielsweise sind bei mir schon die ersten Blüten des Winterjasmins an milden Tagen zu finden. Auch der Duftschneeball öffnet da und dort schon seine Blüten, und wenn es ein ganz milder Frühwinter ist, dann verströmt sogar die Duftheckenkirsche ihren betörenden Duft.

Von Maulwurf und Wühlmaus

Das Tierleben ist um diese Zeit zweigeteilt: Unter der Erde spielt es sich oft im Verborgenen ab, denn da sind Maulwurf und Wühlmaus aktiv. Der Maulwurf, ein Nützling, geht auf Beutezüge – vor allem vor und während einer milden Periode. Die großen Erdhügel im Rasen sind dann das sichtbare Zeichen dafür. Die Wühlmaus bleibt eher im Verborgenen, macht nur ganz flache Erhebungen, frisst dafür oft radikal die gepflanzten Tulpen und Krokusse. Narzissen lässt sie in Ruhe.

Jedes Ende auch ein Anfang

Wenn die Apfelbäume ihr letztes Laub verloren haben, wird es so richtig gemütlich im Haus. Jetzt heißt es Bilanz ziehen, Bücher und Zeitschriften lesen und sich schon auf das kommende Gartenjahr freuen. Lange wird es nicht dauern und die Gartenkataloge flattern ins Haus. Nun kann man planen und überlegen, wie man die eine oder andere Stelle besser oder einfach anders bepflanzt.

Wichtig im Winter

Wenn noch nicht geschehen, Wasserleitungen, Becken und sonstige Wasservorratsbehälter entleeren. Mit der Vogelfütterung beginnen, denn Vögel sind Nützlinge und helfen in der nächsten Gartensaison im Kampf gegen Schädlinge.

Im Ziergarten

- Ist der Boden offen, können noch laublose Gehölze gepflanzt werden.
- Bei Kahlfrost, also Minustemperaturen ohne Schnee, schützen Sie Stiefmütterchen, Goldlack oder Vergissmeinnicht mit Tannenzweigen.
- Verkahlte Hecken stark zurückschneiden – das regt den Austrieb im Frühjahr an.
- Bei schwerem Schnee Gehölze abschütteln, damit sie keine Bruchschäden erleiden.

Im Gemüse- und Obstgarten

- Ernten aller verbliebenen Gemüse. Wurzelgemüse unbedingt an frostfreien Tagen abernten.
- Den Gemüsegarten für das kommende Jahr planen. Fruchtfolgen bedenken.
- Schädlingsbefallsstellen und Krebs können noch ausgeschnitten und behandelt werden.
- Wenn noch nicht geschehen, Abbürsten der Rinde und Schutzanstrich gegen Frostrisse durchführen.
- Lagerobst und -gemüse regelmäßig kontrollieren.

Im Zimmer, auf Balkon und Terrasse

- Geben Sie den Zimmerpflanzen den hellsten Platz, bei trockener Zimmerluft Blätter mit reinem Wasser aus einer Sprühflasche benetzen. Einleiten der Ruhezeit bei Zimmer- und Kübelpflanzen (weniger gießen, kühlere Temperaturen).
- Am Barbaratag Kirschzweige schneiden, sie sollten am Heiligen Abend blühen. Auch Forsythien und Kornelkirschen lassen sich vortreiben.

Bei Schnee und klirrendem Frost sind die Vögel für Futter dankbar.

NEUE Gartenfragen & Antworten

FÜR INTELLIGENTE FAULE

Erste Gartenarbeiten

In den vergangenen Jahren waren die Winter so mild, dass wir sogar im Garten arbeiten konnten! Darf man im Jänner schon Kompost verteilen?

Milde Witterungsperioden im Winter kann man ohne Sorge für die Gartenarbeit nutzen. Einzig der Boden sollte nicht zu nass sein, weil es dann zu Bodenverdichtungen kommen kann, wenn man zu oft die Erde betritt. Kompost kann man verteilen, allerdings nicht im Gemüsegarten, wo die Nährstoffe besonders wichtig sind. Im Obstgarten, aber auch bei den Beerensträuchern, unter Hecken und auf Staudenbeeten kann man bei frostfreiem Wetter den Humus verteilen.

Vogelfütterung im Sommer?

Wir haben in den vergangenen Jahren die Winterfütterung bis in den Sommer fortgesetzt. Wie stehen Sie dazu? Manche Gärtner raten davon ab, weil die Vögel dann weniger Schädlinge fressen.

Hier scheiden sich die Geister. In England ist das Durchfüttern mittlerweile gang und gäbe. Dort haben mir Vogelkundler erklärt, dass die Elterntiere die Samen aus dem Futterkasten für sich holen, die Jungtiere aber mit frischem Futter (also den Schädlingen, die sie im Garten sammeln) versorgen. Daher soll die Wirkung noch besser sein. Nicht vergessen – schon jetzt Nistkästen aufhängen! Je früher, desto größer ist die Wahrscheinlichkeit, dass sie bewohnt werden.

Infos, Pflanzen und Saatgut

Meine Homepage

www.biogaertner.at
Bereits seit vielen Jahren online und gut besucht – pro Jahr kommen mehr als 300.000 Besucher! Einen Rundgang durch den Garten finden Sie hier ebenso wie aktuelle Tipps und einen Fragebriefkasten – wobei ich aber um ein wenig Geduld mit der Antwort bitte, denn manchmal sind es einige Hundert Fragen pro Monat!

Garten im Fernsehen

www.naturimgarten.at
ORF-Gartensendung „Natur im Garten" – in der Gartensaison immer Sonntagnachmittags, ORF 2.

Meine ganz persönlichen Bezugsquellen

Staudengärtnerei und Baumschule Praskac

www.praskac.at
Eine der bestsortierten Gärtnereien Österreichs: Ob Bäume, Sträucher oder Stauden – hier findet man alles.

Staudengärtnerei Dieter Gaissmayer

www.gaissmayer.de
Hier wird der Staudeneinkauf zum Erlebnis. Nehmen Sie sich Zeit, wenn Sie dorthin fahren. Besonders empfehlenswert ist die Veranstaltung „Illertisser Gartenlust".

Staudengärtnerei Feldweber

www.feldweber.com
Der Rundgang wird zu einem botanischen Spaziergang. Am besten mit „Sarastro" verbinden (ganz in der Nähe).

Stauden Sarastro

www.sarastro-stauden.com
Wer einmal erlebt hat, mit welcher Freude Christian Kreß dem Gärtnern frönt, der wird immer wieder hierherkommen.
Unbedingt mit einem Besuch bei „Feldweber" verbinden (ganz in der Nähe).

Rosenhof Schultheis

www.rosenhof-schultheis.de
Hier erhält man alles, was das Rosenherz begehrt! Dazu ein Firmenchef, der an Liebenswürdigkeit kaum zu übertreffen ist.

Raritätengärtnerei Treml

www.pflanzentreml.de
Salbei oder Rosmarin, afrikanische Kräuter oder Jasmin – ein riesiges Sortiment!

Staudengärtnerei Alpine Raritäten Jürgen Peters

www.alpine-peters.de
Ob ein Leberblümchen für einige Tausend Euro (!) oder Veilchen ... auch hier gilt: Vorbeischauen ist ein Muss!

Für Zitrus-Liebhaber

www.zitrusgarten.com
Michael Ceron betreibt in Faak am See in Kärnten die einzige Bio-Zitrusgärtnerei Europas und bietet eine unglaublich große Auswahl an.

Duftpelargonien Stegmeier

www.gaertnerei-stegmeier.de
Duftpelargonien üben eine ungeheure Faszination aus. Kaum vorstellbar für einen Sammler, dass diese Gärtnerei gleich einige Tausend davon kultiviert.

Für Liebhaber britischer Pflanzenkultur

www.ashwood-nurseries.co.uk
Die großartigste Gärtnerei, die es gibt – Treffpunkt der Pflanzenliebhaber.

Für Blumenwiesenfreunde

www.wildblumensaatgut.at
Die sicherlich beste Adresse, um das passende Saatgut für eine Blumenwiese (egal ob für sonnige, schattige, feuchte oder trockene Standorte) zu bekommen.

Erste Hilfe beim Pflanzenschutz

Biohelp

www.biohelp.at
Nicht nur eine ideale Seite zum Bestimmen der Schädlinge, sondern auch gleich die Möglichkeit, Nützlinge zu bestellen.

Neudorff

www.neudorff.de
Einer der ersten Pflanzenschutzmittelhersteller, der schon vor Jahren auf „bio" setzte. Neben sanften Spritzmitteln auch Nützlingsversand – allerdings nur über den Fachhandel.

Oscorna

www.oscorna.de
Biologische Düngemittel sind in dieser Firma seit mehr als 70 Jahren das Hauptgeschäft – „animalin" ist noch immer der problemloseste Naturdünger, den es gibt.

Florissa

www.florissa.at
Ein Newcomer unter den Dünge- und Pflanzenschutzherstellern – viele und biologische Dünger und Erden.

Scotts

www.scotts.at
Nicht alles auf dieser Seite ist „bio", aber immer mehr setzen Scotts und Celaflor auf naturgemäßes Garteln.

Zeitschriften

GARTEN+HAUS
www.garten-haus.at
Österreichs größtes Gartenmagazin. Lesen Sie hier auch regelmäßig meine Antworten auf Ihre Gartenfragen.

Gartenpraxis
www.gartenpraxis.de
Die beste deutschsprachige Gartenzeitung.

kraut & rüben
www.krautundrueben.de
Die bekannteste Biogartenzeitschrift.

Mein schöner Garten
www.mein-schoener-garten.de
Die größte Gartenzeitung.

Grüner Anzeiger
www.grueneranzeiger.de
Eine Zeitung für echte Freaks: Kleinanzeigen von und für Pflanzenliebhaber.

Natürlich Gärtnern
www.olv-verlag.de
Viele Hintergrundberichte zum Thema biologisch Gärtnern.

Gardens illustrated
www.gardensillustrated.com
Für alle, die englische Gartenkunst er„lesen" wollen.

The English Garden
www.theenglishgarden.co.uk
Noch eine Pflichtlektüre für alle Fans der britischen Gartenkultur.

Willkommen im größten Surf-Garten

www.gartenlinksammlung.de
Die umfangreichste und beste Linksammlung zum Thema Garten: Hier sind unzählige Hinweise zu Literatur und Pflanzen zu finden.

Index

Index

Bildverzeichnis

Cover: Rolf Friesz, **2-3:** Rolf Friesz, **4-5:** Anna Hoychuk/shutterstock.com, **6:** Rolf Friesz, **9:** Jaren Jai Wicklund/shutterstock.com **10-11:** Sunny studio/shutterstock.com **12:** dragi52/shutterstock.com **13:** constantgardener/ istockphoto.com **14-15:** eugena-klykova/shutterstock.com **16:** Toa55/shutterstock.com, Natalia Dobryanskaya/ shutterstock.com **18:** www.verlagsbuero-garten.at **19:** Malchus Kern/shutterstock.com **20:** onepony/istockphoto.com **21:** Liunian/shutterstock.com, Shebeko/shutterstock.com **22:** V. J. Matthew/shutterstock.com **23:** Tikta Alik/shutterstock.com **25:** Rolf Friesz **26:** Gerald Stiptschitsch **27:** Elena Elisseeva/shutterstock.com **28:** 24Novembers/shutterstock.com **29:** Gerald Stiptschitsch **30:** Gerald Stiptschitsch **31:** Raymond Jones/shutterstock.com **32:** K.-U. Häßler/fotolia.com **34:** Laura Stone/shutterstock.com **35:** Laura Stone/shutterstock.com **36:** PhotoJanski/shutterstock.com **37:** Rolf Friesz **40:** Ina Raschke/shutterstock.com **41:** Tsekhmister/shutterstock.com, Tamara Kulikova/shutterstock.com **43:** sanddebeautheil/shutterstock.com **44:** Rolf Friesz **46-47:** Stefan Körber/fotolia.com **48:** Gordana Sermek/shutterstock.com **49:** Judith Lienert/shutterstock.com, pushenko/shutterstock.com, Sundra/shutterstock.com, Zvgeniya_K/shutterstock.com, soniazhel/shutterstock.com **50:** sijohnsen/shutterstock.com **51:** ajlatan/shutterstock.com **52:** Rolf Friesz **54:** LianeM/shutterstock.com **55:** Volodymyr Tverdohlib/shutterstock.com **56:** Gorshkov Igor/shutterstock.com **57:** HHelene/shutterstock.com **58:** Marina Lohrbach/shutterstock.com **59:** Karen Kaspar/shutterstock.com **60:** Kostenko Maxim/shutterstock.com **62:** IVL/shutterstock.com **63:** LianeM/fotolia.com **66:** Sofiaworld/shutterstock.com **67:** Rolf Friesz **68:** Denis Tabler/shutterstock.com **69:** MAKSYM SUKHENKO/shutterstock.com **70:** Pete Spiro/shutterstock.com **71:** Skorpionik00/shutterstock.com **73:** photoiconix/shutterstock.com **75:** Rolf Friesz **76:** Milosz_G/shutterstock.com **77:** Popova Valeriya/shutterstock.com, Nenov Brothers Images/shutterstock.com **78:** Rolf Friesz **79:** Kristina Kugler **81:** Bildagentur Zoonar GmbH/shutterstock.com **82:** lazysunbathers/fotolia.com **83:** ArTDi101/shutterstock.com **84:** AnjelikaGr/shutterstock.com **85:** Phoric/shutterstock.com **86:** Martien van Gaalen/shutterstock.com **87:** Rolf Friesz **88:** jaap posthumus/shutterstock.com **89:** cjp/istockphoto.com **90:** Auhustsinovich/shutterstock.com **91:** Nadezhda Nesterova/shutterstock.com **92:** kai-creativ/fotolia.com **93:** hiroshi teshigawara/shutterstock.com **94:** BruceBlock/istockphoto.com **95:** Ingo Bartussek/fotolia.com **96:** Lithiumphoto/shutterstock.com **98:** Peredniankina/shutterstock.com **99:** Lithiumphoto/shutterstock.com **100:** TOM KAROLA/shutterstock.com **101:** D. Kucharski K. Kucharska/shutterstock.com **102:** Funwithfood/istockphoto.com **103:** Rolf Friesz **104:** Peter Zijlstra/shutterstock.com **105:** Aksana Yasiuchenia/shutterstock.com **106:** TMsara/shutterstock.com **107:** Auhustsinovich/shutterstock.com **108:** Anna Grigorjeva/shutterstock.com **109:** Stolyevych Yuliya/shutterstock.com **110:** Dream79/shutterstock.com **111:** vvvita/shutterstock.com **112:** nelea33/shutterstock.com **113:** Fairy Lens/shutterstock.com **115:** Rolf Friesz **116:** Bambara/shutterstock.com **117:** Eugene Gurkov/shutterstock.com **118:** GomezDavid/istockphoto.com **119:** HaiGala/shutterstock.com **120:** Glushchenko Nataliia/shutterstock.com **122:** Shebeko/shutterstock.com **123:** Alex Sun/shutterstock.com **124:** Catlin/pixabay.com **126:** Dani Vincek/shutterstock.com **127:** Konrad Weiss/shutterstock.com **130:** Iakov Filimonov/shutterstock.com **132:** mythja/shutterstock.com **133:** cooperr/shutterstock.com **134:** dvoevnore/shutterstock.com **135:** Waldfrau/pixelio.de **136:** Rolf Friesz **138:** Skyprayer2005/shutterstock.com **140:** JPL Designs/shutterstock.com **141:** steve estvanik/shutterstock.com **142:** J. Bicking/shutterstock.com **143:** Bildagentur Zoonar GmbH/shutterstock.com **144:** DonPomidor/shutterstock.com **145:** Bildagentur Zoonar GmbH/shutterstock.com **146:** Fotoksa/shutterstock.com **147:** mahey/shutterstock.com **148:** Lilo Kapp/pixelio.de/shutterstock.com **149:** maeterlinck/shutterstock.com **150:** Andrew Fletcher/shutterstock.com **151:** Shelli Jensen/shutterstock.com **152:** Fogflow/shutterstock.com **153:** Fogflow/shutterstock.com **155:** Heiner Witthake/fotolia.com **156-157:** audaxl/shutterstock.com **158:** Rolf Friesz **159:** Kokhanchikov/fotolia.com **161:** GMVozd/istockphoto.com **162:** Singkham/shutterstock.com **163:** Lithiumphoto/shutterstock.com **164-165:** Lithiumphoto/shutterstock.com **166:** Amy Kerkemeyer/shutterstock.com **167:** Alison Hancock/shutterstock.com **168:** Ozgur Coskun/shutterstock.com **169:** BasieB/istockphoto.com **170:** Gerald Stiptschitsch **171:** Elena Elisseeva/shutterstock.com **172:** MNStudio/shutterstock.com **173:** Alison Hancock/shutterstock.com **174:** www.verlagsbuero-garten.at **175:** Schlierner/fotolia.com **176:** V. J. Matthew/shutterstock.com **177:** Hans/pixabay.com **179:** Nataliia Melnychuk/shutterstock.com **180-181:** Marie C Fields/shutterstock.com **182:** Markuso/shutterstock.com **183:** Alexander Raths/shutterstock.com **184:** Gerald Stiptschitsch **186:** Rolf Friesz **187:** Malivan_Iuliia/shutterstock.com **188:** Verkhovynets Taras/shutterstock.com **189:** Ralf Neumann/shutterstock.com **190:** Matteo Gabrieli/shutterstock.com **191:** Jojoo64/shutterstock.com **192-193:** Vlastimil Kuzel/shutterstock.com **194:** Peter Raymond Llewellyn/shutterstock.com **195:** juliacasado1/pixabay.com **196:** Rolf Friesz **197:** rodimov/shutterstock.com **198:** DLeonis/fotolia.com **199:** ChWeiss/shutterstock.com **200:** Petra Louise/fotolia.com **201:** Rolf Friesz **202:** Surkov Vladimir/shutterstock.com **203:** AsyaPozniak/shutterstock.com **204:** Sunny Forest/shutterstock.com **206:** Rolf Friesz **210:** kzww/shutterstock.com **212-213:** Arsgera/fotolia.com **214:** Patrik Slezak/shutterstock.com **218:** Lisa S./shutterstock.com **222:** Andrey tiyk/shutterstock.com **224:** juefraphoto/shutterstock.com **225:** claffra/shutterstock.com **228:** pavla/shutterstock.com **230-231:** wavebreakmedia/shutterstock.com **235:** Gomita/shutterstock.com **236:** Diana Mower/shutterstock.com **239:** Anest/shutterstock.com **240-241:** subin pumsom/shutterstock.com **242:** Rolf Friesz **243:** wawritto/shutterstock.com, Vladyslav Danilin/shutterstock.com, LiliGraphie/shutterstock.com, Tamara Kulikova/shutterstock.com, Scisetti Alfio/shutterstock.com, D7INAMI7S/shutterstock.com, Vilor/shutterstock.com, Ziablik/shutterstock.com, Beata Becla/shutterstock.com **244:** Seija/shutterstock.com **246:** Luzss/shutterstock.com **248:** Phimak/fotolia.com **250:** momanuma/fotolia.com **252:** Olga Danylenko/shutterstock.com **254:** Marchenko Olga/shutterstock.com **256:** Radka1/shutterstock.com **258:** Hans/pixabay.com **260:** A_Bruno/fotolia.com **262:** NATALIIA MAKAROVA/shutterstock.com **267:** Rolf Friesz **Außenumschlag:** Rolf Friesz